U0459946

中国社会科学院创新工程学术出版资助项目

资本主义经济金融化与世界金融危机研究

ZIBEN ZHUYI JINGJI JINRONGHUA
YU SHIJIE JINRONG WEIJI YANJIU

栾文莲 刘志明 周淼 著

中国社会科学出版社

图书在版编目(CIP)数据

资本主义经济金融化与世界金融危机研究/栾文莲，刘志明，周淼著.
—北京：中国社会科学出版社，2017.8
ISBN 978-7-5203-0852-6

Ⅰ.①资… Ⅱ.①栾…②刘…③周… Ⅲ.①资本主义经济—关系—金融危机—研究—世界 Ⅳ.①F03②F831.59

中国版本图书馆CIP数据核字（2017）第210406号

出 版 人 赵剑英
选题策划 刘 艳
责任编辑 刘 艳
责任校对 陈 晨
责任印制 戴 宽

出 版 中国社会科学出版社
社 址 北京鼓楼西大街甲158号
邮 编 100720
网 址 http://www.csspw.cn
发 行 部 010-84083685
门 市 部 010-84029450
经 销 新华书店及其他书店

印 刷 北京明恒达印务有限公司
装 订 廊坊市广阳区广增装订厂
版 次 2017年8月第1版
印 次 2017年8月第1次印刷

开 本 710×1000 1/16
印 张 20.75
插 页 2
字 数 313千字
定 价 89.00元

目　　录

绪论 …………………………………………………………………… (1)

第一节　对国内外资本主义经济金融化的研究评述…………… (1)

一　经济金融化是20世纪七八十年代以来资本主义发生的深刻变化 …………………………………………… (2)

二　资本主义经济金融化是垄断资本主义历史发展的逻辑结果 …………………………………………………… (6)

三　资本主义金融化的生产方式特征:生产与金融关系颠倒,金融占据支配地位 ……………………………… (11)

四　从新自由主义的全球泛滥考察金融化 ……………… (16)

第二节　本书对资本主义经济金融化的解读 ………………… (22)

一　金融帝国主义时代发展中的阶段性变化,以虚拟金融资本垄断为主导统治社会经济生活 ………………… (23)

二　货币化经济新形态——金融经济与资本主义生产关系结合形成资本主义经济金融化 ………………… (26)

三　在信息技术革命推动下,以虚拟资本统治为主导的金融资本形态变化 ……………………………………… (31)

第三节　金融化加剧资本主义社会的矛盾和危机 …………… (35)

一　生产力与生产关系的矛盾更加尖锐,社会基本矛盾有新的发展 ………………………………………………… (35)

二　金融日益脱离为实体经济服务的本质,二者分离日趋明显……………………………………………………… (38)

三　社会主要矛盾更加尖锐，金融资本对广大人民的剥削与掠夺空前加重 …………………………………………（42）
四　金融资本是资本主义社会矛盾的主要方面 ……………（45）
第四节　研究方法，理论意义与现实意义，研究内容简介 ……（48）
一　研究方法………………………………………………（48）
二　理论意义和实践意义 …………………………………（50）
三　研究内容简介 …………………………………………（51）

第一章　信用制度与资本主义生产方式的演变
——马克思主义信用理论、金融资本理论研究与思考……………………………………………………（57）
第一节　信用制度适应资本主义生产的条件产生，服务于占社会经济主导地位的产业资本，促进资本主义的发展……………………………………………………（58）
一　信用制度“适应于资本主义生产的各种条件”产生 ……（58）
二　生产力进步与商品经济形态发展对信用制度的推动作用………………………………………………………（58）
三　商业信用、银行信用、国家信用的发展 ………………（59）
四　信用制度促进资本主义生产的作用 …………………（60）
第二节　适应资本主义生产的条件，金融资本产生并取代产业资本的主导地位 ……………………………………（63）
一　资本主义从自由竞争向垄断发展中信用制度发挥的重要作用……………………………………………………（63）
二　生产集中和资本集中必然产生垄断，工业垄断资本与银行垄断资本的融合形成金融资本 ……………………（65）
三　银行产生了新的作用——万能统治者，及其作用的扩展………………………………………………………（66）
四　金融资本的资本形式不断拓展 ………………………（67）
五　国家运用信用工具 ……………………………………（68）

第三节 虚拟金融资本与资本主义新的积累方式、生产方式 …… (69)
一 金融自我循环是以金融为主体的资本主义积累新方式进行资本价值增殖形式变化的特征 …… (71)
二 20世纪80年代的信息技术革命,信息化助推金融化和金融全球化 …… (72)
三 产生一系列与实体经济渐行渐远的产业政策、扩张性货币政策、借债消费模式 …… (73)
四 以美元霸权为标志的金融霸权支撑这种新的积累方式、生产方式 …… (74)
第四节 虚拟金融资本加剧资本主义经济危机 …… (75)
一 信用工具加剧产生经济危机的可能性与现实性 …… (76)
二 信用与经济危机的周期性 …… (77)
三 信用与世界性经济危机 …… (79)
四 信用为投机和欺诈提供了最有效的工具 …… (81)
五 发达信用条件下表现为生产过剩、人口过剩、资本过剩的全面的危机 …… (83)

第二章 金融化与垄断资本主义的阶段性变化 …… (87)
第一节 资本主义经济金融化阶段性变化的表现 …… (87)
一 出现金融与产业分离的趋势,并形成以资本主义金融为主体,以金融自我循环、自我膨胀为主导的新的积累方式、生产方式 …… (87)
二 社会经济结构变化,金融部门在国民经济中占主导地位,金融资本凭借垄断的权利攫取利益 …… (88)
三 金融市场在社会经济运行中处于核心地位,金融投机日盛 …… (89)
四 企业行为金融化 …… (91)
五 国家行为金融化 …… (92)
六 个人收入金融化 …… (93)

七　经济运行基础空前债务化 …………………………（95）
八　对发展中国家以及苏联、东欧国家的私有化、金融化……………………………………………………（96）
九　实施以美元为主导的全球金融霸权 ………………（97）
十　金融危机频频发生 …………………………………（99）
第二节　资本主义经济金融化阶段性变化的本质 ………（99）
一　获取超额垄断利润，剥夺和掠夺成为金融垄断资本实施金融化生产方式的基本规律 ………………（99）
二　虚拟金融垄断资本统治力量的增强是资本主义经济金融化阶段的本质性特征 ……………………（102）
三　资本主义的腐朽性、寄生性进一步发展 …………（105）
四　金融化加剧资本主义世界的社会分化……………（107）
第三节　资本主义经济金融化阶段性变化的原因………（108）
一　资本积累一般规律的作用 …………………………（108）
二　经济自由主义的政策主张，以及新自由主义主导的理论意识形态 …………………………………………（111）
三　垄断的深化和发展 …………………………………（115）
四　金融资本全球化与全球性市场经济………………（118）
五　美元与黄金脱钩，失去货币的价值基础和货币发行的约束力 ……………………………………………（119）
六　第三次产业革命的成果成为金融资本实施金融化的技术手段 ……………………………………………（123）
第四节　资本主义新的历史因素及其历史局限性………（124）
一　金融与实体经济分离、自我过度膨胀违背生产力发展规律 ……………………………………………（125）
二　金融资本过度扩张造成对自然和人类社会发展的不可持续；显示了其发展的局限性 ………………（126）
三　金融垄断资本借全球化的空间向外转移自身的问题使全球发展不可持续 ……………………………（127）

四　金融垄断资本发展程度加深进一步表明其历史局限性 …………………………………………………………（127）

第三章　资本主义经济金融化与金融危机
——从社会生产过程的考察：生产、流通、分配、消费………（132）
第一节　生产 ……………………………………………………（133）
一　从事物质生产的实体经济部门的行为趋于金融化……（133）
二　全社会经济活动的重心转向金融部门 …………………（136）
三　技术进步、信息革命的成果成为金融资本进行剥夺的新手段 …………………………………………………………（140）
四　以金融操作代替生产瓦解资本主义生产方式存续的基础 ……………………………………………………………（141）
第二节　流通 ……………………………………………………（145）
一　金融业日益脱离为生产服务的本质 ……………………（147）
二　资本主义金融体系具有赌场性质 ………………………（149）
三　负债成为资本主义经济运行的常态 ……………………（153）
第三节　分配 ……………………………………………………（156）
一　整个社会的收入分配倾向于资本 ………………………（156）
二　劳动收入差距加剧拉大，特别是普通员工与高层管理层工资的收入差距悬殊 ………………………………………（157）
三　食利性收入持续增大 ……………………………………（159）
四　资本家阶级之间剩余价值的分配向金融资本和金融市场倾斜 ……………………………………………………（159）
五　全球社会收入差距拉大，贫富差距恶化 ………………（160）
六　分配不平衡是资本主义经济危机的重要原因…………（163）
第四节　消费 ……………………………………………………（164）
一　负债消费 …………………………………………………（165）
二　负债消费暂缓了生产过剩与消费不足的矛盾，但隐含着更大的危机 ……………………………………………………（166）
三　金融资本通过消费领域实行金融掠夺 …………………（167）

四　金融货币霸权的资本主义食利国家以及不断增多的食利消费者 …………………………（169）
五　高消费、高浪费使社会产品和资源过度消耗 …………（170）

第四章　垄断深化、金融化与经济危机 ……………………（175）
第一节　垄断资本的核心是金融资本 ……………………（175）
第二节　垄断的深化与金融垄断资本的发展 ……………（178）
一　垄断的深化发展——国际垄断的形成 ………………（178）
二　资本主义经济金融化的发展 …………………………（187）
三　资本主义金融全球化和金融自由化 …………………（189）
第三节　国际金融垄断资本主义的形成与发展 …………（190）
一　国际垄断金融资本形成和壮大的一个重要前提是获得货币霸权 ……………………………………………（190）
二　国际金融垄断的产生是国际金融资本形成的直接基础 …………………………………………………（191）
三　国际金融垄断资本主义的形成 ………………………（194）
四　国际金融垄断资本主义阶段，一个显著的特点是"虚拟经济"的规模大大超过"实体经济" …………………（199）
第四节　国际金融垄断资本是当今条件下新的万能统治者 …………………………………………………（203）
一　国际金融垄断资本对世界的新经济殖民化 …………（203）
二　国际金融垄断资本主义阶段，以资本主义强国为依托，资本主义既有各种正式的政治、经济协调机制，也有隐形的权力协调和掌控机制，形成了立体的多层面的新型资本家垄断同盟，垄断势力渗透性强 …………（206）
三　国际金融垄断资本有全方位主导世界的大战略，统治手法多样化，并日益模式化，力图对世界进行立体掌控 ……………………………………………………（209）
第五节　垄断深化与资本主义金融化的发展反映出资本主义基本矛盾日益尖锐——资本主义危机日趋尖锐……（211）

第五章 实施全球金融霸权 …………………………………… (216)
第一节 虚拟金融垄断资本控制全球金融市场……………… (216)
第二节 金融市场的独立及其金融垄断资本的权力架构…… (218)
第三节 货币霸权是金融垄断资本主义虚拟金融资本统治的必然选择 …………………………………………… (222)
第四节 全球虚拟经济、金融与实体经济进一步分离和分化 …………………………………………………… (225)
一 资本的积累集中在金融领域 …………………………… (225)
二 全球虚拟经济与实体经济进一步分离分化,形成对世界新的剥削模式 ……………………………………… (228)
三 全球经济不平衡、不平等 ……………………………… (229)
第五节 金融垄断资本超越于国家的权利,实施全球金融霸权 …………………………………………………… (231)
一 资本主义国家服从、服务于金融垄断资本 …………… (231)
二 国际金融垄断资本削弱广大发展中国家的主权……… (233)
三 利用国际组织推行霸权 ………………………………… (235)
第六节 实施金融霸权的影响与危害 ……………………… (237)
一 破坏发展中国家经济稳定 ……………………………… (237)
二 发达国家内部以及整个世界经济不平衡运转………… (238)
三 世界范围内贫富差距两极分化严重 …………………… (239)
四 在自由化、市场化、金融化、全球化下,金融资本的统治造成全球不稳定,金融危机频繁爆发 ………………… (240)
第七节 反对金融帝国主义货币金融霸权的斗争任重道远 …………………………………………………… (241)
一 要求国际货币金融体系变革的呼声越来越强烈……… (241)
二 商讨解决国际事务的 G7—G20 新机制 ……………… (244)
三 提出改革国际货币金融体系的各种提案……………… (247)
四 国际货币、金融体系改革依然任重道远 ……………… (248)

第六章 金融资本的形态变化及其金融危机
——美国经济金融化与金融危机的观察与思考 ……… (256)
第一节 金融资本形态变化与虚拟金融垄断资本的统治…… (257)
一 金融化变化的物质技术基础 ……………………… (257)
二 金融资本新形态与虚拟金融垄断资本的全面统治…… (258)
三 国家政治、经济、社会全面向金融化转型 ………… (261)
第二节 美国借全球化推行其货币金融霸权 ………… (265)
一 美国的强势地位 …………………………………… (265)
二 美元的世界货币地位 ……………………………… (266)
三 美国在全球化中推行美国化 ……………………… (267)
第三节 经济金融化条件下的经济与金融危机 ……… (269)
一 金融膨胀以及金融风险成为引发金融危机的导火索 ……………………………………………… (270)
二 金融危机产生的根本原因是生产过剩与需求不足的矛盾 …………………………………………… (272)
三 资本的社会化与资本的最终使用、收益权私有化的矛盾不断加重贫富分化 ……………………… (273)
四 攻击性金融投机资本造成世界一些国家、地区金融危机频发 ……………………………………… (274)
五 金融化所形成的负债经济模式潜伏着债务危机危险，特别是主权债务危机 ……………………… (275)
第四节 如何看2008年危机后美国经济复苏 ……… (277)
一 金融垄断集团加强了其统治，金融垄断集团对国家政府部门的渗透和控制以及相互支持不断增强 ………… (277)
二 大金融垄断集团加强对劳动者的剥削和对中小企业的吞并 ……………………………………………… (278)
三 政府的经济政策带有明显的利己主义，对外转嫁危机 ……………………………………………… (279)
四 经济增速回升幅度相对较小、持续时间短，难以形成强劲增长 …………………………………… (280)

五 美国经济复苏的受益者是少数大金融垄断资本……… (282)
第五节 资本控制华盛顿——对话美国共产党经济委员会瓦迪·哈拉比和美国工人尼克 ………………………… (286)
一 2008 年国际金融危机后,大金融垄断财团加强其统治,是美国经济“复苏”的重要因素 ……………… (286)
二 美国 2008 年后获得经济“复苏”的途径 …………… (287)
三 金融垄断集团对国家政府部门的渗透和控制以及相互支持不断增强 …………………………………… (288)
四 资本主义有着其致命弱点和不可克服的社会基本矛盾,且其内部面对经济危机缺乏有效的调节机制………… (290)
五 中国能够顶住国际金融危机冲击的根本原因………… (292)
六 金融危机对工人以及社会民众的最大影响是失业持续增加,由此带来其他社会保障无法实现 ……………… (293)
七 人们用于健康、医疗保障的投入绝大部分被私有保险公司用于金融投机来获取利润 ……………………… (295)
八 “中产阶级”有很大的分化,各种占领、抗议活动频发,社会基本矛盾更加尖锐 ……………………………… (296)

第七章 从国际金融危机看西方新自由主义 ……………………… (300)
第一节 国际金融危机有力证明了西方新自由主义是资本主义的危机陷阱 ……………………………………… (300)
第二节 国际金融危机重创了西方新自由主义…………… (304)
第三节 国际金融危机为发展理念的创新提供了契机……… (311)
第四节 余论 ………………………………………………… (315)

后记 ……………………………………………………………… (319)

绪　论

第一节　对国内外资本主义经济金融化的研究评述

20 世纪 70 年代末 80 年代初，资本主义发生了深刻的变化，其中最核心的变化就是金融部门的爆炸性膨胀。国际理论界将这种现象称为经济的金融化。“金融化”一词在 20 世纪 90 年代初为世人所知，然而该现象在垄断资本主义发展中早已出现过，研究垄断问题的学者也曾指出过这个问题。特别是西方左翼学者比较早地关注资本主义经济金融化问题。美国著名的马克思主义经济学家保罗·斯威齐（Paul Marlor Sweezy）1966 年在《垄断资本》一书中，将金融看成是一种吸收剩余的方式，认为有大量的剩余被转移到金融、保险和房地产行业，从而导致这些行业的资产规模呈现迅速增长的趋势。与斯威齐观点比较一致的是美国《每月评论》杂志主编约翰·贝拉米·福斯特（John Bellamy Foster）和其他一些左翼学者，著名的左翼杂志《每月评论》发表和出版了他们的研究成果。中国学者在研究当代资本主义以及资本主义经济危机问题时，也涉及了资本主义金融化问题。

我们从金融帝国主义时代与资本主义发展阶段的角度，阐述经济金融化是 20 世纪七八十年代以来的深刻变化，是阶段性变化；但它的金融帝国主义时代性质与本质并没有变，仍然是私有制度。从垄断资本主义发展的历史看，经济金融化是垄断资本主义的逻辑结果，从实体资本到虚拟资本垄断主导型地位的变化。从资本主义生产方式运行的过程看，金融化的生产方式发生生产与流通关系的颠倒，由此决定的分配、消费均发生了深刻变化。我们还将从新自由主义是资本主义金融化阶段的理论基础，意识形态主导和政策工具主导，以及它在全球泛滥的观点，叙述资本主义金融化的研究情况及我们的看法。

一 经济金融化是20世纪七八十年代以来资本主义发生的深刻变化

（一）20世纪最后几十年形成资本主义经济金融化。1997年，美国马克思主义经济学家保罗·斯威齐在其文章中，把“资本积累过程的金融化”称为世纪之交的三大主要经济趋势之一（另外两大趋势是垄断力量的增长和经济停滞）。伦敦大学经济学教授简·托普劳斯基（Jan Toprowski）在《金融的终结》中写道：“20世纪最后几十年，出现了自19世纪90年代和20世纪前10年以来规模最大的金融时代。此外，从证券市场上交换的价值来看，也是历史上规模最大的金融时代。所谓‘金融时代’指的是一个历史阶段，在此期间，金融……取代了工业企业家在资本主义发展过程中的领导地位。”

2005年，美国著名学者戈拉德·A. 爱泼斯坦（Gorard A Epstein）主编的《金融化与世界经济》一书出版，认为新自由主义、全球化、金融化的兴起是过去30年全球经济变革的主要特征，而金融化是关键。新自由主义和全球化都是金融资本的霸权势力在世界重新兴起的表现。众多论著探究了新自由主义和全球化问题，但解析金融化现象却是较新的论题。

爱泼斯坦认为，关于金融化的认识分歧较大，他放宽视野对金融化作了一个宽泛的界定：金融化是指金融动机、金融市场、金融参与者和金融机构在国内及国际经济运行中的地位不断提升。

美刊《每月评论》2007年4月发表的该杂志主编约翰·贝拉米·福斯特的《资本主义的金融化》一文认为，在过去30年资本主义变化的三个主要特征新自由主义、全球化和金融化中，金融化是三者中的主导力量，众多论著探究了前两个现象，金融化现象却鲜被关注，然而金融化日益被视为三者中的主导力量。资本主义的金融化，即经济活动的重心从产业部门（甚至从诸多正在扩大的服务业部门）转向金融部门，成为当今时代的重大事件之一。他认为，新自由主义全球化的本质是金融化的垄断资本在全球的扩张。《每月评论》2010年10月号再次刊登约翰·贝拉米·福斯特的《资本积累的金融化》，文章认为资本主义已经金融化。金融化可以定义为，资本主义经济重心从生产到金融的长时间的转向。……这一转变反映在经济的方方面面：（1）金融利润在总利润中的比重越来越大；（2）相比于GDP，债务越来越多；（3）金融、保险和房地产在国民收入中的比重上升；（4）出现各种奇怪的金融工具；（5）金融泡沫的影响扩大。总之，相对于经济基础，金融上层建筑的规模和重要性大大增长。

金融化是虚拟、泡沫化推动的经济。日本学者高田太久吉说，所谓经济金融化，就是依靠增加企业、家庭、公共部门、众多发展中国家的债务负担来维持市场需求，通过持续性资产通胀（泡沫）使金融机构和机构投资者及其控股企业获取金融性收益的虚拟资本市场，发展为金融资本主义。

美国学者托马斯·I. 帕利（Thomas I Paley）的《金融化：涵义与影响》一文认为，金融化是金融市场、金融机构和金融业精英对经济政策和经济结果的影响力日益深化的过程。金融化同时在宏观和微观两个层面上改变着经济体系的运行方式。金融化的影响主要体现在：（1）提升了金融部门相对于实体部门的重要性；（2）将收入从实体部门转移到金融部门；（3）加剧收入分配不平等并导致一般工人工资停滞。此外，最重要的是，金融化使经济面临债务型通货紧缩及长期萧条的风险。作者特别提出，新自由主义的重要经济政策如全球化、小政府、弹性劳动力市场和摒弃充分就业等都有利于金融资本，且都是在金融资本的推动下实施。这揭示了近30年来世界资本主义最重要的三大特征——全球化、新自由主义、金融化之间的本质性联系。

西班牙共产党认为，近20年来全球经济愈加呈现出金融化趋势，并成为资本主义和全球化发展的主导模式。经济彻底金融化的后果之一，就是实体经济和投机经济脱节。2008年的这场经济危机恰恰说明，那种“市场就是一切”“市场决定一切”“对市场不加任何限制”“政府调控无足轻重”的一整套新自由主义模式和理念已经破产。这确实是资本主义主导模式的失败。

印度学者拜斯德伯·达斯古普塔（Byasdeb Dasgupta）认为，金融化是指金融在经济生活和社会生活的各个层面获得支配性地位。金融化是一个过程，不仅限于金融资本占据支配地位或经济中出现食利阶层。当前金融化的特殊之处是，金融资本几乎主导了所有公司、机构、政府、社会的经济决策过程。对任何经济体而言，金融化的重要标志是金融（financing）、保险（insurance）和房地产（real estate）部门（合称 FIRE）在国民收入或 GDP 中所占份额。从 1973 年到 2005 年，美国 FIRE 部门占 GDP 的份额从 15.1% 上升到 20.4%。印度 FIRE 部门占 GDP 的份额从 1973—1974 年的 11.73% 上升到 2011—2012 年的 16.86%。金融化程度的另一个标志是全球外汇日交易额。全球外汇日交易额从 1989 年的 5700 亿美元增加到 2004 年的 1.9 万亿美元。大部分跨境外汇交易发生在金融资本流动账户中，而不是国际贸易流动账户中。①

近年来，中国学者也对资本主义金融化问题给予关注。中央编译局研究员李其庆在评介外国学者研究资本主义新变化时认为，20 世纪 80 年代以来，资本主义最深刻的变化发生在金融领域。金融及其衍生产品的发展使金融资本在时间和空间上，对资本使用价值的生产实现了全面的、不间断的、有效的控制，从而实现资本利润的最大化。

上海社会科学院研究员周建明认为，所谓金融化就是资本的运动方式历史性地从 M—C—M′向 M—M′转变，结果出现了生产资本服从于金融资本、金融资本高度垄断经济与政治权力的现象，资本主义经济实质变为寄生的、腐朽的、赌博性的经济。20 世纪七八十年代，资本主义经济因实体经济增长减速，出现资本过剩，转向投入金融市场避难，从而推动了资本主义生产方式的转型。一旦资本涌向金融领域，必然会刺激金融界通过创新衍生工具，把这些资本在实际有效需

---

① ［印度］拜斯德伯·达斯古普塔：《金融化、劳动力市场弹性化、全球危机和新帝国主义——马克思主义的视角》，车艳秋译，《国外理论动态》2014 年第 11 期。

求并未增长的条件下通过各种债务转化为新的需求和金融投机产品，从而引起资本主义经济重心从生产到金融的根本性转向。

苏州大学马克思主义研究院院长、教授朱炳元认为，当代资本主义经济正呈现出经济加速金融化、金融日益虚拟化、实体经济空壳化、日常消费借贷化、国家走向债务化、人民大众贫困化等六大趋势。

中国人民大学赵峰教授在《当代资本主义经济是否发生了金融化转型》一文中，以当代发达资本主义经济的典型美国为实证，构造了代表其经济结构的10个时间序列数据并进行了计量检验，发现自20世纪80年代以来，在宏观经济结构、金融部门和非金融部门内部结构、收入分配和消费模式结构等方面均发生了显著的结构性改变，而这种改变的特征表明这的确是一种金融化的资本主义。

（二）金融化显现了20世纪初形成的垄断资本主义，即金融帝国主义发展时期以来显著的阶段性变化。美国著名经济学家大卫·科茨（David M. Kotz）说，用“金融化”取代“金融统治”的观念，能够最准确地把握近几十年来金融在经济中的地位变化，更好地揭示金融在经济活动中的扩张性作用。约翰·贝拉米·福斯特认为，金融已取代了工业企业家的地位。这个阶段可称为“金融帝国主义新阶段”，它加剧了社会、生态和战争危机。

法国学者让·克洛德·德洛奈（Jean Claude Delona）提出了资本主义处在“金融垄断资本主义”。认为，20世纪80年代以来，资本主义处于金融垄断资本主义阶段。其主要特征：一是生产资本的全球化。二是伴随生产资本的全球化出现了资本主义经济的金融化。三是资本主义企业实现了空前规模的积聚，不同国家资本的相互渗透最终形成了巨大的全球垄断寡头。四是全球金融垄断资本主义的发展。世界范围内金融资本与产业资本、商业资本、服务资本、保险资本和各种投资资本的复合。

中国学者东莞理工学院副教授银峰认为，列宁所提出的金融资本概念揭示了垄断资本必然融合为金融资本的实质和发展规律。垄断资本控制资本主义经济社会生活，是金融资本理论的实质。从20世纪

70年代末开始，金融资本的控制力通过各种途径重新得以强化。发达资本主义最本质的经济特征依然是作为垄断资本的最高形态的金融资本。

（三）G—G′循环的资本增殖方式是资本主义经济金融化的重要标志，但所有制和资本对劳动的剥削没有改变。法国学者让·克洛德·德洛奈在《金融垄断资本主义》一书中认为，现代资本主义社会经济结构的变化并没有改变资本的所有制关系，当今社会依旧建立在资本对劳动的剥削基础之上，价值和剩余价值的私有化仍然是主导的生产关系，但资本的增殖方式与以往相比有着巨大的不同。

按马克思的价值概念来分析，以商品形式出现的这些金融产品，本身几乎没有价值。然而，在当今的金融垄断资本主义中，很大部分的资本却由金融产品构成。也就是说，在今天，资本的增殖主要不依靠劳动生产率的提高，而取决于金融产品的买卖和对价格趋势的预期。金融垄断资本主义的秘密在于它具有“寻租”的性质，即证券持有人不从事生产，通过金融交易而获得资本的租金，如同资本原始积累时期的高利贷者一样。

二　资本主义经济金融化是垄断资本主义历史发展的逻辑结果

（一）生产集中与资本集中必然产生垄断。垄断资本主义发展中的资本集中是一个双重进程。从生产力和生产的物质内容看，生产集中是资本的价值形态与实物形态同时空转移；从非物质生产部门比如金融业的集中和垄断看，则存在着资本的价值形态与实物形态相脱离。这是一个矛盾的进程，资本的价值不能脱离实际生产产生；而资本主义生产中追逐剩余价值的欲望，又不断产生脱离实际生产就能增殖的妄想。马克思早在《资本论》中就指出了资本企图脱离生产过程、劳动过程就能获得利润的“妄想”“狂想”。这是就资本循环的特定阶段，以及就食利资本而论。而今天已经成为资本主义占主导的生产方式，即以金融为主体，金融自我循环、自我膨胀为主导的生产方式、积累方式。

此外英国著名经济学家凯恩斯（Keynes）较早地指出了金融投机

主导方式是“投机支配生产”。

国外左翼学者认为，金融部门和实体经济之间的反向变动在资本主义经济发展到特定阶段后变为现实。金融部门和实体经济之间的反向变动关系是理解世界经济新趋势的关键。福斯特在《资本主义的金融化》中引述斯威齐的上述论述，同时他认为，回顾过去，很明显，这种反向关系一开始就是资本主义的固有可能性之一，但它仅在资本主义经济发展到特定阶段后才演变为现实。这种抽象可能性依存的事实是资本积累进程具有二重性，它既包括对实物资产的所有权，也包括对实物资产的虚拟要求权。在此背景下，资本主义经济体制自一开始就蕴含着实物资本积累与金融投机矛盾并存的可能性。

（二）金融越来越集中的趋势是垄断资本主义历史发展的产物。约翰·贝拉米·福斯特在《资本积累的金融化》中认为，金融越来越集中的趋势是资本主义制度历史发展的产物。现代信用体制的兴起极大地改变了资本积累的本质，因为真实资本的资产所有权变得从属于股票或纸面资产所有权——通过举债而实现的杠杆化经营越来越多。他列举美国经济学家明斯基（Minsky）在研究凯恩斯的书中所认为的观点：“对生产性资产价值的投机是资本主义……经济的特征。对（发达）资本主义经济适用的研究范式不是物物交换经济”，而是“伦敦金融中心或华尔街体系，在那里资产持有量和现金交易都是由债务提供资金”。明斯基还认为，经济基础范围内可用于积累的货币资本（假设存在可盈利的投资场所）频繁被转化为 M—M′，即资产价格的投机。这种转化成了长期趋势，所以必然导致资本主义经济发生重大结构变化。

（三）从经济停滞到金融化。保罗·斯威齐和保罗·巴兰（Paul Baran）1966 年的合著《垄断资本》，着力考察了 20 世纪 60 年代资本主义的“黄金时期”，国家干预通过扩大政府支出和军费开支、企业的商品促销，以及第二轮技术革命的自动化浪潮及其他因素，如何通过这些因素吸收剩余、推动经济走出停滞。同时，该书指出，资本主义生产对剩余价值的追求遇到“滞胀”矛盾，从而把剩余资本投向金融领域。这既是摆脱滞胀危机的手段，同时是资本主义积累体制转向金融的发轫，这是垄断资本主义发展的必然出路和产物。

当20世纪70年代经济停滞再次降临时，保罗·斯威齐与美国佛蒙特大学名誉教授弗雷德·马格多夫（Fred Magdoff）将注意力重点集中于金融业膨胀。1975年，他们撰文《如履薄冰的银行》认为，债务的过度扩张和银行的过度膨胀恰到好处地满足了三重需要，即保护资本主义体制及其利润、缓解（至少是暂时缓解）它的矛盾、支持美国的霸权主义扩张和对外战争。

斯威齐在1997年发表的《再谈（或少谈）全球化》论文中认为，1974年、1975年经济衰退以来，当代资本主义的发展历程呈现了三个重大趋势：（1）全球经济增速总体减缓；（2）跨国垄断（或寡头垄断）公司在全球扩展；（3）资本积累过程的金融化现象。他认为，这三大趋势错综复杂地交织在一起。资本的逐利本性导致了实际投资减缓和金融化崛起并存的双重进程。这一双重进程最初出现于二战后数十年黄金时代的衰落时期，随后以日渐加剧的程度持续至今。

（四）经济停滞和金融膨胀之间相互的关系日趋复杂并不断发展，产生“共生的包容”。1994年斯威齐在题为《金融资本的胜利》的文章中认为资本主义经济金融化正在对资本主义进行重构，主要表现是经济停滞和金融化之间的关系日趋复杂并不断发展。他说：“金融上层建筑是既往20年的创造。这意味着，金融膨胀与20世纪70年代经济停滞的回归几乎同步。然而，这种现象是否违背以前的经验呢？传统上，金融膨胀与实体经济繁荣携手并行。现在的问题则是，金融膨胀与经济繁荣是否不再同步并行，抑或金融膨胀与经济停滞并存更接近事实，一如当前这一20世纪末期的情形？这是否意味着，当代金融膨胀的载体不是经济繁荣而是经济停滞？我认为，是的，事实很可能如此，它已经发生且仍在继续。”①

斯威齐于1995年指出，20世纪70年代传统经济结构依然存在，

---

① ［美］约翰·贝拉米·福斯特：《资本主义的金融化》，王年咏、陈嘉丽译，《国外理论动态》2007年第7期。

其主要构成方式是由较小的金融附属部门支撑生产体系；但到20世纪80年代末，传统经济结构已经让位于新的经济结构，在新的经济结构中，急剧膨胀的金融部门获取了高度独立性，并高高凌驾于实体生产体系之上。经济停滞和大规模金融投机则是同期根深蒂固且不可逆转的经济发展困局的孪生物。这一共生现象有三个特征：（1）实体经济停滞意味着，资本家日益依赖金融部门的增长来获取和扩大货币资本；（2）资本主义经济的上层建筑脱离其在实体生产经济中的根基而完全独立地自我膨胀，因而，投机性泡沫破裂成为周期性发生并不断加剧的新问题；（3）金融化无论会发展到何种程度，都不可能破解生产停滞的难题。为顺应金融化导致的新要求，资本主义重构了国家的作用。1987年股市崩溃后，美联储对整个权益市场资本奉行了色彩鲜明的“打而不倒”政策。①

约翰·贝拉米·福斯特在《失败的制度：资本主义全球化的世界危机及其影响》中说：停滞和金融爆炸，两者之间有种“共生的包容”。最终，这个长期的金融爆炸过程被看作是资本主义经济的“金融化”特征，垄断资本转变为“垄断—金融资本”。② 福斯特指出，滞胀和金融化的共生关系意味着，每一次出现金融问题，美联储和其他中央银行都被迫介入以挽救脆弱的金融体系，以免作为一个整体的金融上层建筑崩溃，也免得容易滞胀的经济进一步削弱。这就导致了金融体系长期地、逐渐地失去管制，也导致了政府权威人士对金融创新的积极鼓励。这是基于这样的错觉，认为通过这种方式，信用风险能够降低，利润能够扩大。新的垄断金融资本阶段的特征是滞胀——金融化的困境，在这种困境下，金融扩张成为体系的主要“修复手段”，但却不能克服经济体根本的结构缺陷。③ 金融膨胀解决不了

① ［美］约翰·贝拉米·福斯特：《资本主义的金融化》，王年咏、陈嘉丽译，《国外理论动态》2007年第7期。

② ［美］约翰·贝拉米·福斯特：《失败的制度：资本主义全球化的世界危机及其影响》，安俊译，《哲学动态》2009年第5期。

③ ［美］约翰·贝拉米·福斯特、罗伯特·麦克切斯尼：《垄断金融资本、积累悖论与新自由主义本质》，武锡申译，《国外理论动态》2010年第1期。

“停滞”，停滞和金融膨胀的“共生性”依然是今天经过2008年大危机后的当代资本主义难以解决的问题。

2008年危机以后，停滞又成为新的常态。矛盾的根源是垄断程度不断加深。“造成停滞趋势的核心矛盾，是由于生产中产生的巨大剩余价值无法被吸收。这首先体现在资本积累过程的延宕，资本积累过程面临着投资获利渠道的持续缺乏，而这种缺乏则是由于经济中垄断程度的不断加深以及这种垄断程度加深对价格、利润、产出、收入和需求的影响。”①

（五）金融垄断资本主义前所未有地得到加强，成为一个更加普遍化和全球化的垄断金融资本体系。《每月评论》2011年4月号发表了约翰·贝拉米·福斯特、罗伯特·麦克切斯尼（Robert McChesney）、贾米尔·约恩纳（Jameel Johnna）题为《21世纪资本主义的垄断和竞争》的文章。从经验、理论和历史角度评价了当今资本主义经济中的竞争和垄断的现状，指出虽然社会科学和经济学过去30年中对资本主义经济中的垄断趋势极力否认，但详尽的证据证明，垄断在近几十年中一直在前所未有地得到加强。更具体说来，过去的1/4世纪见证的是垄断资本主义演化成为一个更加普遍化和全球化的垄断金融资本体系，这是当今发达资本主义经济体的经济制度的核心，是当今新帝国主义的基础，是世界经济日益加深的不稳定的关键原因。②

美国是当代垄断资本主义的典型。中国著名经济学家刘诗白在论美国的金融垄断资本和经济的过度金融化问题时指出，经济的金融化是20世纪80年代以来美国经济发展的鲜明趋势，当代美国资本主义不仅是垄断资本主义，而且是金融资本快速发展和占据主导的资本主义。在现代化、市场化、全球化大背景下，金融业的加快发展和趋于

---

① ［美］弗雷德·马格多夫、约翰·贝拉米·福斯特：《停滞与金融化——矛盾的本质》，周颖译，译自美刊《每月评论》第66卷，2014年5月号，载《政治经济学报》第4卷，社会科学文献出版社2015年版。

② ［美］约翰·贝拉米·福斯特、罗伯特·麦克切斯尼、贾米尔·约恩纳：《21世纪资本主义的垄断和竞争》，金建译，《国外理论动态》2011年第9期（上）、第10期（下）。

发达是一个大趋势。问题是货币信用事业的发展要适应实体经济的需要，而不能任其自我膨胀，形成货币信用过度扩张。我们把货币信用过度扩张规定为：（1）社会资本过多流入和集中于金融领域，特别是股市；（2）在金融自我循环中银行和金融事业机构的过度发展；（3）劣质或“有毒”的金融工具的使用和多次使用，即杠杆率过度增大。上述情况，意味着国民经济活动中超出实体经济发展需要的货币信用交易活动量的过度增大，特别是金融虚拟资产交易量的过度扩大。显然地，上述货币信用过度扩张，鲜明地体现在20世纪80年代以来的美国经济的发展中。①

三 资本主义金融化的生产方式特征：生产与金融关系颠倒，金融占据支配地位

资本主义经济金融化表现在资本主义全社会生产与再生产的全过程，表现为金融资本的统治，金融在全社会的主导地位，具体表现为流通决定生产，不论从微观经济主体的考察，还是从整个社会的生产与再生产过程，以及国家的管理，宏观经济的考察，不论是金融部门还是非金融部门，都显示了这个变化。

（一）从事实物生产的实体经济企业部门深入地卷入纯粹的金融交易和活动，将自身的资源配置到金融方面。大量的研究表明，企业将巨额剩余资本转向金融领域，在20世纪70年代就是困扰美国等发达国家非金融企业获利能力的危机，从中就可以看到金融化的发展。非金融企业对不断下降的投资回报的反应，就是将资本从生产领域抽走，将其转移到金融市场。因而实体经济的积累率一直在下降。

（二）全社会经济活动的重心转向金融。福斯特认为，从经济增长模式看，金融化是指“经济活动的重心从生产（乃至不断增长的服务部门）转向金融”。

按经验的方法，从宏观领域经济变迁的两种视角，即就业、GDP在各产业的相对份额变化看，三大产业的结构变化是过去50年经济

① 刘诗白：《论过度金融化与美国的金融危机》，《经济学家》2010年第6期。

活动中的主要变化，金融服务成为最具吸引力的行业。美国学者克里普纳（Krippner）列举从1950—2001年半个世纪以现值美元计算的GDP在各产业的相对份额的变动情况，来说明经济活动中产业结构的主要变化。显示了战后阶段制造业的下降，服务业的巨大发展，也显示了金融、保险、房地产业的显著增长。这些数据可以为服务业、后工业主义、信息经济和金融化的发展提供解释。① 虽然作者更强调经济中利润产生来自何处的看法，而从经济活动重心转变的视角也说明整个社会经济结构的变化。

（三）金融部门日益脱离实体经济。货币资本、金融资本流通是现代经济生活中资源配置的重要手段。而在资本主义经济金融化发展中，各类市场包括金融市场充分发展，金融市场的决定性作用凸显。但是金融日益脱离为生产服务的功能，金融部门日益脱离生产，自我膨胀，为自身谋利服务。金融上层建筑成为支配生产，以及统治整个社会经济的主导的同时，脱离自身的功能。

大卫·科茨说，20世纪70年代伊始，相对于非金融领域而言，金融市场的交易变得频繁，利润也随之增加。全球日均外汇交易量从1973年的150亿美元，上涨至1980年的800亿美元和1995年的12600亿美元。1973年全球商品和服务贸易额占到外贸交易总额的15%，而这一数据在1995年则下滑为不到2%。这意味着货币交易的膨胀主要是用于金融交易，而不是国际商品和服务的购买。金融部门不再像摩根时代那样控制非金融部门，而是独立于它们。金融化并不意味着金融部门对非金融部门的新统治，反而会加快金融部门与非金融部门的分离。②

（四）金融部门对社会财富和利润流向的影响日益加深。金融脱离生产自我循环，进行投机交易，以此获得巨额收益。2010年11月29日美刊《纽约客》经济年鉴专栏发表了美国经济学家约翰·卡西

---

① ［美］格莱塔·R. 克里普纳：《美国经济的金融化（上）》，丁为民等译，《国外理论动态》2008年第6期。

② ［美］大卫·科茨：《金融化与新自由主义》，孙来斌、李铁译，《国外理论动态》2011年第11期。

迪（John Cassidy）题为《华尔街到底有什么用——投资银行家所为大多没有社会价值》的文章，描述了美国华尔街金融资本的基本运作状况，并指出为实体产业提供融资和咨询服务早已只占金融资本业务收益的微不足道部分，金融资本的主体工作是投机性交易。文章指出，过去20年中，股票、债券、货币、期货和其他有价证券衍生品交易量呈指数上升。就是在2008年金融危机后，金融机构经营的股票、债券、货币、期货和其他有价证券衍生品交易量仍然上升，金融机构仍然获得高利和高收入。①

研究企业问题的米歇尔·阿格列塔（Michel Aglietta）、拉左尼克（Lazonick）和奥沙利文（O Sulliv）等认为，金融化对非金融企业的治理结构的重构，“股东价值”在企业诸多目标中占据支配性的地位，导致非金融公司在公司战略和收入分配方面倾向于更多地向股东分红。从对资金流量的实证分析表明，金融机构从非金融企业现金流中提取的份额日益增长。金融市场迫使非金融企业向金融机构返还越来越大的额度。非金融企业向金融市场的支付金额在20世纪50年代处于相对较低的水平，在60年代中期至70年代后期上升到大约占现金流量的30%。而在1984—2000年（除了90年代早期经济处于衰退阶段的三年），非金融企业向金融中介机构的返还额度达到其资金流量的一半。以后这一比例从未低于50%。

这样做的结果必然使企业内部资本家更多地挤压工人的工资和福利。导致工人失业，工人工资和福利水平降低。这加剧了收入不平等和工人实际工资水平长期停滞。

（五）收入差距明显拉大，贫富差距恶化。资料显示，近几十年来，也就是资本主义金融化以来，工人的实际工资水平呈下降趋势。美国生产性工人的实际工资在1972年达到战后峰值，此后到1995年一直处于下降之中，迄今也没有恢复到峰值的水平。相形之下，首席

① ［美］约翰·卡西迪：《美国华尔街金融资本的基本运作状况》，张征、徐步译，《国外理论动态》2011年第10期。

执行官的收入在1982年是普通工人的42倍，2005年飙升到411倍。①

在资本主义金融化条件下，金融市场的支配作用使财富的再分配向金融垄断资本集中。法国学者德洛奈认为货币和金融市场形成了一个提取和集中世界储蓄的体系，“确切地说，金融市场是进行控制的地方，它能够保证资本所有者的绩效最大化”②。中国学者河北师范大学的程新英认为，货币和金融市场通过对货币的操纵进行着全球财富的再分配，将更多的财富聚敛到自己手中。这种活动具有很大程度的投机性，它没有创造任何物质性价值，却加速了财富向金融垄断资本的集中，使富的越富，穷的越穷，进一步加剧了民族国家内部和民族国家之间的贫富分化。③

（六）金融资本加剧金融掠夺。金融化的资本主义更加剧了其食利性。金融化的重要特征：一是形成更具剥削的食利国家和食利者阶级。因而，其食利性达到史上最高程度。二是通过金融借贷刺激消费，即赤字性消费。福斯特在《资本积累的金融化》中用美联储资金流量和国家经济分析局的数字、图表表示，1975—2009年的34年里，美国私人借款净额远远超过私人固定投资净额。这一过程随着2007—2009年巨大的房产——金融泡沫的破裂以及借款和投资的暴跌而告终。④

20世纪八九十年代，与积累率持续降低，剥削率急剧提高，工资收入持续下降，收入分配显著恶化的这些情况相反，消费率却未降低，反而实现增长。2000年之后，这个矛盾进一步发展。福斯特认为，这种互相矛盾的发展之所以可能，正是由于家庭债务的大规模扩张以及家庭资产泡沫的最终出现，而后者的根源是家庭住房贷款的证

① ［美］大卫·科茨：《资本主义的新自由主义体制危机》，《中国社会科学内部文稿》2009年第3期。

② ［法］让·克洛德·德洛奈：《全球化的金融垄断资本主义（上）》，刘英译，《国外理论动态》2005年第10期。

③ 程新英：《资本的逻辑与当代社会发展困境》，《马克思主义研究》2006年第3期。

④ 裘白莲、刘仁营：《资本积累的金融化》，《国外理论动态》2011年第9期。

券化，家庭资产泡沫的破灭是绝大多数劳动人口的家庭融资毁灭的不可避免的结果。①

资本主义经济金融化更具剥夺性。比如，用于劳动力再生产的工人的工资收入的金融化成为金融利润的重要来源。英国学者考斯达斯·拉帕维查斯（Costas Lapavitsas）在《金融化了的资本主义：危机和金融掠夺》一文中深刻分析了随着资本主义经济金融化，金融利润的来源发生的十分显著的变化——从工人和其他人的个人收入中直接榨取金融利润，被称为金融掠夺。②

从劳动力再生产的角度看，工人的劳动过程是资本家榨取其剩余价值、获得利润的唯一源泉。工人的工资收入是维持劳动力自身和其家庭成员子女的生活费用，而在金融化了的资本主义中，工人及其家庭成员的生存的正常条件越来越卷入金融体系。劳动力的生产与再生产过程都成为金融资本获取利润的来源。住房、养老金、消费和教育领域均被卷入金融资本的运行中。

掠夺性经济、寄生性经济对广大的民众剥削和掠夺空前深重。正如大卫·哈维（David Harvey）所说："信用体系现在已经成为……金融资本从其他人群中汲取财富的主要的现代杠杆。"③

综合以上对资本主义生产全过程的金融化的分析，金融成为一国经济增长的主导，是企业利润的重要来源，金融资产自我膨胀以虚构的价值进行交易；全社会的分配向金融倾斜，在收入分配恶化的情况下，通过金融借贷的不断膨胀支持消费。那么是什么支持经济增长？我们认为，负债就成为资本主义的常态，通过吹起一个个的泡沫，泡沫的破裂必然引发金融危机以及经济危机；在社会缺乏有效价值增长的情况下，垄断资本主义还有靠掠夺维系。因此负债、泡沫和掠夺成为金融化条件下的金融帝国主义的经济特征。

---

① ［美］约翰·贝拉米·福斯特、罗伯特·麦克切斯尼：《垄断金融资本、积累悖论与新自由主义本质》，武锡申译，《国外理论动态》2010 年第 1 期。

② ［英］考斯达斯·拉帕维查斯：《金融化了的资本主义：危机和金融掠夺》，李安译，《政治经济学评论》2009 年第 1 期。

③ 裘白莲、刘仁营：《资本积累的金融化》，《国外理论动态》2011 年第 9 期。

20 世纪 90 年代末期，飙升的金融利润显然完全脱离了相对停滞的国民收入增长制约，成了一场杠杆倍率越来越大的游戏；只要债务处于安全的范围之内，这种放大的杠杆倍率就是金融业赚取巨额利润的魔杖。整个经济日益依赖于一个接一个的金融泡沫。资本（通过企业和个人投资者）把剩余和储蓄注入金融，投机于资产价格的上涨。同时，金融机构发明了容纳这种大量货币资本流入的新方式，通过各种各样的新奇的金融工具，例如，衍生工具、期权、证券化等。通过增加借款的杠杆作用把经济的金融上层建筑不断推向更高的高度。结果就是累积如山的债务的产生外加上金融利润的超常增长。

福斯特说："在垄断金融资本条件下，我们看到了积累悖论的激化。在马克思那著名的表述中，资本家有时想通过 M（货币）—M′（货币）的方式无限地扩张其财富和价值，而不是通过 M—C（商品）—M′的方式，想在生产剩余价值——也就是利润——的过程中，完全省略商品生产。这是经济体系日益非理性化的显著标志。"①

由于资本主义早已发展为世界性体系，金融化以及这种掠夺以在全球实现为前提和结果。

四　从新自由主义的全球泛滥考察金融化

（一）新自由主义成为当代资本主义的理论基础、意识形态。合肥工业大学人文经济学院副教授张才国认为，以新自由主义为指导的"华盛顿共识"大肆向广大发展中国家和社会主义国家全面渗透，严重侵蚀着这些国家的经济独立和主权安全。许多国家在价值观念上向"西化"靠近。冷战结束后，社会主义运动暂时转入低潮。这时新自由主义不但成为一种标准的转型模式，而且成为巩固资本主义和平演变成果的重要手段。在这样的背景下，新自由主义由学术理论政治化、意识形态化，成为资本主义向外输出的意识形态和制度价值。②

---

① ［美］约翰·贝拉米·福斯特、罗伯特·麦克切斯尼：《垄断金融资本、积累悖论与新自由主义本质》，武锡申译，《国外理论动态》2010 年第 1 期。

② 张才国：《新自由主义的意识形态本质：国际垄断资本主义的理论体系》，《科学社会主义》2008 年第 1 期。

（二）新自由主义积累体制加剧阶级对立。福斯特和另一位美国学者罗伯特·麦克切斯尼把今天的新自由主义当局视为垄断金融资本的政治——政策搭档。它的目的是推动更加极端的剥削形式——既直接地推动也通过改造保险和养老体系来推动，保险和养老体系现在已成为金融权力的主要中心。因此，在“掠食国家”支持下实施的新自由主义的积累策略，无论在何处都意味着阶级斗争的激化，既有源于企业的阶级斗争，也有源于国家的阶级斗争。因此，新自由主义根本不仅是传统经济自由主义的复活，而且日益表现为全球规模的大资本、大政府和大金融的产物。①

（三）新自由主义重构推动了几十年来的金融化进程，建立起新自由主义的社会积累结构。大卫·科茨认为，作为资本主义长期趋势的金融化，受到战后社会积累结构的制约，在20世纪70年代末新自由主义开始重构时得到松绑。而一旦新自由主义积累结构建立起来，它就给金融化提供了有利的发展环境。他提出新自由主义社会积累结构理论，认为社会积累结构理论揭示了资本主义社会制度结构的阶段性变化。在这里被理解为一种内在的、持久的资本主义制度结构，它刺激盈利并为资本积累提供一个框架。20世纪70年代后期，一种新的社会积累结构在美国和英国初见雏形。新自由主义的社会积累结构在20世纪80年代早期完全建立起来；在80年代末得到强化。而此时东欧、苏联国家的社会主义制度已经瓦解，世界资本主义的体系日益增强。20世纪90年代，英国工党和美国民主党上台执政，使这种社会积累结构在它的两个出生地日趋稳固。新自由主义的社会积累结构完全代替了二战后积累结构。并且，它担负着重建全球资本主义体系的主要任务。②

（四）对发展中国家和苏联、东欧国家的私有化、金融化。大卫·哈维指出，对冲基金以及其他重要的金融资本机构作为掠夺性积

① ［美］约翰·贝拉米·福斯特、罗伯特·麦克切斯尼：《垄断金融资本、积累悖论与新自由主义本质》，武锡申译，《国外理论动态》2010年第1期。

② ［美］大卫·科茨：《金融化与新自由主义》，孙来斌、李铁译，《国外理论动态》2011年第11期。

累利刃的全部新机制开启，对公共资产的公司化和私有化，横扫整个世界的私有化浪潮，显示了新一波的“圈地运动”。①

美国激进的金融理论家迈克尔·赫德森（Hudson Michael）指出，金融资本大国利用自己的经济、军事和政治优势将外国尤其是发展中国家的经济金融化，廉价购买这些国家的垄断地段的地产，垄断的资源公司和公共设施如交通、供水、供电等设施。通过金融化的方式，再辅以其他手段，将其他国家尤其是发展中国家的大量利润转移到国内。是20世纪90年代世界范围内的“规模最大的一次财产转移”。②

波兰华沙大学经济学教授，后为美国西雅图市华盛顿大学经济学教授卡齐米耶日耶·波兹南斯基（Kazimierzye Poznanski），撰写了《全球化的负面影响——东欧国家的民族资本被剥夺》一书。书中指出，东欧国家于20世纪90年代开始推行私有化的改革，结果遭受了比20世纪30年代的“大萧条”还要严重的打击。匈牙利、波兰国民生产总值损失20%，保加利亚和罗马尼亚下跌了40%。“大萧条”时期遭受打击最严重的德国和美国损失为25%，但5年后都彻底恢复。而10年过去了，东欧依旧不能恢复到1989—1990年的水平。他指出，东欧国家的私有化改革，并没有如设计的那样使它们走上“欧洲化”的道路，却意外地走上了一条“附庸资本主义”的道路。由于私有化，东欧国家的经济体系被托付给了外国人，同样，它们的政治制度也不能不如此。它们实际上走上了另一种意义的“通往奴役之路”。

一些国家特别是苏联、东欧国家的私有化是资本主义金融化战略的一部分。迈克尔·赫德森在《金融帝国——美国金融霸权的来源和基础》中说，“私有化主要是一种金融现象”。私有化“作为一项国际政策，主要是由美国政府的战略家推动的，目的是瓦解俄罗斯的工业力量。……原苏联国家见证了它们的公有资产在无序的劫掠中被卖

---

① ［英］大卫·哈维：《新帝国主义》，初立忠、沈晓雷译，社会科学文献出版社2009年版，第120页。

② ［美］迈克尔·赫德森：《金融帝国——美国金融霸权的来源和基础》，嵇飞、林小芳译，中央编译出版社2008年版，第9—10页。

给了红色局长，以及其他内部人员，而他们则一转手把主要股份卖给了西方买主”。“事实上重建的是一种租金资本主义。”[①] 2005 年 4 月，作为这本书的续篇，迈克尔·赫德森出版了《全球分裂——美国统治世界的经济战略》。书中写道：新自由主义是对 20 世纪 70 年代以前第三世界建立国际经济新秩序努力的大逆转，它的实质是，美国利用自己的金融霸权在全球以金融手段摧毁第三世界国家自主发展的能力，并以金融手段接管这些国家，从而在全球重建以美国为中心的食利者经济。金融资本的特征是食利性、投机性和腐朽性，因此它大力推动的金融自由化不是为了促进真正的创新或发展。作者在这两部著作和他的《关于私有化的另类视角》中还指出，私有化主要是一种金融现象。私有化和经济金融化、全球化三位一体。结果是从 1980 年后开始负债的第三世界政府和 1991 年后的苏联国家政府的公共资产被窃取。苏联主要是被西方的金融手段瓦解的。

（五）以美元霸权为主导的金融霸权。英国学者约翰娜·蒙哥马利（Johanna Montgomery）认为，在描述当代资本主义新的特殊变化时，应认识到美英等发达国家以及大资本是金融化背后的权力推手。还应关注美国的全球霸主地位。美国金融市场的自由化和重大金融创新已经从根本上改变了金融在全球体系中的相对力量。此外，美元仍是全球交易的主导货币，美国政府仍然享受着独一无二的特权——向其他国家出售美元债务，把政府预算赤字外部化。[②]

赫德森在《金融帝国——美国金融霸权的来源和基础》中写到美联储与各国央行体制，其他国家的央行受制于美国以及国际货币基金组织，实施整改和调整，以维护以美元为主导的金融霸权机制。

大卫·哈维也在《新帝国主义》中写道：“世界各国对美国财政的支持达到令人吃惊的地步，从 2003 年初开始，平均每天有 23 亿美元流入了美国。……世界上任何其他国家都生活在由国际货币基金组

① ［美］迈克尔·赫德森：《金融帝国——美国金融霸权的来源和基础》，嵇飞、林小芳译，中央编译出版社 2008 年版，第 412、410 页。

② ［英］约翰娜·蒙哥马利：《全球金融体系、金融化和当代资本主义》，车艳秋、房广顺译，《国外理论动态》2012 年第 2 期。

织所强加的严格的经济紧缩和结构调整计划的宏观经济环境之中。”他引用英国学者彼得·高恩在《华盛顿的全球赌博》中的言论：“华盛顿所拥有的操纵美元价格和利用华尔街国际金融支配权的能力，使美国政府可以不去做那些外国政府必须去做的事情：观测国际收支；调整国内经济以确保高储蓄率和高投资率；观测公共和私人负债水平；建立有效的国内金融媒介体系以确保国内生产部门的强劲发展。”美国经济已经“摆脱了所有这些苦差使”。由此而产生的结果是“所有国民经济核算的正常指标已经遭到极大扭曲，并已不再稳定”①。

中国学者北京大学教授林毅夫说，20 世纪 80 年代以后，华尔街推动各个国家金融自由化，实际上是允许热钱到其他国家进行短期套利。2000 年发展中国家的资金流动，每年大概 5000 亿美元，到 2007 年增加到 6 万亿美元，大量的资金流向发展中国家，大部分都是短期套利，就是因为美元是储备货币，而且是低利率。美元到了发展中国家以后，在国内没有办法直接用，因此变成外汇储备又流回美国。大部分外汇储备用来买美国政府的公债。他还认为，现在国际上只看到发展中国家像中国的外汇流向美国，认为这是压低美国资金价格的原因。其实是因果倒置，是因为作为储备货币国的美国印了很多钞票压低了利率，造成了消费需求大量增加，经常账户赤字化，同时也鼓励了大量的短期投机资金外流。美元到了发展中国家以后，变成外汇储备又流回美国。并强调国际金融经济危机最主要的原因就在这里。②

中国学者南京政治学院教授张煜运用列宁的帝国主义理论来剖析今天的美国霸权，认为美国霸权的经济实质是美元霸权。美元霸权推动美国经济日益加深其寄生性和腐朽性。美国利用美元在国际货币体系中的优势地位，轻松地、疯狂地掠夺他国财富。美国还在应对金融危机中，使用货币贬值来转嫁自身危机，加重对世界各国的剥削。他还认为，货币霸权绝非一个单纯的经济概念。没有强大的军事实力做

---

① ［英］大卫·哈维：《新帝国主义》，初立忠、沈晓雷译，社会科学文献出版社 2009 年版，第 60 页。

② 林毅夫：《全球经济纵横谈》，《科学发展》2013 年第 3 期。

后盾，美元霸权只能是镜花水月、一厢情愿。这就是为什么美国在实体经济总体持续下滑的同时，始终保持军火工业遥遥领先世界的根本原因。今天，美国的经济总量仅相当于紧随其后的3—4个国家的经济总量之和，但其年度国防预算却超过全世界军费总预算的一半。他说，作为世界最大的军火商和银行家，美国基本就靠印钱和抢钱来统治世界了。①

总之，我们认为，金融霸权形成剥削世界的新模式，全球经济不平衡运转。从20世纪70年代起，欧美发达国家不断发展壮大以金融、服务为主的第三产业。把越来越多的制造业转移到国外。但资本主义发达国家仍然保有核心技术以及高端科技产业。它们首先利用发展中国家廉价的劳动力和资源，为垄断资本带来高于国内的高额利润；然后以廉价进口这些国家的日用消费品等产品，但又以高价出口军工以及高技术产品，并吸引全球投资美国股市。发行美元的国际货币垄断支持这种经济结构的不平衡运转。

所有这些说明金融垄断资本主义成为当今时代新的“万能统治者”。较早发展起来的西方发达资本主义大国，倚仗强势的经济、科技、军事力量，进入了金融经济为主导的发展阶段。它们掌控货币、金融工具，借以控制世界其他国家，凸显其掠夺性、寄生性。

而今天金融化的垄断资本主义对国内外的剥夺还以和平的方式为主。我们认为这正是新自由主义在全球泛滥的作用、危害所在。如大卫·哈维在《新帝国主义》中所言，垄断资本主义的发展经历了从领土逻辑到资本逻辑的转变。他说：“目前存在的很多证据表明，它们同样有可能被挑选用来作为某种工人阶级自愿形成而非强制形成的基础。”② 就是说的新自由主义金融制度下，金融手段、机制向劳动阶级推行时的情形。无论是国内，还是对其他国家的私有化、金融化，通过金融手段进行，进行和平演变，这一点，值得我们深入反思

① 张煜：《战后美国霸权的经济实质及其未来——重读列宁〈帝国主义是资本主义的最高阶段〉的启示》，《南京政治学院学报》2011年第6期。

② ［英］大卫·哈维：《新帝国主义》，初立忠、沈晓雷译，社会科学文献出版社2009年版，第118页。

和高度的警惕。

第三世界理论家萨米尔·阿明（Samir Amin）指出，当代资本主义是普遍化垄断的资本主义，垄断集团紧紧控制着所有生产系统，普遍化垄断正主宰全球经济。所谓的“全球化”，是指它们对全球资本主义边缘地区的生产系统施以控制的一系列要求。这无异于帝国主义的新阶段。它确保垄断集团能从资本剥削劳动所榨取的巨量剩余价值（转化为利润）征收垄断租。在垄断集团的控制下，资本积累要持续，唯一选择是把这些过剩的剩余用作金融投资。金融化垄断集团的策略要求通过债务增长来消纳垄断的剩余利润，所以它们在追逐债务而不是减债。这个体系一般被称为“新自由主义”，其实质是普遍化垄断资本主义系统，它全球化（帝国主义）和金融化（它自我再生产所必需）。这个体系正在我们眼前内爆。它明显不能克服其愈益严重的内部矛盾，注定要继续如脱缰野马到处践踏。他并认为，南北世界的激进左派需要大胆提出可以替代这个系统的政治构想。①

第二节　本书对资本主义经济金融化的解读

20世纪七八十年代以来，资本主义发生了深刻的变化，其中最核心的变化是金融部门的爆炸性膨胀，国际理论界将这种现象称为经济的金融化。戈拉德·爱泼斯坦在《金融化与世界经济》一书中对金融化做了一个比较宽泛的界定，他认为，金融化是指金融动机、金融市场、金融参与者和金融机构在国内及国际经济运行中的地位不断提升。人们从不同的角度阐述金融化的概念，可以达成共识的是，资本主义已经发生了金融化的转型。国内外学者普遍认为，近30年来资本主义最深刻的变化发生在金融领域，资本主义经济的金融化是这一变化的集中体现。比较近30年来资本主义发展的三大现象，全球化、新自由主义和金融化，金融化被认为“鲜被关注”。而在这三者

---

① ［埃及］萨米尔·阿明：《当代资本主义体系的内爆》，黄钰书译，《政治经济学评论》2013年第3期。

中，金融化越来越被人们认为是“主导力量”，是“关键因素”。“全球化与新自由主义的本质是金融化的垄断资本在全球的扩张。”①

对于中外学者论述的资本主义经济金融化的观点，本文持相同的态度。同时认为，金融化是20世纪七八十年代以来，垄断资本主义的巨大变化，是阶段性变化，仍然是资本主义进入到垄断资本主义，即帝国主义发展阶段中的变化。根本的问题是资本主义私有制的社会性质没有改变，所有制关系没有改变。是资本主义生产关系框架内的社会经济运行变化，即货币化经济新形态——金融经济与资本主义生产关系结合形成资本主义经济金融化变化。是金融资本的形态变化，虚拟金融资本占据社会统治地位。由此带来社会经济、政治、社会、军事等全球资本主义的深刻变化。垄断资本主义开始一个新的阶段，新型金融资本，即虚拟金融资本主导整个社会经济，占据统治地位。

一 金融帝国主义时代发展中的阶段性变化，以虚拟金融资本垄断为主导统治社会经济生活

我们仍然处于列宁所指出的帝国主义大的发展时代。1914年，列宁指出：“帝国主义是资本主义完成了它所能完成的一切而转向衰落的这样一种状态。这是一个并非社会党人虚构，而是存在于实际关系之中的特殊的时代。……这个时代将延续多久，我们无法断言。”② 1916年，列宁指出：“帝国主义是资本主义发展的最高阶段。”③“只有在资本主义发展到一定的、很高的阶段，资本主义的某些基本特性开始转化成自己的对立面，从资本主义到更高级的社会经济结构的过渡时代的特点已经全面形成和暴露出来的时候，资本主义才变成了资本帝国主义。”④ 而列宁所提的“资本帝国主义”，就是资本主义的新

① 参见［美］戈拉德·爱泼斯坦在《金融化与世界经济》一书的序言中，对新自由主义、全球化、金融化三者的分析。［美］福斯特：《资本主义的金融化》，中译文《国外理论动态》2007年第7期。

② 《列宁全集》第26卷，人民出版社1990年版，第36页。

③ 《列宁全集》第27卷，人民出版社1990年版，第254页。

④ 同上书，第400页。

阶段——金融垄断资本主义，帝国主义，或者说金融帝国主义。

列宁所讲的时代，已经是金融资本统治的时代，当然是工业垄断资本与银行垄断资本高度发展融合形成金融资本的全面统治，这时资本形态还是实体资本经济形态为主导。

生产集中与资本集中必然产生垄断，而在垄断资本主义发展中的资本集中是一个双重进程，从生产力和生产的物质内容看，生产集中是资本的价值形态与实物形态同时空转移；从非物质生产部门，比如，金融业的集中和垄断看，则存在着资本的价值形态与实物形态相脱离。

这是一个矛盾的进程，资本的价值不能脱离实际生产产生；而资本主义生产中追逐剩余价值的欲望又不断产生脱离实际生产就能增殖的妄想。马克思早在《资本论》中就指出了资本企图脱离生产过程、劳动过程就能获得利润的“妄想”“狂想”。列宁也讲到“三个分离”问题。但是，这种虚拟资本在数量上还是在占据社会经济地位方面，都没有达到占主导的地位。而今天即20世纪七八十年代以来已经成为资本主义占主导的生产方式，即以金融为主体，金融自我循环、自我膨胀为主导的生产方式、积累方式。

按照马克思主义的有关社会经济发展理论，资本主义经历了商业资本主义，而后工业资本主义，也即产业资本主义，之后为金融资本主义的历史发展进程；经过自由竞争到垄断的发展，达到帝国主义阶段。信用制度、金融业在资本主义的发展中适应其条件，即剩余价值生产的追求而产生并发展。它从为产业资本服务到与产业资本融合，形成金融资本的统治；再追求自身独立，日趋脱离产业而独立自我循环，追求自身最大利益，成为当今世界至高无上，新型的万能统治者。它是资本主义的高级阶段，也是资本主义最终走向灭亡过程中的阶段。

作为资本主义统治的最新的一种形式，金融资本主义、金融化是金融资本主导社会政治经济，通过金融系统进行的货币财富的积累凌驾于产品生产过程之上的一种经济制度。在这一制度中，从储蓄到投资的金融中介活动成为整个经济的主宰，并因此对政治与社会发展产生深刻影响。自20世纪后半期开始，特别是七八十年代以来，金融资本主义逐渐成为全球经济的主宰力量。

国内外更多的学者认为，金融化是从20世纪40年代——特别是70年代以来，发达资本主义国家经济经历的高度金融化的发展。第二次世界大战之后，尤其是从20世纪70年代以来，资本主义经济发生了深刻的变革。其中最主要的是，在新自由主义与新古典经济学理论的影响下，资本主义国家开始全面推行经济金融的自由化与市场化，利率管制、银行业兼并收购管制等对金融业的各种管制相继被取消。这些新的发展，很多源于美国，随后迅速全球化，成为资本主义国家的普遍现象。1990—2011年，全球金融总资产从56万亿美元增长到了218万亿美元，增长了289%，而同期全球GDP总量从22万亿美元增长到70万亿美元，只增长了218%，金融资产的增长率远远超过GDP增长率。

20世纪70年代以来的金融资本主义具有不同以往的特点。首先，形成新自由主义为思想基础的代表当代资本主义的主导意识形态。其次，金融资本新形态首先在经济领域拓展，形成金融帝国主义全球化的金融资本新剥削模式。在世界政治、经济、社会、文化等实行全面统治。20世纪70年代以来，伴随金融资本主义的不仅有新的经济活动和新财富，还有新的社会和政治现象。随着经济的金融化和金融资本的迅猛发展，以虚拟金融为主导金融资本的统治地位不断得到加强。再有，以科技进步与金融创新为特征的新的金融经济形态与资本主义生产关系结合所形成的资本主义金融化，是当今资本主义货币化经济的新形态。

全社会经济活动的重心从产业部门转移至金融部门，金融业在全社会占据了主导和主体地位。1978—2007年的30年中，金融资本在美国经济中的支配地位更为强大。其间，美国金融部门持有的对个人与其他经济部门的债权从3万亿元增长到了30万亿元。华尔街的金融机构也从原来小规模的合伙制企业演变成为跨国经营的上市公司。到2005年，美国10家最大的商业银行的总资产占美国整个商业银行总资产的55%，而1990年这一比例不到25%。

金融业的发展是经济发展的重要条件，金融对经济增长的促进作用已经被大量的研究所证实。过去30年中，在新自由主义思想的影响下，西方发达国家进行了全面的金融自由化，金融业迅速膨胀，发达国家出现了经济与资本高度金融化的趋势。金融业在经济中取得了主导地位，资本主义也从工业资本主义演变为金融资本主义。

二　货币化经济新形态——金融经济与资本主义生产关系结合形成资本主义经济金融化

（一）全球性市场经济的发展促进了资本主义社会经济的金融化转型。20世纪80年代市场经济的大发展，形成全球化的市场经济，各种要素市场包括金融市场的独立、大发展，促进了资本主义社会经济的金融化转型。金融市场在全球化市场中的资源配置作用凸显，金融市场的决定性作用处于重要地位。

早在资本主义从自由竞争发展到垄断的变化中，社会生产力的发展，经济形态的变化，商品交换、市场的发展在这中间的作用，马克思主义经典作家就有过论述。关于垄断代替自由竞争，垄断资本主义、金融帝国主义的发展与社会化大生产、与资本主义商品货币经济发展的关系，列宁指出："非常重要的是要看到：发生这种更替不是由于别的原因，而是资本主义和一般商品生产的最深刻最根本的趋势直接发展、扩大和继续的结果。交换的发展，大生产的发展，这是几百年来全世界范围内处处可见的基本趋势。在交换发展的一定阶段，在大生产发展的一定阶段，即大致在19世纪和20世纪之交所达到的阶段，交换造成了经济关系的国际化和资本的国际化，大生产达到了十分庞大的规模，以至自由竞争开始被垄断所取代。"① 说明随着生产力大发展而兴起的商品经济大发展，市场经济大发展的推动作用，它对资本主义发展变化所起的重要作用。

金融化是金融垄断资本主义的强化，特别是虚拟金融垄断的强化。它是在商品货币经济、市场经济，特别是全球化市场经济的社会经济条件下实现的。

① 《列宁全集》第27卷，人民出版社1990年版，第141—142页。

（二）金融经济是货币化经济的新形态，在世界经济全球化基础上形成与发展，新的社会经济形态与资本主义生产关系结合形成资本主义经济金融化。金融与国际贸易的发展和国际化生产的发展紧密相连。贸易全球化、生产全球化、金融全球化是世界经济全球化、一体化总的趋势的三个组成部分。贸易从产品交换阶段体现国际经济联系；跨国经营从生产阶段体现国际经济联系，而金融则从要素配置方面体现国际经济关系。三者构成全部生产过程，体现了世界在市场经济大发展条件下的生产过程的全球性、全面性。

同时，这三个阶段存在着世界市场交换经济发展历史的、逻辑的关系。国际贸易是从一国本身的比较优势基础上形成、发展，是首要的基本的形式。跨国生产和生产要素的流动，以及金融的国际配置是比商品的流动更为高级的形式，可以形成新的比较优势和更优化的资源配置。跨国投资的国际性生产依存于金融的国际化。它不仅为资本的全球流动创造了条件，也是超越于现实经济成为经济发展先决条件，金融全球化的意义和地位就在这里。

生产经营的跨国化是国际经济关系更加紧密的深刻表现，是国际直接投资的直接结果，也即金融发展的结果。跨国公司的全球化生产是通过直接投资即资本的国际流动而实现，使生产突破了一国的界限。世界生产的很大比重由跨国公司来进行，它在全球范围组织生产过程，民族国家的市场障碍不断被跨国公司的全球战略冲破。产品及其零部件的生产选址主要取决于生产要素的优化配置，而国家的差别日益淡化。产业分布越来越多的是全球战略布局的结果，而不是继续作为本国产业政策的结果。没有国际金融领域的高度发展，包括融资、国际金融市场、跨国银行业务、汇率制度，跨国界的生产是不能想象的。我们认为，马克思在论述货币资本投入在资本主义生产过程中的作用时指出的，它是每一个新开办的企业的第一推动力和持续的动力，“它表现为发动整个过程的第一推动力”。“第一推动力”的意义正在于此。

金融市场的职能是运行货币资本，其重要地位和意义决定了国际性的金融深化在世界经济长期发展的决定性作用。在市场经济的发展进程中，商品生产与交换是其初期形式。在一定的发展阶段，资本资源的有效配置成为整个经济发展的主导因素。形成金融市场对整个市场体系的主导作用，从这个时候开始，形成金融对市场经济的主导作用。还运用货币金融手段和工具对全社会宏观经济运行进行调节、调控作用。金融不但对商品的流通起媒介作用，而且对市场要素的配置起主导作用，并通过自身的发展使这些作用不断强化。

现代市场经济中，没有有效的金融运行，就没有有效的经济运行。金融的主导作用在今天，在世界范围更加显现，并不断强化。在市场经济全球化发展的进程中，贸易自由化、生产一体化、金融国际化相继发展，而金融的国际化、全球化，是全球化的市场经济发展的更高的阶段。特别突出表现在金融工具的创新，以金融全球化为核心的经济全球化的发展。

从社会经济形态的发展与资本主义生产关系结合的角度来看。金融经济是货币化经济的更高的形态，是继商品经济、市场经济后而发展起来，表明全社会以市场为基础配置资源，市场化渗透到一切社会经济运行中，包括金融、货币、资本市场完整独立地在整个市场体系中运行。金融经济与资本主义生产关系结合，形成20世纪七八十年代以来的资本主义经济金融化。

以货币为媒介的商品交换早在奴隶制社会就存在了，但形成主导社会经济运行的商品经济形态是在社会化大生产、生产力极大发展条件下形成的，它与资本主义生产方式有着历史渊源。而后商品经济极大发展形成市场经济，以市场为配置资源的基础。我们认为的金融经济是在市场经济极大发展条件下，社会经济的进步——生产社会化发展到资本社会化的前提下发展的，是在社会经济形态发展到一定阶段出现的。但在资本主义私有制的社会条件下，被资本用来谋取巨大利益的工具。资本化的货币、金融资本，作为资本主义生产的“第一推动力”和“持续的动力”①，在资本主义私有制度下被金融资本的力

① 马克思在《资本论》中论述货币资本的作用时指出：“资本主义的商品生产，——无论是社会地考察还是个别地考察，——要求货币形式的资本或货币资本作为每一个新开办的企业的第一推动力和持续的动力。”“它表现为发动整个过程的第一推动力。”

量所掌控，在发达资本主义国家，20 世纪七八十年代形成强势的统治力量，即已有的传统金融资本，加上新型虚拟金融资本的垄断力量。

（三）20 世纪 80 年代以来的资本主义经济金融化，一个显著特征是金融与产业，跟实际经济运行相脱节。20 世纪七八十年代是市场经济大发展的时期，各种要素市场独立，特别是金融市场的独立运转。金融化在自由化、市场化大潮中，逐渐形成与实体经济、与产业的脱节，在 20 世纪 70 年代以前，国际货币与资本流动大部分是因贸易和投资引起，贸易支付和产业性投资活动是国际金融业务的基本内容。而从 80 年代以后看，国际金融业务 90% 已经与贸易和投资活动无关，而是为了通过金融活动获得资本本身最大利益。这些非传统型金融活动导致外汇交易、国际证券交易、国际银行业务和衍生金融工具交易剧烈增长，使国际金融活动日益脱离现实经济活动而独立存在和运行。外汇交易方面，传统外汇交易和新型外汇交易同时迅速增长。在证券交易方面，20 世纪 80 年代，美、日、德、法、加拿大证券交易数量约占其 GDP 的 10%，到 1992 年，这一数字达到 110% 左右。这是资本主义生产关系条件下，资本主义私有制度下的必然结果。

早在 1915 年年底和 1916 年年初，列宁在《为尼·布哈林〈世界经济和帝国主义〉一书写的序言》中就指出："典型的世界'主宰'已经是金融资本。金融资本特别机动灵活，在国内和国际上都特别错综复杂地交织在一起，它特别没有个性而且脱离直接生产，特别容易集中而且已经特别高度地集中，因此整个世界的命运简直就掌握在几百个亿万富翁和百万富翁的手中。"① 早在垄断资本主义、金融帝国主义发展初期就包含这种现象，但当时脱离实际产业的虚拟金融资本还未成为主导。

20 世纪 80 年代，以美英帝国主义国家为主，推行新自由主义，在实施金融化方面，典型的首先是由于金融资本独立性，金融资本即

① 《列宁全集》第 27 卷，人民出版社 1990 年版，第 142 页。

脱离本国主权国家的管制，在世界自由流动；又不受世界其他国家的管制。随着经济全球化、金融自由化，各国金融市场开放，普遍放宽外国金融机构参与本国国内金融业务的限制。再一个就是金融监管的放松，使金融资本，特别是虚拟金融资本自由流动。各种新的衍生金融工具应运而生，各种金融资本在数量上大大增长。国际资本流动与国际投资远远超过了国际贸易和国际生产。所谓金融创新是20世纪七八十年代开始的金融业的重要现象，促使金融资本膨胀。世界范围的金融创新大大增强了全球范围的资金融通。现代信息技术，全球电脑联网大大便捷了金融信息和清算便利化。

较早形成的欧洲美元市场，开辟了国际金融市场的新时代。在一种货币的法律管辖国之外发生以该种货币为面值的银行信用业务。起源于欧洲的“欧洲货币市场”很快成为全球各地境外市场的专有名词。这个发展的结果就是，脱离任何具体国家的国内金融体系的金融市场出现了。它不受所在国法律制约，体现了超国家性或国际性。

金融市场全球化，新起的国际金融市场，地区性金融中心和大批离岸的金融市场构成了一个覆盖全球的金融网络。融资工具不断翻新，它通过金融工具反复包装，以各种新金融产品的面貌推向大众，推向市场，而远远背离了其所包含的价值含量。目的只有一个，就是以获得更大的金融利益为目标。

金融市场的独立，金融部门，金融工具的膨胀，自我循环，使G—G′循环成为现实，它使货币资本的运动绕开实际生产过程，而实现自我增殖。成为当今全球资本主义的主导形态。而这只有在资本主义私有制的经济制度下实现，是由于金融垄断的强势的发展。

我们认为，20世纪80年代以来，作为生产力革命性进步的信息技术革命，作为社会经济形态发展进步的市场经济大发展，金融经济对社会资源配置的重要作用日趋显现，这些都是社会发展进步的表现。而在资本主义社会制度条件下，推行新自由主义的意识形态和政策工具，金融资本利用进步的生产力和经济形式，为资本的增殖服务，形成金融虚拟经济主导的社会经济运动，并扩展到全球化范围。我们认为，资本主义生产关系与金融经济的结合形成了资本主义金融化的新阶段，使金融帝国主义有了新的历史内涵。

三　在信息技术革命推动下，以虚拟资本统治为主导的金融资本形态变化

（一）20 世纪 80 年代以来兴起的信息技术革命所带来的生产力突变是其变化的最终原因。从生产力与生产关系矛盾运动的社会发展规律来认识，推动人类社会发展，社会经济形态变化的最终动力是生产力的发展，科学技术创新带来的整个生产力的飞跃，是促进社会发展的原动力。资本主义经济金融化的发展以及所表现的垄断资本主义阶段性变化，也是由生产力发展、科技进步所推动的。20 世纪八九十年代的电子计算机广泛应用为标志的第三次新技术革命，使人类进入信息社会。社会生产力的革命性飞跃是社会历史发展，社会经济形态递进的根本基础，是其物质技术保证。

人类第一次工业革命完成于 19 世纪中叶，领导者是英国，主导产业是纺织业、煤炭、蒸汽动力和火车交通业。第二次工业革命完成于 20 世纪中后期，领导者是英国、德国、美国，主导产业是电力、石油化工、汽车工业、造船、家用电器等。第三次工业革命的领导者是美国，从 20 世纪七八十年代起至今仍然在继续，主导产业是电脑、无线通信和互联网，核心是互联网技术。第三次工业革命就是以互联网为核心的产业革命，其发展超乎人们的预料，它开创出许多前所未有的新兴产业和商业模式，深刻改造着第一次和第二次工业革命期间所开创的所有产业，改造着金融和贸易运行模式，改造着人们的生产、生活方式。与科技进步引导的工业革命促进社会生产力飞跃的同时，也大大推进了人类社会经济形态的发展，形成了商品交换经济、市场经济的经济形态，以及今天以金融市场为主配置资源的金融经济形态。

当代人类社会的基本现实就是，我们面对以电脑、互联网和无限通信为核心的全球信息科技革命，也称为第三次工业革命，这一浪潮至今仍在影响着我们，社会生产关系的变化与这一革命息息相关。第三次工业革命，本质上就是以互联网为核心的新科技革命和新产业革

命。当今时代的资本主义，正是利用互联网的核心技术实行统治，互联网技术的突进，不仅引起全球资本主义生产方式的转变，而且使其金融资本形态发生变化，统治手段发生着变化。互联网与信息技术改造最显著和最深刻的领域是全球资本主义金融模式以及商业模式，特别是金融模式。这种模式最大限度地满足金融资本获取最大利益的资本主义生产的目的。

在美国，以"信息高速公路建设"带动的高科技产业兴起，金融创新应对新兴产业发展的挑战，成为新技术产业化、促进技术创新的推动者。特别是风险投资创业资本对高新技术研发和产业化起到重要促进作用。风险投资对经济发展的作用，不仅表现在它对高科技创业企业的支持，更是由于发展了一套高效的资金配置、运作、监管的机制，把金融、技术、人力资源结合起来，优化资源配置。高新科技与金融创新相互地结合，计算机和网络技术使金融服务现代化，超越时间和空间的限制，为资本积累增添了新的动力。

20 世纪 80 年代信息技术的发展，促进美国的技术创新，由此带来连续 10 年的经济增长，这是美国经济快速发展的首要原因。也是维持美元世界货币霸主地位的基础。美国高度发达的金融体系和金融创新能力大大扩充了它的资本功能能力和范围，通过操控美元价值，升值或贬值，调整美元利率、汇率，制定货币政策主导国际资本流动，进而主导全球生产、贸易、金融运行。

（二）在资本主义社会制度下，生产力发展的成果具有被金融资本所掌握，又用于实现资本主义生产关系再生产的属性。在资本主义制度下，生产力发展的成果被金融资本所掌握，实现了资本主义生产关系再生产，形成金融资本新形态——虚拟金融资本占主导地位的转换。

信息技术革命所带动的科技革命，它与金融创新结合，形成生产力发展进步的新要素。同时，在资本主义社会条件下被金融资本所掌握，形成新形态的金融资本——虚拟金融资本，以此为主导统治社会经济生活。资本主义首先是在经济领域，进行社会经济结构的金融化变化，然后形成社会、经济、政治全面的金融化统治。

表现为垄断资本为获取高额垄断利润逐渐由传统的以工业为主的产业向高技术领域和金融领域扩张；由实体资本向虚拟资本转换，形成新型的金融垄断控制的发展演变过程。经历了从垄断资本向金融领域转移和金融垄断资本虚拟化、杠杆化的转化。突破传统的工业资本与金融资本的融合形成的金融资本，形成掌控新技术产业和金融业的三位一体，或多位一体的新的金融资本形态。首先，工业垄断资本向金融领域转移。垄断资本大举进入金融业，使金融业与工商业的关系发生了变化，形成金融为主导的经济结构。例如，以石油垄断为基础的洛克菲勒财团，以大通曼哈顿银行为核心，下有纽约化学银行、大都会人寿保险公司，以及公平人寿保险公司等百余家金融机构。通过这些金融机构在冶金、化学、橡胶、汽车、食品、航空运输、电信甚至军火工业控制了许多企业，成为金融资本控制工业资本的典型。

然后，金融垄断资本虚拟化、杠杆化。虚拟金融资本在社会经济中由配角转变成为主角，而且脱离实体经济在虚拟经济领域空转，攫取暴利。一方面，社会资本过多流入和集中于金融领域，银行和金融事业机构过度发展；另一方面，在金融自我循环中，劣质金融工具的使用和多次使用，即杠杆率过度增大。这意味着国民经济活动中超出实体经济发展需要的货币信用交易活动量的过度增大，特别是金融虚拟资产交易量的过度扩大。美国房地产次级贷款业务正是在这样的背景下产生和发展的。

随着社会经济的发展，资本作为社会生产的要素显示了越来越重要的地位作用。这时，与生产的社会化发展的同时，资本社会化得到发展；但是垄断资本主义私有制的所有制性质并没有改变。在金融化的发展新阶段，大型的国际性的金融垄断集团，各种新型的金融机构，从国内国外的金融市场为其吸收、掌握大量货币资本资源，进行金融化运作，以获取最大利润。

新的金融帝国的社会基础，就是形成这些超大的新的金融垄断集团。一个是拥有传统的工业垄断，同现代知识资本、高新科技产业结合，用现代金融武装起来的资本巨擘，通过对核心技术的垄断权，本国实行产业空心化，对发展中国家输出低端产品，获取高额利润，输入廉价消费品。另一个是在市场经济大发展、金融市场独立运行条件下产生的脱离实际生产领域的虚拟金融资本机构。例如，华尔街的大老板和金融家，手上操纵着巨额资本或管理着、经营着千百个基金，从国内外汇集来的社会资本，通过他们设计和营造的金融机器而发财，实现着对剩余价值、利润的大肆掠夺。他们是占全部人口1%的大富豪，统治了占人口99%的民众。

信息技术革命、互联网技术的影响至今仍然持续，这一生产力进步的成果与发达资本主义金融垄断统治的结合，对世界的霸权今天仍然存在。对于我们这样发展中的大国来说，应当吸取的经验教训，就是互联网、信息技术作为生产力进步的手段，要与传统产业结合，与社会经济、政治、生活的领域相结合，促进社会生产力进步，发挥提高社会劳动生产率的功效。

当前，中国也正处在这个信息革命的大潮之中，信息化、互联网日益普及，日益深入到社会生产和人民生活中去。2012 年我国又提出“互联网 +”理念。它与今天倡导的创新驱动发展，与大众创业、万众创新，与中国各项发展事业，与各行各业的发展密切相关。2015 年我国《政府工作报告》对于人民群众在实践中的创造性概念给予充分肯定，并指出：“‘互联网 +’代表一种新的经济形态，即充分发挥互联网在生产要素配置中的优化和集成作用，将互联网的创新成果深度融合于经济社会各领域之中，提升实体经济的创新力和生产力，形成更广泛的以互联网为基础的设施和实现工具的经济发展新形态。”“互联网 +”成为国家战略行动计划，重点是促进以云计算、物联网、大数据为代表的新一代信息技术与现代制造业、生产性服务业等的融合创新，发展壮大新兴业态，打造新的产业增长点，为大众创业、万众创新提供环境，为产业智能化提供支撑，增强新的发展动力，促进国民经济提质增效升级，这就阐明了“互联网 +”，加什么和怎么加的问题。

看互联网的发展，今天发现，它发端于西方国家，而成就于中国。1998 年 PayPai 在美国成立，在传统银行金融网络与互联网之间为商家提供网上支付通道。加上亚马逊支付、谷歌钱包等第三方支付公司的出现，美国一度占据全球互联网支付的主要份额。而到2013年，这个历史被改写了，美国被中国超越。就是因为现在中国，首先互联网金融伴随电子商务的发展而生发、成长，移动通信技术快速发展，支付宝、财付通等第三方支付的金融创新是重要的推动力量。

与资本主义条件下技术进步导致社会的全面的金融化根本不同，互联网信息技术始终要为社会主义生产的目的，即为不断增长的人民的物质和文化生活的需要服务。它必将带来我们社会主义国家的经济更加强大，人民更加广泛参与社会生产与生活，享有更富裕的物质生活和更丰富的精神生活。

第三节　金融化加剧资本主义社会的矛盾和危机

本节运用辩证唯物主义和历史唯物主义的方法和观点，认识金融化与金融危机的关系。从矛盾的运动和发展的轨迹来认识当代资本主义金融化与金融危机的本质。提出这个问题的出发点是，资本主义社会是不断发展变化的，特别是20世纪初资本主义从自由竞争转变为垄断资本主义，进入金融帝国主义时代。20世纪七八十年代以来，又经历了从一般金融资本垄断向虚拟金融资本垄断为主导的转变，人们通常称为金融化。金融化形成了垄断资本主义在新的社会历史条件下的新的万能统治，它加剧了资本主义社会的各种矛盾，使资本与劳动对立等矛盾更加严重，经济危机等更加频繁地爆发。因为社会经济条件、社会经济形式不断变化，反映在社会经济等方面的矛盾必然要发展变化。但是，资本主义社会的根本制度——私有制度没有变化。这必然使资本主义社会的生产关系与生产力的矛盾，以及社会基本矛盾等社会矛盾以更加对立和激烈的形式表现出来。

一　生产力与生产关系的矛盾更加尖锐，社会基本矛盾有新的发展

首先，社会生产力的发展成果，科技进步的成果被金融垄断资本所攫取，投入于金融领域，满足资本增殖需要。20世纪中期前后，

二战后资本主义的发展经历了所谓的“黄金时期”。但是，资本主义巨大生产能力所带来的盈余资本难以找到新的有利可图的投资出路。20世纪70年代末80年代初以来，采取的应对措施就是通过金融部门的增长来吸收剩余资本，并由此获取货币资本收入，增加利润。由此看到，巨大的生产力发展成果，在资本主义制度下被资本所攫取，而它们拥有财富的同时，还要求有更大的盈余，于是投入于金融领域，以达到钱再生钱的目的。其次，科技进步、技术进步的成果被垄断掌握，成为金融资本控制世界的技术手段。第三次产业革命，即20世纪80年代的信息技术革命，运用新的信息技术形成金融全球网络，信息传递与处理技术为金融交易提供了广阔的平台。巨额金融资产24小时不间断地交易。通过这一网络金融网，金融垄断资本对全球金融资产并且对全球金融资产以外的人才、资源、能源等进行全方位的网络控制。最后，科技创新与金融创新结合形成现代金融经济新形态，但在资本主义私有制的社会条件下，把它变成金融资本谋取巨大利益的运行机制。全球金融市场成为金融资本绕过生产劳动过程直接获取剩余价值、利润的场所。各种新型金融工具是资本用来谋取巨大利益的工具。发达的金融交易变成剥夺、掠夺国内外劳动者的手段。实现了钱生钱的金融资本的行为准则。今天，被称为资本主义经济金融化的现象，就是资本主义制度与金融经济结合主导社会经济运行。用一个普遍使用的词语“虚拟经济”来描述，就是虚拟资本以金融系统为主要依托进行的循环运动，就是直接以钱生钱的活动；主要通过金融市场来运作，而不经过实体资本的循环，就可以得到利润。

生产力与生产关系的矛盾在当今资本主义经济金融化条件下，所表现出来的社会基本矛盾有了新的发展：生产的社会化与生产成果私人化的矛盾，资本的社会化与资本最终的所有、使用、收益的私人化的矛盾，并存于当今资本主义社会中，是资本主义社会基本矛盾新的表现。而资本的社会化与资本最终的所有、使用、收益的私人化的矛盾是在当今金融化条件下，资本主义社会基本矛盾的新的表现。

随着资本主义生产的发展，信用制度的发展，资本有机构成提高，资本的社会化与资本私人占有、高度集中的程度同时在发展，资本主义生产对货币转化为资本的数量的要求在提高，典型的是股份公司、股份资本发展壮大。20世纪的后二三十年，资本的社会化程度进一步发展。首先是股权分散化，垄断资本集团的股东数量迅速增加。金融、证券市场的发展使得普通民众也成为股票持有人。资本社会化发展过程中，与股权分散化伴随的是资本的高度集中。工人持股现象的出现并不能表示工人对资本的支配权和所有权，拥有绝对多数股权和决策权的仍然是大资本家。美国政客及一些资产阶级经济学家所津津乐道的美国普通民众均持有股票，“人人都是资本家”，其实是一个骗局，真相是占人口10%的富人持有美国股票市值的89.3%、全部债券的90%，而普通员工持股之和仅占全部股票市值的0.1%。[①]高度社会化的资本日益集中在少数大公司和大金融机构手中，强化了掌握着资本直接所有权的资本家阶级的资本权力。

随着资本主义金融化的深入，金融虚拟经济成为金融资本获利的主要领域，虚拟资本社会化随之发展。

不计风险地扩张金融资产是金融资本抑制不住的欲望，不断以越来越大规模的社会的资产谋取自己的利益，是金融资本的普遍特点，这是资本社会化与资本最终所有、使用、收益私人化的矛盾在当代的突出表现。

金融资本集团，金融寡头以各种手段，包括打着“金融创新”的旗号，推出名目繁多、令人眼花缭乱的金融衍生品，并通过高杠杆，或者相互间、或对广大中小投资者进行诈骗，将全球股市、基金债券市场变成同实体经济完全不相关的大赌场，使经济关系越来越表现为债权股权等金融关系，社会资产也因金融化而异化为金融资产。

为了扩张资产，通过提高杠杆倍数来扩大所经营的资产规模。在这种情况下，对冲基金、私募基金、债权抵押证券（CDO）、各种衍生债券、杠杆收购（LBO）等开始大肆泛滥。华尔街在鼎盛时期，以极少的自有资本为杠杆的支点，轻而易举地撬动了几十倍的资金，得以轻而易举地为其不断扩张的资产提供大量的资金链。这种资产增长

① 刘海藩：《当前金融危机的原因与应对》，《马克思主义研究》2009年第2期。

的速度远远超过国内生产总值（GDP）增长的速度。

由于金融资本的私人占有性质，带有巨大体系风险的大的金融机构成为了私人营利的工具。由于其大规模社会化的性质，它有能力动员规模巨大的社会资源或社会资金；又由于其私人资本的性质，这些巨大的社会资本又成为资本追逐自身利润的工具。结果导致大量社会资源被少数人为了自己的利益而导向到高风险领域，在资产泡沫时期，这种以社会资源谋求资本利益的现象，达到了登峰造极的地步。

金融资本逐利导致金融资产的高度集中，金融资产集中到一定程度，导致金融系统风险增大。而当泡沫破裂，承受风险和损失的是广大的民众，而握有金融资产权利的少数大资本早已赚取巨大利益。美国次贷危机正是生动的写照。

在全球化条件下，资本主义社会基本矛盾还表现为以下两点：（1）生产的社会化、全球化与国际垄断资本占有制相矛盾。社会化大生产成为全球性大生产，而同时生产和资本的所有权更加集中于少数大垄断资本，垄断资本的所有权更大，因而与社会化生产存在着很大的矛盾；（2）资本社会化、全球化与私有制下金融垄断资本对资本所有权和使用权、获利权的占有私人化的矛盾。

这些都反映了国际垄断资本主义金融化条件下的资本主义社会基本矛盾更为严重，资本主义社会基本矛盾新的发展和新的表现。一方面，垄断的发展、深化反映了资本主义生产社会化程度加深，特别是资本作为一种社会生产的要素，越来越显示出其重要地位，其社会化程度加深。另一方面，由于资本主义私有制社会性质，不仅生产资料和生产成果的占有私人化，作为资本主义生产运行“第一推动力”的各种货币资本，随着其社会化程度的加深，其最终占有、获利的私人化，更加集中于极少数金融垄断资本。

二　金融日益脱离为实体经济服务的本质，二者分离日趋明显

资本主义金融化进程中，金融日益失去为产业经济服务的职能，而为自身增殖服务；世界储备货币日益背离货币本身的职能，而成为金融垄断资本统治的工具，成为金融资本虚拟化泡沫化的载体。

马克思主义政治经济学认为，无差别的人类抽象劳动凝结形成商品的价值。商品交换的原则要按商品的价值。价值是价格的基础，价格是价值的货币表现。货币作为一般等价物，是衡量商品价值的尺度。货币标示的一定价格，表示了商品的价值。当世界市场形成，商品交换成为世界性交换，社会劳动获得全面的发展，成为世界上一切国家的劳动。各国的社会劳动转化为世界范围的社会必要劳动，商品的国别价值转化为国际价值。国际价值是世界商品交换的基础。①

但是，当今的国际经济运行中世界货币早已背离了这些基本原理，世界货币金融体系，执行其职能的份额越来越少。特别是作为世界货币的美元与黄金脱钩，使世界货币自身的性质、作用发生了变化。布雷顿森林体系是一个以美元为中心的世界货币体系。在这个体系中，黄金是世界货币的价值基础，黄金作为世界货币的价值基础，对于主要资本主义国家尤其是美国任意增发货币的行为形成约束力量。然而，布雷顿森林体系解体，美元与黄金脱钩，作为世界货币的美元进入商品流通时，不是作为有价值的商品货币进入的。它在执行价值尺度职能，决定商品价格时就失去了价值决定的必要的前提。这就为通货膨胀、虚拟资本膨胀开了口子，是垄断资本以金融虚拟经济形式获取利益、进行资本积累新模式转变的体制原因。

美元与黄金脱钩以后，美元发行量剧增。1970 年之前的 50 年间，美元现钞发行数量只有 700 亿美元。而 1971—2007 年，增长到 8500 亿美元。2008 年金融危机后的 3 年，美元现钞已经增长到 2. 3 万亿美元。1971 年，全球广义货币（M2）供应量的规模只有 2 万亿美元左右，目前已近 60 万亿美元。失去了发行硬约束的美元，创造出了人类历史迄今最为庞大的全球货币规模。②

20 世纪 70 年代世界货币领域发生的变化，满足了资本的增殖方式的变化。在金融市场通过货币的循环就获得了资本的增殖。在货币

---

① 参见《资本论》第 1 卷，人民出版社 2004 年版，第 114、118、166、645 页。

② 苏文洋：《美元脱钩黄金 40 年祭》，http：//news，xinhuanet. com/commenis/2011 - 08/18/c_ 121875364. htm。

失去相应的价值基础以及浮动汇率制度下，货币的大量发行还为了满足信用货币的需要，即金融市场中为资本增殖而流通的信用货币。金融资本在金融市场上不断地对信用工具进行花样翻新，通过所谓金融创新制造出新的信用工具，包括衍生金融产品以及有毒金融资产。信用工具的创新又使资本市场上债券价格不断涨落，为投机性金融资本获利带来新的机会，使资本可以既远离生产活动又能更加迅速、便捷地赚到钱。

在经济现代化、市场化、全球化的背景下，金融业的快速发展具有积极促进产业经济发展的功能。但问题的关键在于，货币信用是一种衍生性经济，其扩张速度与规模要以实体经济的发展为前提，它的作用是为实体经济服务，不能任其自我膨胀，形成货币信用过度扩张。实践证明，当国民经济活动中超出实体经济发展需要的货币交易活动量过度增大，特别是金融虚拟资产交易量过度扩大，使金融系统风险激增时，金融危机的爆发就成为必然。20 世纪 80 年代后，世界一些地区和国家金融危机爆发频繁，无不以金融资本的过度膨胀，无序流动，虚拟金融资本的泡沫破裂密切相关。

由于资本主义金融化，由金融业资本和虚拟资本组成的金融垄断资本的地位由服务于职能资本向主宰职能资本异化，其利润越来越与职能资本创造的剩余价值脱钩并远远大于职能资本产生的剩余价值。20 世纪 70 年代源于资本主义基本矛盾的生产过剩和滞胀危机，增长缓慢缺少投资机会，使资本主义经济把重心从生产领域向金融领域转移。剩余价值生产和财富的增长越来越偏离实体经济，经济体系日益非理性化。

非金融企业的剩余资本不断从创造剩余价值的生产领域退出并投入于金融市场以获取更高的利润，20 世纪 70 年代，非金融公司的金融资产与实体经济资产之比多于 40%，到 90 年代，这一比例已接近 90%。发达国家以金融、保险、房地产部门（FIRE）为主的虚拟经济部门的附加值超过了实体经济的制造业部门，且差距还在不断扩大。据学者研究，20 世纪 70 年代，美国金融部门所获得的利润仅仅是非金融部门所获利润的 1/5，到了 20 世纪末，这一比例上升到了

70%左右。①

20世纪七八十年代以来，资本主义金融化发展趋势使金融与产业的分离趋势日趋明显。而这种分离绝不是金融资本统治的削弱，而是金融独立于产业部门，凌驾于整个社会经济之上，虚拟金融资本统治极大增强的结果。

资本脱离劳动、生产过程的冲动由来已久，但把这种“妄想”“狂想”变为现实，是在资本主义金融化发展时期的金融市场独立条件下实现的。资本市场、货币市场，各种衍生品市场的存在，各种市场主体独立运行的经济条件下实现的。市场包括金融市场是用于资源配置的，但在这里却被金融资本用来获利的手段和场所。正如美国学者福斯特认为，“资本主义的积累不只是生产资本的积累，同时是货币资本的积累，这二者包含于资本积累的同一个过程。二者的分化，即金融资本积累逻辑的展开，和它脱离生产资本周期而发展为独立的积累过程，需要一定的条件，即一个成熟的金融市场的产生”②。

作为资本主义金融化过程，包含着金融与生产劳动的分离过程，但是，这种分离是无法完全实现的。从根本上而言，金融利润无法脱离生产过程，无法脱离人们的劳动活动。不论金融资本如何远离产业资本，它所依托的基础和它的最终的利润来源，是产业资本循环过程中的剩余价值的积累。金融资本的收益终究是对剩余价值的再分配，是使社会财富向金融垄断寡头手中的再次集中。没有产业资本积累过程支持的金融资本积累，必将产生金融危机。所以，金融资本脱离于产业资本，但又必须最终依赖实物生产过程，这是资本主义经济金融化的一个矛盾。

这个矛盾在资本主义私有制条件下无法解决，即使借债，债务积累也是杠杆率越来越大的积累。因为金融化发展的趋势，是虚拟化的资本占比越来越大，债务积累越来越大，金融资本对实体资本利润的

---

① 朱炳元：《资本主义发达国家的经济正在加速金融化和虚拟化》，《红旗文稿》2012年第4期。

② 王旭琰：《从垄断资本到垄断金融资本的发展——评“每月评论”派论资本主义新阶段》，《国外理论动态》2011年第1期。

吸取越来越多，实际的价值生产却越来越少。而资本积累与劳动和生产分离，终将使金融资本的价值会慢慢减少、消殒。因为真正的价值是来自劳动，来自于生产，而不是来自于金融的操弄。

社会发展的历史表明，人类的生存发展首先要靠物质生产，任何脱离实际生产的方式都是违背生产力发展规律，违背人类社会发展的规律的。

三　社会主要矛盾更加尖锐，金融资本对广大人民的剥削与掠夺空前加重

一是剥削掠夺的范围空前加大。在世界范围看，资本主义发达国家的产业转移，利用发展中国家廉价的劳动力成本和资源，获取了高于其国内的高额利润。发展中国家人民赚取的是微薄的加工费。

金融资本集团所操纵的金融资本流动，主要是证券等间接资本流动，利用美元等强势货币的优势，大肆赚取由于汇率、利率等货币差所形成的差额利益，扰乱了发展中国家的经济秩序，造成这些国家的经济动荡，人们生活水平下降，甚至社会政治生活安全威胁。

所谓的金融开放、金融自由，是金融资本抽取别国特别是发展中国家财富的自由。要求发展中国家开放资本账户，是有利于国际金融资本攫取他国财富的政策。20 世纪八九十年代世界范围内国际金融资本的对广大发展中国家的金融化、私有化，是世界范围内最大的“圈地运动”。包括对原社会主义国家的私有化，实质为金融化，这些原社会主义国家新形成的大官僚资本、垄断寡头一转手，把主要股份都卖给了西方买主。这都是国际金融垄断资本主义金融化战略的组成部分。

从对一国的劳动者的剥削和掠夺来看，在资本主义自由化、金融化时期，加重了资本对广大劳动人民的剥削和掠夺。

二是剥削程度加深。在资本主义经济金融化的近四十年来，工人的实际工资水平一直处于下降状态。美国学者认为，从 19 世纪 90 年代到 20 世纪 70 年代，美国实际工资增长，并促进了消费水平的提高。在工人自己和大多数人看来，个人消费水平成为他们生活是否成

功的标准。但是，近二三十年来，随着科学技术的进步，工人素质的提高，劳动生产率也大大提高，工人在单位时间内创造的价值也在增加，工人的工资本应相应提高，而事实是美国工人的工资不仅没有上升，反而不断下降。1971 年美国企业工人平均工资每小时 17.6 美元，至 2007 年每小时工资下降到 10 美元，降幅达 43%；如果将通货膨胀因素考虑进去，工人的实际工资降幅更大。“自 20 世纪 70 年代后期开始，美国产业工人的实际工资停止了增长。从此前 90 年的记录来看，这是一场深刻的变化。尽管制造业的生产率在不断地提高（1978—2007 年年递增率为 3.26%），然而实际支付的制造业工人的工资几乎没有多大变化，有时甚至还有所下降（1978—2007 年每年下降的速度大约是 0.37%）。”① 资本家从工人那里不断获得越来越多的产出，而工人的实际工资却并没有相应地增加。

20 世纪 70 年代以来，随着剩余价值的增加和工人实际工资的萎缩，财富源源不断地涌入资本家的手里，社会的两极分化进一步加剧。据一些研究显示，近二三十年来，美国企业高管与普通员工的工资差距，从 40∶1 扩大到了 357∶1②。20 世纪 70 年代之后的 30 年中，美国普通劳动者家庭的收入没有明显增加，而占人口 0.1% 的富有者的收入增长了 4 倍，占人口 0.01% 的最富有者家庭的财富增加了 7 倍③。2000—2006 年，美国 1.5 万个高收入家庭的年收入从 1500 万美元增加至 3000 万美元，6 年翻了一番；而占美国劳动力 70% 的普通员工家庭的年收入从 25800 美元增至 26350 美元，仅增长 550 美元，6 年仅增 2%。前者的家庭年收入为后者的 1150 倍，在这 6 年中前者年收入的增加额为后者年收入增加额的近 3 万倍④。

一方面，工人由于实际工资增长的停滞而备受压榨；另一方面，

---

① ［美］斯蒂芬·雷丝尼克、理查德·沃尔夫：《经济危机：一种马克思主义的解读》，孙来斌、申海龙译，《国外理论动态》2010 年第 10 期。

② 何国勇：《国际金融危机的成因、前景及启示》，《南方论丛》2009 年第 2 期。

③ ［美］保罗·克鲁格曼著：《美国怎么了？——一个自由主义者的良知》，刘波译，中信出版社 2008 年版，第 99 页。

④ 刘海藩：《当前金融危机的原因与应对》，《马克思主义研究》2009 年第 2 期。

资本家却以激增的剩余价值不断提升其经济、社会地位。而此时，金融业发明和增生出一些机制——借贷给工人。一方面，可以缓解劳动者贫困加深，社会购买力不足导致的生产相对过剩的危机；另一方面，可以满足金融资本对劳动者的再次榨取。而劳动者借贷消费，不过是为了维持一种较为体面的生活，是不得已而为之。主要是因为实际工资增长停滞的情况下，没有其他办法实现“美国梦”。劳动大众对信贷需求的日益扩大无形中加深了他们所受的剥削，而银行家则从中获利。工人曾经享受过的实际工资增长已成为历史，取而代之的是工人背负的债务不断增长。

三是以金融化的方式进行剥削和掠夺。对劳动大众的剥削掠夺形式更多样。针对劳动者个人收入的金融化是一种在金融化条件下，资本家压榨剥削工人的新方式。劳动者个人收入的金融化是最近几十年系统形成的金融资本的利润来源。这种金融掠夺是流通领域中产生的一项额外的利润来源，它与个人收入相联系。

20 世纪七八十年代后，有的资本主义国家实行自由化、市场化、金融化，放弃直接参与社会经济活动的部分内容，比如停止对收入政策的调节，进行社会保障私有化改革，由金融机构操控这部分职能。这首先助长了金融业垄断资本的发展，满足金融资本的利益要求，金融机构用这部分资金投入金融市场运作，获取巨额收益。以金融化的方式加剧资本对劳动大众的剥削和统治；不仅使劳动者在生产领域遭受压榨，这种剥削压榨扩展到劳动者的生活领域；不仅对当代的劳动者进行剥削压榨，还扩展到对劳动者后代的剥夺压榨。

劳动者在生产过程完成后得到的工资收入是被资本家扣除了剩余价值的所得，它是用于维持劳动者本身及其家庭、子女的生活需要。而现在他们的劳动收入再次投入保险等金融部门，由金融机构作为金融资本运作的资金。虽然他们也得到一些红利，并也承诺获得某种保障。但众所周知，这是扣除了金融资本利益后的部分，金融机构是最大受益者。劳动者的劳动收入本是受资本家剥削后的所得，现在再次受到金融资本的瓜分。在资本主义金融化下，不仅劳动者在生产过程受剥削，而维持人们生活的劳动力再生产的各种保障也服从于资本的利益。执行劳动力再生产社会化职能的垄断金融资本，包括劳动者的住房消费信贷、医疗保健和退休保险等。由于资本追逐剩余价值的本性，必然把这些费用尽可能压低。它使工人又再次遭受金融掠夺。金融资本的链条伸向更深，使资本主义基本矛盾又有了更深刻的表现。

工薪阶层的养老储蓄在金融危机中损失惨重。数百万家庭在次贷危机中失去住房。尽管雇员持股和养老金投资使工人也有资本所得收入，但没有改变工人雇佣劳动身份，而是加剧了劳动与资本的对立。养老基金等金融机构本质上代表资本的利益，金融机构和大公司是社会保障私有化的最大受益者。

金融资本家阶级利用劳动者收入金融化，进一步将劳动收入向资本家阶级转移，导致资本与劳动的矛盾进一步加剧。资本主义社会基本矛盾即生产的社会性与生产资料资本主义私人占有制之间的矛盾，由此加深的金融资本利益的无限增长与人民大众消费有限性的矛盾在现时代不仅没有缓和，反而进一步加深并有了新的发展，矛盾更加尖锐，这是产生金融危机、经济危机的最根本的原因。

因此，不论从世界范围看，还是从一国范围看，金融资本对广大人民的剥削、掠夺空前深重，资本与劳动的对立，以及由此而引起的贫富两极分化空前深重。资本主义社会基本矛盾仍然突出表现于无产阶级和资产阶级的对立。对立的深刻根源在于二者之间的剥削与被剥削的关系，它使无产阶级绝对贫困和相对贫困，使劳动力价值与资本价值差距越来越大。鸿沟是随着资本价值的增大而劳动力价值的减小越来越大。资本主义经济金融化条件下，这个鸿沟日益加大，这是资本主义制度无法解决的矛盾。

四　金融资本是资本主义社会矛盾的主要方面

在当代资本主义社会矛盾运动中，金融资本统治是各种社会矛盾的主要方面。在矛盾的内部各方，有矛盾的主要方面和次要方面之分，矛盾的主要方面对其发展起主导、决定性的作用。在资本主义社会主要矛盾中，占主导起决定性作用的是金融资本家阶级。在资本主义社会中，同时，在当今金融帝国主义时代，金融垄断资本主义在全球化社会中居于主导地位。在全球化社会中，金融垄断资本与国家的关系，金融垄断资本与世界市场经济的关系，在这些矛盾运动中，金融资本处于矛盾的主要方面，居于主导地位。

资本主义国家服从、服务于金融垄断资本的需要。例如，二战后资本主义国家吸取1933年危机的教训，实行宏观调控政策，运用财政、货币等宏观调控手段，对经济周期经济波动实行调控。在一定时期一定条件下是奏效的。但资本主义并没消除滞胀、金融、货币、债务等经济危机，而是使经济危机变得更加复杂。资本主义国家调控之所以失效，就在于资本主义国家调控的目标与金融资本利益发生矛盾时，国家的调控政策让位于金融资本。又如，为挽救危机中的金融垄断集团，政府不惜牺牲巨额的财政资源。美国在20世纪30年代大危机中，国内生产总值下降了27%，当时政府采取的政策措施仅为国内生产总值的8.3%。与之相比，这次2008年金融危机后，美国为挽救1个百分点的经济衰退，付出的代价相当于30年代大危机的时期的54倍，即为挽救危机所付出的代价，远远超过危机本身所造成的损失。金融资本在经济上处于绝对统治地位，控制国家的经济命脉，进而掌握国家的政治权力，使国家机器、国家的武装力量完全服从于金融资本，金融资本的意志渗透到社会生活各个方面。

在金融资本统治与市场经济的关系中，金融资本处于绝对统治地位，一方面，以经济自由主义为指导，推行资本流动自由化，削弱国家对金融市场的监管，使世界市场以及金融市场成为资本获取利润的乐园。另一方面，实行高度金融垄断的统治，通过金融市场，众所周知世界金融市场背后的“推手”就是极少数掌握有金融资本权力的垄断寡头、大垄断财团，控制着世界储备货币美元的发行权，股市、债市的定价发行权，进而决定着全球大宗商品，战略资源的价格，商品和服务的价格。形成金融市场，主要以全球金融市场价格体系为特征的权力结构，定价权力为特征的权力体系。为了达到控制权利，达到谋取自身利益的目的，不惜操纵汇率、利率，打击其他国家，以谋取利润和其他政治经济目的。

综上所述，金融化加剧了资本主义社会的各种矛盾。资本主义社会基本矛盾是其最深刻的矛盾，是经济危机爆发的总根源。危机是对矛盾状态的强制解决，它用生产力部分破坏的方式暂时缓解资本主义生产关系与生产力的矛盾。但是随着社会生产的发展则又积累着新的矛盾。对资本主义金融化发展新阶段的矛盾的分析，加深了对资本主义危机的认识。

我们认为：（一）资本主义危机是不可避免的。20 世纪七八十年代以来的金融化是资本主义摆脱滞胀危机的一条出路，但它孕育着更大的危机，并使危机有更复杂的多样的表现。20 世纪 70 年代，资本主义世界发生滞胀危机，凯恩斯主义失灵。资本主义转而进行金融化，实行新自由主义，在全球化、金融化、自由化盛行的年代，许多人认为，资本主义摆脱了经济危机的困扰。但频繁的经济危机，特别是 2008 年危机告诫人们，只要存在资本主义制度，资本主义基本矛盾就起作用，资本主义积累规律就起作用，就必然发生经济危机。

（二）在新的历史条件下，危机有新的表现。在资本主义的金融化、经济结构重大转变条件下，资本主义的社会基本矛盾有了新的发展：生产的社会化与生产成果私人化的矛盾，资本的社会化与资本最终的所有、使用、收益的私人化的矛盾，并存于当今资本主义社会中。是当代资本主义体系结构转变后基本矛盾的新的表现形式。在资本主义金融化条件下爆发的金融和经济危机的突出特点是金融部门和金融机构在危机的爆发、传导和影响扩大等方面扮演着突出的作用。是资本主义金融化的经济结构的内在矛盾集中爆发的表现形式。

表现虚拟金融资本循环的运动形式 G—G′循环，本身就包含经济危机的现实性。按马克思的资本主义生产过程循环的公式，资本主义生产在于 G—M—G′的运动。货币资本 G 用来交换商品 M，通过生产转移成新的产品，之后又被出售换来更多的货币 G′（G + Δg）。这个过程的本质在于它是无止境的。任何对这种无止境资本积累的打断都意味着危机。在资本主义金融化占主导的生产方式中，G—G′循环本身与生产过程脱离，产生了断裂，其本身不仅存在着危机的可能性，而且存在着危机的现实性。金融资本以虚构的价值积累，凸显脆弱性、泡沫性。资金链条的一个环节断裂，都会引起连锁反应，引发经济危机。

（三）危机表现为易发性、频繁、反周期性。与实体资本经济为主导的资本主义生产中的周期性危机不同的是，金融占主导的经济中，危机表现出周期缩短、易发性，一个周期与下一个周期的临界点接近。20 世纪 80 年代以来，也就是资本主义金融化发展以来，频繁地发生国际金融危机。

在金融化条件下，金融市场和金融机构、企业、居民、政府，以及国际部门被金融的资金链紧密联系在一起。金融交易的杠杆化倍率加大，意味着泡沫越来越大，存在着极大风险，存在着体系的内在不稳定性。而任何一个环节的断裂都会发生连锁反应，局部风险必然导致系统性危机，并且危机首先在金融领域爆发，随后对投资、就业和生产等实际变量产生影响。

（四）危机始作俑者对世界的危害更大。在当今世界经济的体系结构下，资本主义大国有着强大的金融，而实体经济转移到世界其他国家，当危机危及、波及实体经济时，受损害最大的是世界其他国家的实体经济。实际上，发展中国家事实上受到双重损害。一方面，像中国等大量产业转移国家的实体经济深受危机影响；另一方面，它们的外汇储备、美元资产由于发达国家的金融危机而缩水，或遭受损失。

资本主义社会基本矛盾爆发及其危机的必然结果显现了当代金融化的资本主义积累方式，金融资本与生产力进步的对立、与价值创造的对立、与劳动者和广大的民众的对立，这种生产方式越来越表现了发展的局限性，是不可持续的。

第四节　研究方法，理论意义与现实意义，研究内容简介

一　研究方法

（一）坚持和运用历史唯物主义和辩证唯物主义方法。马克思主义是认识世界的根本方法。运用马克思主义科学的世界观方法论，

我们才能够在纷繁复杂的世间事物面前科学地探索其发展的规律，认识其本质。运用历史和辩证的方法分析当代资本主义发展的新现象，揭示其发展规律。具体来说，金融经济、金融工具本身是货币化经济发展到一定阶段而产生的，是适应生产力的发展而出现的，货币资本是推动生产的第一和持续的推动力。而在资本主义制度条件下，客观上在实际的发展中，金融被极少数金融垄断资本，以及代表其利益的发达资本主义强国所掌控，形成其强势的力量，成为其实施霸权的有力武器。本项研究是在这个特殊性条件下，研究、阐述资本主义金融化问题。而作为发展中国家，生产力暂时落后的国家要不要发展金融经济？一方面，仍然要发展金融经济，增强自身的实力。另一方面，要充分认识资本主义金融霸权实质，积极防范，并认清其必然走向衰落灭亡的历史趋势。

坚持历史的、辩证的方法在我们研究的实践中具体运用，首先就要立足于时代的大观念，深入研究资本主义金融化与垄断资本主义发展至当代所显示的阶段性特征及其今后发展变化问题，即资本主义从自由资本主义发展到垄断阶段，今天所表现的虚拟金融垄断资本的新特征，较之20世纪初的金融资本在范围、内涵方面有了新的内容，需要深入研究、认识。以利于我们把握时代特点，对资本主义发展趋势做科学判断，在制定国际战略和处理国内与国外问题时，提供客观参考。

立足于社会经济发展的实践，把握资本主义金融化与社会经济形态变化的关系问题。资本主义经济金融化是两种力量的结合：金融经济与资本主义生产关系结合。不论从商品货币经济发展的形态看，还是从资本主义生产方式本身追求最大剩余价值的本性看，金融化是两者的必然契合，金融经济以及获得广泛使用的虚拟经济是对这一形态的概括。这一经济形态最显著的改变是其积累方式，即资本价值进行增殖形式的改变。G—G′是资本运动最纯粹的形态，凭借G—G′的循环得到资本价值增殖。借助于这种形式，资本获得了最大限度的灵活性和自主性，最大限度地摆脱物质生产过程的束缚，满足和实现其追逐剩余价值的本性。

在生产力与生产关系的矛盾运动中观察资本主义金融化。一方面，生产力发展，科技进步信息技术大发展，加快了社会生产力发展和财富积累，金融工具促进了生产力的发展。另一方面，资本主义反动的生产关系保护私有者利益，少数人攫取了生产力发展成果，运用金融为统治手段，建立起虚拟金融资本的统治，阻碍生产力的进步，阻碍人类社会历史的发展。

在资本主义经济金融化与资本主义固有的问题经济危机的关系研究方面，立足于在生产社会化与生产资料和成果占有私有化的资本主义社会基本矛盾运动中观察资本主义金融化。在金融化条件下，资本主义生产社会化又达到资本社会化，资本流动空前自由化、全球化、泡沫化，使资本主义基本矛盾作用范围和作用强度空前加大，这必然加剧资本主义固有的问题——经济危机。

（二）抽象的方法。在研究资本主义金融化不同方面问题时要运用抽象法。而对某个方面问题的深入研究又有利于对整体问题的把握。

（三）比较的方法。做发展脉络的纵向比较，也要有国家、地区的横向比较，从比较中发现问题的联系和区别。

（四）理论联系实际的方法。联系现实资本主义世界、联系我国社会主义市场经济改革的实践进行思考。理论来源于实践又服务于实践，经过实践的检验而不断得到发展。这样才能够做到理论创新。

二　理论意义和实践意义

本书拟运用马克思主义政治经济学基本原理和基本观点，以马克思主义信用理论、金融资本理论为依据和方法指导，对现代经济生活中的新现象和运动规律进行科学的分析，指出金融化新现象、新特征。对坚持和发展继承马克思主义金融资本理论做探索，进行理论创新。因此，本项目有重要的学术价值和理论意义。

本书注重在人类社会发展的生产力与生产关系的矛盾运动中观察资本主义金融化。一方面，生产力发展，科技进步与信息技术大发展，金融工具加快了社会生产力发展和财富积累。另一方面，资本主义反动的生产关系保护私有者利益，少数人攫取了生产力发展成果，运用金融为统治手段，形成金融虚拟经济的新的积累方式、生产方式，对广大的人民和世界进行统治与霸权，阻挡社会历史的向前发展。本书注重在生产社会化与生产资料和成果占有私有化的资本主义社会基本矛盾运动中观察资本主义金融化。在金融化条件下，资本主义生产社会化达到资本社会化，资本流动空前自由化、全球化、泡沫化，使资本主义基本矛盾作用范围和作用强度空前加大，这必然加剧资本主义固有的问题——经济危机。因此，项目研究具有理论深度与现实指导意义。

本书有利于理论和实践上加强对金融垄断资本主义发展当代特征、本质及其发展规律的认识。对中国社会主义市场经济的金融体系建设吸取经验教训，处理虚拟经济与实体经济的关系，防范金融风险也有现实的意义。

三　研究内容简介

本书包括绪论和七章的内容。以马克思主义信用理论、金融资本理论的研究为开端，沿着时代——生产——垄断——霸权——危机的思路和逻辑展开论述。

绪论首先对国内外关于资本主义经济金融化的研究进行评述，然后阐述了我们对资本主义经济金融化现象的认识；阐述金融化的发展加剧了资本主义社会的基本矛盾，以及其他矛盾，主要解释金融化与资本主义危机的关系。还说明了本项研究的理论意义与现实意义。

第一章，信用制度与资本主义生产方式的演变。认为马克思的信用理论揭示了资本主义信用制度产生的历史条件，也为之后的马克思主义者研究资本主义新阶段——金融垄断资本主义奠定了基础。本章沿着资本主义信用形式产生，对自由竞争时期的资本主义生产发挥作用，以及产业资本与信用形式（主要指银行资本）融合，开始金融垄断资本主义发展时期，以及之后在金融资本发展中金融与产业分离、虚拟金融为主导的趋势，这个思路展开论述。本章特别强调“适应于资本主义生产的各种条件”，资本主义信用制度与资本主义生产方式发展、变化的关系及相互作用。

第二章，金融化与垄断资本主义的阶段性变化。当今时代仍然处于金融垄断资本主义，也即金融帝国主义时代。在资本主义发展进程中，已经经历了三个发展阶段，第一个阶段就是自由竞争资本主义；第二个阶段是垄断资本主义阶段；第三个阶段是从20世纪七八十年代以来的虚拟金融资本逐渐占据主导。资本主义的发展历程已经经历了前两个发展阶段，当前正处于第三个阶段。而这三个阶段都具有共同的时代性质，都属于私有制度占主导的社会性质结构。同时每个阶段又有特殊的表现。本项研究和本章着重阐述垄断资本主义发展至20世纪七八十年代以来的阶段特征，实体金融资本发展到虚拟金融资本占主导地位，占据社会经济以及全部社会生活统治地位的表现、实质、原因，它所表现的资本主义新的历史因素及其历史局限性。

第三章，资本主义经济金融化与金融危机。主要从资本主义占统治地位的生产方式的发展进程、运动过程，阐述资本主义经济金融化与经济、金融危机。即从广义生产也从狭义生产，研究阐述资本主义金融化的生产方式在社会生产过程的运动中的表现。以社会生产全过程为依托，阐述作为全社会生产过程，分别从生产、流通、分配、消费过程的金融化的表现，特征，阐述各个过程与金融化、金融危机的关系。

第四章，垄断深化、金融化与经济危机。从金融垄断资本主义发展，从垄断这个问题的角度，对资本主义经济金融化与经济、金融危机进行深入的分析研究。垄断资本的核心是金融资本，垄断的发展不断充实金融资本的内涵，丰富金融资本的内容。虚拟金融资本垄断占主导地位是资本主义发展的逻辑结果。垄断深化与资本主义金融化必然影响、深化资本主义社会基本矛盾，从而使资本主义危机日趋严重。

第五章，实施全球金融霸权。研究金融资本特别是虚拟金融资本的霸权统治。资本主义作为在历史上进步的阶级代表，曾经起过革命性作用，促进了社会生产力的发展。但是，它也伴随着掠夺、剥削、称霸。在资本主义金融化的阶段，这种霸权有了新的手段。本章主要研究了金融资本通过控制金融市场、价格体系、定价权以及货币实施金融霸权。

在资本主义私有制度下，霸权归根结底是阶级局限性的表现，是私有制度的必然表现。霸权与公平正义相悖，是资本主义不能按照人类社会经济发展运行的规律办事而又出于占有全社会的劳动成果、掠夺世界财富的需要而建立起来的霸权统治。例如，美元霸权。在金本位制下，纸币只有代表一定量黄金凝结的人类劳动即社会价值，才能代表真实的货币，用以媒介货币流通和资本流通。从二战后到1944年，各国货币与美元挂钩，美元纸币与黄金挂钩，在这个体制下，美元纸币发行仍能维持金本位，美联储的中央银行信用还没有根本背离价值规律的要求。但1971年以后，美元与黄金脱钩，失去了货币赖以表现的社会价值基础，而以债券、股票等证券构成的虚拟资本为抵押，发行美元纸币。然而，虚拟资本只是资本所有权的纸质凭证，本身并没有价值。大量发行这样的美元，必然要求超经济的手段加以维护，不然，不可能再继续充当世界货币。美国金融资本为了维持美元的世界货币地位，采取了许多不光彩的措施，先是对发展中国家的能源生产与出口进行干预，说服产油国以美元计价，制造石油美元。之后又因债务形成拉美债务危机；以及打击日元和欧元等。资本主义的霸权不断激起国际社会争取公平公正的国际经济秩序的斗争。

第六章，金融资本的形态变化及其金融危机。美国是资本主义经济金融化的典型国家、美元霸权国家，也是2008年国际金融危机的始发地。本章把美国作为一个案例专辟一章对美国经济金融化与金融危机进行阐释。阐述了金融资本如何从实体经济资本向虚拟金融资本的转化，实行其“万能”统治。

第七章，从国际金融危机看西方新自由主义。本章从资本主义金融化发展阶段的理论意识形态基础——新自由主义与金融危机——为基点，透析这场国际金融危机对西方新自由主义理论产生的巨大冲击，深刻认识西方新自由主义理论与资本主义经济金融化，与资本主义经济、金融危机的相互关系。国际金融危机有力证明了新自由主义是资本主义的危机陷阱。新自由主义经济发展模式的弊病暴露无遗。

迫使西方国家探讨发展新理论、新方式。美国等发达经济体也进行了金融改革。但是，西方的反思与探讨应该说还是不成熟的，并未形成代替新自由主义的新理论。金融改革并没有也不可能遏制经济金融化的发展趋势，同样也改变不了资本主义经济金融化的社会经济结构，即虚拟经济金融的主导地位。因为，当今时代是金融帝国主义时代，这是时代性质的主导。新自由主义经济发展模式的调整和转变必定充满艰难与挑战。

主要参考文献

1.《资本论》，人民出版社 2004 年版。

2. 列宁：《帝国主义是资本主义的最高阶段》，人民出版社 2001 年版。

3.《列宁全集》第 26 卷，人民出版社 1990 年出版。

4.《列宁全集》第 27 卷，人民出版社 1990 年出版。

5. ［印度］拜斯德伯·达斯古普塔：《金融化、劳动力市场弹性化、全球危机和新帝国主义——马克思主义的视角》，车艳秋译，《国外理论动态》2014 年第 11 期。

6. ［美］约翰·贝拉米·福斯特：《资本主义的金融化》，王年咏、陈嘉丽译，《国外理论动态》2007 年第 7 期。

7. ［美］约翰·贝拉米·福斯特：《失败的制度：资本主义全球化的世界危机及其影响》，安俊译，《哲学动态》2009 年第 5 期。

8. ［美］约翰·贝拉米·福斯特、罗伯特·麦克切斯尼：《垄断金融资本、积累悖论与新自由主义本质》，武锡申译，《国外理论动态》2010 年第 1 期。

9. ［美］弗雷德·马格多夫、约翰·贝拉米·福斯特：《停滞与金融化——矛盾的本质》，周颖译（美刊《每月评论》第 66 卷，2014 年 5 月号），载《政治经济学报》第 4 卷，社会科学文献出版社 2015 年版。

10. ［美］约翰·贝拉米·福斯特、罗伯特·麦克切斯尼、贾米尔·约恩纳：《21 世纪资本主义的垄断和竞争》，金建译，《国外理论动态》2011 年第 9 期（上）、第 10 期（下）。

11. 刘诗白：《论过度金融化与美国的金融危机》，《经济学家》2010 年第 6 期。

12. ［美］格莱塔·R. 克里普纳：《美国经济的金融化》，丁为民等译，《国外理论动态》2008 年第 6 期（上）、第 7 期（下）。

13. ［美］大卫·科茨：《金融化与新自由主义》，孙来斌、李铁译，《国外理论动态》2011 年第 11 期。

14. ［美］约翰·卡西迪：《美国华尔街金融资本的基本运作状况》，张征、徐步译，《国外理论动态》2011 年第 10 期。

15. ［美］大卫·科茨：《资本主义的新自由主义体制危机》，《中国社会科学内部文稿》2009 年第 3 期。

16. ［法］让·克洛德·德洛奈：《全球化的金融垄断资本主义（上）》，刘英译，《国外理论动态》2005 年第 10 期。

17. 程新英：《资本的逻辑与当代社会发展困境》，《马克思主义研究》2006 年第 3 期。

18. 裘白莲、刘仁营：《资本积累的金融化》，《国外理论动态》2011 年第 9 期。

19. ［英］考斯达斯·拉帕维查斯：《金融化了的资本主义：危机和金融掠夺》，李安译，《政治经济学评论》2009 年第 1 期。

20. 张才国：《新自由主义的意识形态本质：国际垄断资本主义的理论体系》，《科学社会主义》2008 年第 1 期。

21. ［美］迈克尔·赫德森：《金融帝国——美国金融霸权的来源和基础》，嵇飞、林小芳译，中央编译出版社 2008 年版。

22. ［英］约翰娜·蒙哥马利：《全球金融体系、金融化和当代资本主义》，车艳秋、房广顺译，《国外理论动态》2012 年第 2 期。

23. 林毅夫：《全球经济纵横谈》，《科学发展》2013 年第 3 期。

24. 张煜：《战后美国霸权的经济实质及其未来——重读列宁〈帝国主义是资本主义的最高阶段〉的启示》，《南京政治学院学报》2011 年第 6 期。

25. ［埃及］萨米尔·阿明：《当代资本主义体系的内爆》，黄钰书译，《政治经济学评论》2013 年第 3 期。

26. 何国勇：《国际金融危机的成因、前景及启示》，《南方论丛》2009 年第 2 期。

27. ［美］保罗·克鲁格曼：《美国怎么了？——一个自由主义者的良知》，刘波译，中信出版社 2008 年版。

28. 刘海藩：《当前金融危机的原因与应对》，《马克思主义研究》2009 年第 2 期。

29. ［美］斯蒂芬·雷丝尼克、理查德·沃尔夫：《经济危机：一种马克思主义的解读》，孙来斌、申海龙译，《国外理论动态》2010 年第 10 期。

30. 何国勇：《国际金融危机的成因、前景及启示》，《南方论丛》2009 年第 2 期。

31. ［美］保罗·巴兰、保罗·斯威齐：《垄断资本——论美国的经济和社会秩序》，南开大学政治经济学系译，商务印书馆 1977 年出版。

32. ［英］大卫·哈维：《新帝国主义》，初立忠、沈晓雷译，社会科学文献出版社 2009 年版。

33. ［法］弗朗索瓦·沙奈等著：《金融全球化》，齐建华、胡振良译，中央编译出版社 2001 年版。

34. ［俄］C. A. 坦基扬：《新自由主义全球化：资本主义危机抑或全球美国化》，王新俊、王炜译，教育科学出版社 2008 年版。

35. 张彤玉、邱海平主编：《当代资本主义经济的新发展》，经济科学出版社 2005 年版。

36. ［美］戈拉德·A. 爱泼斯坦：《金融化与世界经济》，温爱莲译，《国外理论动态》2007 年第 7 期。

37. 何秉孟：《美国金融危机与国际金融垄断资本主义》，《中国社会科学》2010 年第 2 期。

38. ［法］让·克洛德·德洛奈：《金融垄断资本主义》，《马克思主义与现实》2001 年第 5 期。

39. 成思危：《虚拟经济与实体经济》，《中国经济周刊》2003 年第 14 期。

40. 陈弘：《当前金融危机与当代资本主义停滞趋势》，《国外理论动态》2009 年第 7 期。

41. 赵峰：《当代资本主义经济是否发生了金融化转型》，《经济学家》2010 年第 6 期。

42. 吴茜：《关于当代资本主义新变化的争论及其实质》，《社会主义研究》2010 年第 3 期。

43. 朱炳元：《资本主义发达国家的经济正在加速金融化和虚拟化》，《红旗文稿》2012 年第 4 期。

44. 张幼文、干杏娣：《金融深化的国际进程》，上海远东出版社 1998 年版。

45. 马化腾等：《互联网 +：国家战略行动路线图》，中信出版社 2015 年版。

第一章　信用制度与资本主义生产方式的演变

——马克思主义信用理论、金融资本理论研究与思考

信用制度适应资本主义生产的条件产生，服务于占社会经济主导地位的产业资本，促使资本主义生产方式最终确立。工业垄断资本与银行垄断资本的融合形成金融资本这一新的资本形态，取代产业资本而占据资本主义生产的主导地位，建立了金融垄断资本的全面统治。金融垄断资本主义发展中金融与产业分离的趋势，形成以资本主义金融为主导的新积累方式、生产方式，凌驾于整个社会经济之上，进行着资本价值增殖形式的改变。表现了资本主义金融化条件下的虚拟金融资本更具贪婪和对人类社会生产的侵蚀与破坏性。

马克思的信用理论揭示了资本主义信用制度产生的历史条件，为之后的马克思主义者研究资本主义新阶段：金融垄断资本主义奠定了基础。这一基本原理也是指导我们今天研究垄断资本主义发展中新的表现——金融化问题的指导思想与方法指导。

本章沿着资本主义信用形式产生，对自由竞争时期的资本主义生产发挥作用，以及产业资本与信用形式（主要指银行资本）融合，开始金融垄断资本主义发展时期，以及在金融资本发展中金融与产业分离的趋势，形成金融化，形成虚拟金融资本主导地位，新型的虚拟金融资本统治，这个思路展开论述。本文特别强调马克思所说的“适合资本主义生产的各种条件”，资本主义信用与资本主义生产方式发展、变化的关系及相互作用。

第一节　信用制度适应资本主义生产的条件产生，服务于占社会经济主导地位的产业资本，促进资本主义的发展

一　信用制度“适应于资本主义生产的各种条件”产生

这个条件就是资本执行职能的条件发生变化，它可以用借来的资本执行资本家的职能——获取剩余价值。信用制度所沿袭的生息资本或高利贷资本，和它的孪生兄弟商人资本一样，在资本主义生产方式很早以前已经产生了。“商业形式和利息形式比资本主义生产的形式即产业资本更古老。”① 但是，“在现代信用制度下，生息资本要适应于资本主义生产的各种条件”②。“就生息资本是资本主义生产方式的一个重要要素来说，它和高利贷资本的区别，决不在于这种资本本身的性质或特征。区别只是在于，这种资本执行职能的条件已经变化，从而和货币贷出者相对立的借入者的面貌已经完全改变。即使得到贷款的产业家或商人是没有财产的人，那也是由于相信他会用借来的资本执行资本家的职能，占有无酬劳动。”③

信用制度与生息资本的使用目的在于消费不同，是用于生产领域，进行剩余价值的生产。

二　生产力进步与商品经济形态发展对信用制度的推动作用

现代信用制度代替高利贷资本和生息资本也是伴随生产力的进步而产生的。特别是工业革命的爆发，开启了大机器生产的时代，使社会化大生产成为必然。资本主义生产力的发展要求货币的积累必须足够满足资本周转的需要，生产社会化必然要求资本社会化。

现代信用制度随着商品经济的高度发展而形成。信用是商品经济

① 《马克思恩格斯全集》第 26 卷，第 3 册，人民出版社 1974 年版，第 518 页。
② 《资本论》第 3 卷，人民出版社 2004 年版，第 678 页。
③ 同上书，第 679 页。

的产物，它的真正发展是在资本主义生产方式上升时期实现的，这时的资本主义普遍发展的商品交换，高度发展的市场，要求信用制度和信用体系为之服务，以突破流通的局限，来满足资本无限创造需求和开拓市场的需要。正如马克思指出："随着劳动生产力的发展，从而大规模生产的发展，1. 市场会扩大，并且会远离生产地点，2. 因而信用必须延长，……大规模的和供应远地市场的生产，会把全部产品投入商业当中；但是，要使一国的资本增加一倍，以致达到商业能够用自有的资本把全国的产品买下来并且再卖掉，这是不可能的。在这里，信用就是不可避免的了；信用的数量会随着生产的价值量一起增长，信用的期限也会随着市场距离的增大而延长。在这里是互相影响的。生产过程的发展促使信用扩大，而信用又引起工商业活动的扩展。"[①] 这说明，信用随着商品经济的发展、市场的扩大而得到发展，并且超越一国的界限。而信用又引起工商业的发展，二者互相促进。

三　商业信用、银行信用、国家信用的发展

商业信用是从事再生产的资本家相互提供的信用，这是信用制度的基础。它的作用是加速商品价值的实现过程，减少商品的储存量和与此有关的商品保管费用，节约货币。通过银行把分散的、闲置的资本集中起来，快速地输送到最需要的、最有投资效率的领域。这能够大大缓解买卖时空分离造成的资本周转困难与再生产过程连续性之间的矛盾，从而提高社会资本运行效率。因此，"信用是商品形态变化的中介，即不仅是 W—G，而且也是 G—W 和现实生产过程的中介"[②]。

随着资本主义银行的发展，产生了银行信用。银行是随着资本主义生产方式的发展而出现的专门的信用机构。银行通过传统的货币资本借贷业务，在有多余货币资本的人和需要货币资本的人之间建立借贷关系，把信用的基础由私人信任转化为社会信任。从而，银行信用

---

① 《资本论》第 3 卷，人民出版社 2004 年版，第 544—545 页。

② 同上书，第 546 页。

使债权债务关系具有了在无限广阔的时空扩展的潜力。马克思说："银行制度，就其形式的组织和集中来说，……是资本主义生产方式造成的最人为的和最发达的产物。"①

资本主义信用制度必然发展到国家信用形式。因为资产阶级国家是"理想的总资本家"。国家机器及机构以为私有者谋利为基础。信用发展为国家信用，进行最大规模的资本集中，执行国家经济职能。同时，资产阶级国家运用利率和利息等杠杆调节经济也必须以现代信用为基础。

四 信用制度促进资本主义生产的作用

第一，发挥再分配社会资金的作用。节约流通费用和货币，大大提高资金使用效率，进而提高企业以及整个社会的生产效率。在《资本论》中，马克思用很大篇幅论述了信用对资本主义生产的作用，阐明了信用在资本主义生产中的积极效应，因而它是实现经济增长的一个重要的制度保证。如信用加速流通，节约流通费用，提高企业及社会的生产效率。加速商品价值的实现过程，减少商品的储存量和与此有关的商品保管费用，节约货币。在信用制度基础上产生的信用流通工具（商业票据、支票、银行券等）代替金属货币流通，节省了流通费用。马克思指出："一切节省流通手段的方法都以信用为基础。……流通手段的单纯节约，在票据交换所里，在到期汇票的单纯交换上发展到了最高点，……但这种汇票的存在本身又是以工商业者互相提供的信用为基础的。"②

对于单个企业来说，在信用制度下，企业之间的债权债务可以在银行信用基础上通过转账结算方式进行清算，不需要现金结算。信用使货币的流通速度加快，用较少的货币或货币符号就可以完成同样的服务。通过信用，货币以三种方式得到节约，一是"相当大的一部分交易完全用不着货币"；二是"流通手段的流通加速了"；三是"金

---

① 《资本论》第3卷，人民出版社2004年版，第685—686页。

② 同上书，第589页。

币为纸币所代替”①。从而节约了大量的铸币的铸造和磨损费用。而信用创造的信用货币和大量票据，代替了金币，也节省了流通费用。

信用手段不仅提高单个企业的生产效率，而且也能够提高整个社会的生产效率。为了促使资本周转和剩余价值的流通顺利进行，必须要有足够的金银作为流通工具，这是一笔巨大的非生产费用，这笔费用会使一部分生产费用和生产资料不能被社会利用。而信用使这笔费用减少，从而使社会生产在规模不变的或规模扩大程度不变的情况下，由于昂贵的生产费用的减少，使社会劳动生产力提高。

同时，信用打破了贵金属数量的限制，使市场实现空间上和时间上的扩大，促进资本主义生产的发展。“资本主义生产按它现在的规模，没有信用制度（甚至只是从这个观点来看），只有金属流通，能否存在。显然，不能存在。相反，它会受到贵金属生产的规模的限制。”② 说明信用可以克服流通手段对资本主义生产的限制。

第二，促进整个资本主义生产的利润平均化趋势，成为资本主义生产方式最终确立的重要因素。信用的作用导致资本主义竞争的加剧，并使资本能够更自由、更迅速地在各生产部门和各企业之间进行转移，加速资本周转，进而推动了利润平均化趋势。由于信用在促进利润平均化方面发挥重要的作用，因此，它是资本主义生产方式最终确立的一个重要因素。“单个资本作为整个阶级的总资本的一部分执行职能，另一方面，整个阶级的总资本根据生产的需要在不同的特殊领域之间进行分配。这是通过信用进行的。由于信用，不仅这种平均化成为可能并变得易于进行，而且资本的一部分（在货币资本的形式上）实际上表现为整个阶级用以从事经营的共同材料。这是信用的一种意义。”③ 马克思认为，现代信用制度是利润平均化的不可缺少的中介，整个资本主义生产在这个基础之上进行。因此，信用在连接整个社会生产与再生产中有着不可替代的作用。

---

① 《资本论》第3卷，人民出版社2004年版，第493—494页。

② 《资本论》第2卷，人民出版社2004年版，第383页。

③ 《马克思恩格斯全集》第26卷，第3册，人民出版社1974年版，第576页。

第三，促使产生新型企业组织形式——股份公司。信用促进资本的集中，把分散在社会上的大大小小的货币资金吸引到单个的或联合的资本家手中。股份公司是在19世纪初资本主义发达国家出现的一种新型企业组织形式。马克思在分析信用对资本主义生产的作用时指出："信用制度是资本主义的私人企业逐渐转化为资本主义的股份公司的主要基础。"① 股份公司是通过发行股票的方式建立起来的，股份公司是面向社会筹集资本。股票要发行出去，必须有大量的投资者购买股票，即人们能够利用信用方式经营自己的货币资金。同时，股票是没有偿还期的，必须借助于信用方式保持其流动性。信用聚集资本，扩大投资规模的作用通过股份公司的形式得到了充分的发挥。

股份公司极大地促进了资本主义经济的发展。马克思说，股份公司的成立，由此，"生产规模惊人地扩大了，个别资本不可能建立的企业出现了"②。"假如必须等待积累使某些单个资本增长到能够修建铁路的程度，那么恐怕直到今天世界上还没有铁路。但是，集中通过股份公司转瞬之间就把这件事完成了。"③

因而，信用制度在促进资本主义生产发展、提高资金使用效率、建立新的社会生产组织形式等方面发挥了重要的作用。

因此，信用制度是资本主义生产方式为适应自身发展需要而建立的一种新形式。它使生息资本保留其形式而服务于资本主义生产方式的条件和需要，它为资本主义产业资本用来为之扩大生产、扩展市场，提高资本运行效率，为产业资本增殖的需要服务。这是因为"产业资本是在资产阶级社会占统治地位的资本主义关系的基本形式，其他一切形式都不过是从这个基本形式派生的，或者与它相比是次要的"④。"产业资本为了使生息资本从属于自己而使用的真正方式，是创造一种产业资本所特有的形式——信用制度。"⑤

① 《资本论》第3卷，人民出版社2004年版，第499页。

② 同上书，第494页。

③ 《资本论》第1卷，人民出版社2004年版，第724页。

④ 《马克思恩格斯全集》第26卷，第3册，人民出版社1974年版，第518页。

⑤ 同上书，第519页。

第二节　适应资本主义生产的条件，金融资本产生并取代产业资本的主导地位

适应于资本主义生产的条件，产生工业资本和银行资本混合生长的金融资本，从而开始了垄断资本主义发展的新阶段。金融资本取代产业资本占据资本主义生产的主导地位。在这一过程中信用制度发挥了重要作用。

一　资本主义从自由竞争向垄断发展中信用制度发挥的重要作用

在《资本论》第1卷，马克思在考察资本积累一般规律时认为，竞争和信用是资本集中的强有力杠杆。随着资本主义发展而形成的信用事业，把分散在社会上的大大小小的货币资金吸引到单个的或联合的资本家手中，并且很快成为竞争的武器，最后它变成一个实现资本集中的庞大的社会机构。马克思指出："信用事业，随同资本主义的生产而形成起来。起初，它作为积累的小小的助手不声不响地挤了进来，通过一根根无形的线把那些分散在社会表面上的大大小小的货币资金吸引到单个的或联合的资本家手中；但是很快它就成了竞争斗争中的一个新的可怕的武器；最后，它转化为一个实现资本集中的庞大的社会机构。"①

马克思关于资本积累一般规律的学说，是我们今天研究金融资本的理论基础。与大多数资产阶级经济学家把自由竞争看作是永恒的自然规律不同，马克思、恩格斯认为自由竞争必然要导致资本和生产的集中，资本集中达到一定程度，必然会导致垄断。马克思认为，资本发展的这种趋势，是由于资本主义生产的本质决定的，为了获取更多利润，保证在竞争中获胜。他在分析资本集中的发展趋势时指出，资本集中在资本积累的基础上进行，随着资本主义生产的扩大，资本积累的增加，竞争也以同样的速度进行，从而促进更高程度上的集中，

① 《资本论》第1卷，人民出版社2004年版，第722页。

集中起来的资本又会以更高的速度、更大的规模进行积累，然后在新的基础上进行更激烈的竞争，由此形成规模更大的资本集中。可见，处于资本主义自由竞争时期的马克思已经科学地预见到垄断产生的必然性。由于对垄断形成的理论认识，对信用问题的重视，他们在《资本论》和《反杜林论》中，专门研究了信用及在发达信用基础上的股份公司，认为信用是促进资本集中，进而促进形成垄断的一个重要杠杆。

正如我们在阐述生息资本适应资本主义生产的条件时所强调的，得到贷款的产业家或商人即使是没有财产的人，那也是由于相信他会用借来的资本执行资本家的职能，占有无酬劳动。资本主义信用制度的发展，使单个资本家有权支配别人的资本，特别是由于银行业及其分支机构的发展，使得越来越多的社会储蓄集中到银行，进而分配给产业资本家加以利用。所以说，信用能使单个资本家超越其自有的资本的限制，来扩大企业的生产规模。在此过程中，信用又起到促使大资本吞并中小资本的职能作用。因此，信用成为资本积累和集中的强大工具。在《资本论》第 3 卷，马克思在论述信用和虚拟资本时指出：以银行的发展为条件，信用制度越完备越扩大，产业资本家和商人对社会各阶级的货币储蓄的支配权力也就越不断增大，而且这些储蓄会不断地集中起来，直至达到能够作为货币资本家发挥作用的数量而为资本家使用。“银行一方面代表货币资本的集中，贷出者的集中，另一方面代表借入者的集中。”① 因此，信用能使单个资本超过其实有资本的限制来扩大自己企业的规模和扩大生产，他自己所拥有的资本仅仅是取得支配别人资本和劳动的基础。从资本的集中来说，由于大资本家具有较大的经济实力和较高的信誉，能够比较容易获得银行贷款，追加投资，因而他们能够借助信用增强竞争力量。这样，便加速了大资本剥夺中小资本的过程，实现资本集中。

马克思在《资本论》第 3 卷研究信用及银行时指出：“再谈谈集中！那种以所谓国家银行为中心，并且有大的货币贷放者和高利贷者

① 《资本论》第 3 卷，人民出版社 2004 年版，第 453 页。

围绕在国家银行周围的信用制度，就是一个巨大的集中，并且它给予与这个寄生者阶级一种神话般的权力，使他们不仅能周期地消灭一部分产业资本家，而且能用一种非常危险的方法来干涉现实生产——而这伙匪帮既不懂生产，又同生产没有关系。”① 马克思在这里谈到的是银行的集中问题。从马克思对产业资本的集中和垄断，以及对信用、银行、股份公司的研究，可看出，马克思对资本主义发展中的“某种趋势”的敏锐把握，这一研究思路和方法对后来的马克思主义者研究垄断资本主义特别是金融垄断资本主义提供了正确的方法和基础。

二　生产集中和资本集中必然产生垄断，工业垄断资本与银行垄断资本的融合形成金融资本

奥地利经济学家鲁道夫·希法亭 1910 年出版了《金融资本——资本主义最新发展的研究》一书，第一次明确提出了金融资本的理论范畴。他由货币问题分析入手，围绕货币流通和信用关系发展这个主线，考察了资本主义经济中的信用、股份公司、证券交易所、银行资本与工业资本及其关系。认为：“资本主义工业的发展使银行业的积累得到发展，积累的银行体系本身是达到资本主义积聚的最高阶段即卡特尔和托拉斯的重要动力，而卡特尔和托拉斯又反过来影响银行业，使它合并和扩大，也就是卡特尔化，这种工业和银行的关系就进一步密切起来，因为卡特尔工业的资本并不完全是工业家的，有相当部分资本是来自银行的”，“因此，产业对银行的依赖是财产关系的结果，产业资本的一个不断增长的部分不属于使用它的产业资本家了。他们只有通过代表同他们相对立的所有者的银行，才能获得对资本的支配。另一方面，银行也不得不把他们资本的一个不断增长的部分固定在产业之中。因此，银行资本家越来越变成工业资本家。我把通过这种途径实际转化为产业资本的银行资本，即货币形式的资本，

① 《资本论》第 3 卷，人民出版社 2004 年版，第 618 页。

称为金融资本"①。

列宁对希法亭的著作评价为：对资本主义发展的最新阶段作了一个极有价值的理论分析。但他认为生产领域中资本关系的变化是金融资本形成的基础。认为希法亭没有指出重要的因素之一，即生产集中和资本集中发展到很高的程度，就会造成垄断。

列宁指出，半个世纪前，马克思在写作《资本论》的时候，绝大多数的经济学家都对自由竞争倍加赞赏。认为它是一种永恒的自然规律。而马克思则明确指出了自由竞争将引致生产集中，而生产集中发展到一定阶段又导致垄断，现在垄断已经成了事实，资产阶级经济学家也不得不承认垄断的存在。而列宁并不认为由于垄断的形成，竞争就不存在了，他说："从自由竞争中生长起来的垄断并不消除自由竞争，而是凌驾于这种竞争之上，与之并存。"②

列宁的理论贡献及其科学性在于，指出了垄断是金融资本的基础："生产的集中；从集中生长起来的垄断；银行和工业日益融合或者说长合在一起，——这就是金融资本产生的历史和这一概念的内容。"③ 还在于，指出了金融资本不是单纯的银行资本，也不是单纯的工业资本，而是两者的融合，是新型的资本形态。

这对我们认识金融资本的本质有重要意义。金融垄断资本取代产业资本占据社会经济统治地位，从20世纪初产生以来，其形式不断扩展，其作用范围不断扩大。而在垄断资本主义条件下，各种信用形式有了新的发展。

三 银行产生了新的作用——万能统治者，及其作用的扩展

随着生产的集中和垄断，银行也产生了集中和垄断，垄断银行的产生意味着它已不是一般的中介者，而是支配一切的万能垄断者。这就是银行的新作用。垄断一经形成，银行和工业公司的关系发生了质

① ［德］鲁道夫·希法亭：《金融资本——资本主义最新发展的研究》，福民等译，商务印书馆1994年版，第252页。

② 《列宁选集》第2卷，人民出版社2012年版，第650页。

③ 同上书，第613页。

的变化，垄断银行集中了社会大部分资本，同时工商业对资金的需求也是巨大的，于是单纯的借贷关系变成了工业公司依赖银行为其筹集资本。银行贷款使银行对工业公司的渗透长期化、固定化，过去的支付业务成为银行掌握工业公司的经济情报、进行控制的手段。而银行的集中、垄断进一步加剧了产业资本的垄断化。

大银行的万能性质决不仅限于对工业公司的信贷控制，它的完整内涵应包括银行垄断资本和工业垄断资本的融合形成帝国主义时代的金融资本对经济和政治生活的全面垄断。在金融资本形成过程中，垄断银行一般起着主导和核心的作用。工业公司对垄断银行的信贷依赖变成大银行的真正垄断。而工业垄断资本与银行垄断资本一经融合为金融资本，一般资本主义的统治便转化为金融资本主义的统治。

经过多年的发展，到二战后，银行新作用有了进一步拓展。第一，垄断银行与国家直接紧密地联系在一起，其万能作用充分发挥出来。第二，发放个人贷款，主要是消费贷款，使广大的人民群众沦为债务人。第三，垄断银行全部发展为跨国银行，成为广大发展中国家的债主，使金融资本国际化推向更大范围。

四　金融资本的资本形式不断拓展

一方面金融机构本身多样化发展，另一方面不仅工业垄断资本，其他国民经济部门全面与银行资本相融合；使金融资本形式突破了银行资本，主要形成与银行资本并存的证券资本以及风险资本。

恩格斯在整理《资本论》第 3 卷时，计划写一篇“交易所”，但他没有完成这个计划，只留下一个写作提纲，从这个提纲看，恩格斯认为资本主义世界经济发生巨大变化集中在一点就是交易所作用大大增强。首先工业企业变成股份公司后，接着便出现规模巨大的托拉斯，商业也是如此。这种变动接着扩展到银行，甚至一些大牌银行也发展成为了股份公司。恩格斯指出，这种变化还在进一步发展，工农业生产被全部囊括其中，最终工、农、商以及金融业都将集中在交易所经纪人手中，这种发展趋势的结果必将是交易所成为资本主义生产最突出的代表。

从之后信用机构、金融机构发展顺序看，适应于资本主义工商业等全面的垄断，特别是大的垄断组织，股份公司的发展，金融资本有三种主要存在形式，银行资本、证券资本和风险资本。它们的主要区分在于，以存款凭证等间接证券形式和以银行为中介的资本是银行资本。以股票、债券等直接证券形式，由投资银行为中介的资本为证券资本。就广泛意义的证券发行而言，银行资本是以其自身信誉为基础发行间接证券的，其证券性质是存款或其替代形式，其发行时间不取决于其自身意愿，而取决于储蓄者的（投资）意愿和存款利率，其所发行的证券无次数限制、无发行条件限制、无财务法律中介机构进行审计和签证，无信息公开要求。证券资本是以企业自身的获利能力为基础发行的直接证券，其发行取决于符合于条件的发行公司的意愿，有次数、条件约束，需要财务审计和法律签证，必须进行信息公开。证券资本是由证券业集中和分配的资本，一般可以进入证券交易所进行交易，使风险性与流动性对称。而风险资本不同于银行资本和证券资本之处，在于风险资本追求高风险、高回报，主要是由风险基金或风险投资公司以承担高风险并分享企业股权形式集中的专门投资高新技术产业的基金或投资。

五　国家运用信用工具

国家垄断资本主义为了统治、管理国家的宏观经济，运用信用杠杆调节经济。最典型的是运用货币供应政策工具、运用利率和汇率杠杆对社会生产和经济运行的调节作用。市场经济运行以货币为基础，而“货币在很大程度上一方面为信用经营所代替，另一方面为信用货币所代替”。[①]“通货速度的大调节器是信用”[②]，信用工具可以创造货币、节省货币、动员社会资金，节约流通费用和增加流通速度。通过信用工具的上述功能作用，可以把实际的货币量和实际用于生产的借贷货币量达到最大规模，以及通过宏观管理所实行的货币政策、金融

① 《资本论》第3卷，人民出版社2004年版，第584页。
② 同上书，第589页。

杠杆调节经济活动的扩张或收缩。信用的调节作用，使经济活动中所需要的货币量的供给具有很大的弹性，而信贷的扩张或收缩成为国家适应于经济形势变化适时调控经济的有力杠杆。信用通过银行贷款和证券买卖等形式，提供投资机会，引导资金的流向。

特别是资本主义大国建立起中央银行系统，金融垄断资本便仰仗中央银行信用制度而生存。资产阶级凭借金融的力量占据主导地位后，在军事、行政和立法系统逐渐掌握了话语权，影响和重构国家的组织形式，并通过立法的形式加快资本的集中，从而使国家和金融体系建立起密不可分的联系。国家对资本的形成和货币流的管理成为资本循环的重要组成部分。国家和金融权力的融合点也即国家信用体系的建立，使资本家可以在很短的时间内，通过各种途径迅速将资本集中起来。国家与金融权力的融合，在资本积累中扮演着中枢神经系统的角色。

总之，工业资本与银行资本的融合而形成金融资本这个新的资本形态，信用适应于资本主义经济这一转变，并在这一进程中发挥重要作用，也使自身与产业资本融合上升到社会经济、政治生活的核心位置，金融垄断资本代替产业资本建立了金融资本的全面统治。这个全面统治首先表现为少数金融寡头对整个社会经济的统治，少数金融寡头掌握大部分生产资料和货币资本，控制着银行、工业、商业、交通运输、通信等国民经济命脉，渗透到社会经济生活的一切方面，对广大民众进行剥削。还表现在金融资本不仅统治社会的经济生活，也统治着政治生活，资本主义国家的政府是金融垄断资本的代表。表现在不仅对国内，同时也进行金融资本的国际化扩张，金融资本从一开始就是国际化的，国际化是其存在方式。

第三节　虚拟金融资本与资本主义新的积累方式、生产方式

虚拟资本增殖和自身膨胀，日益远离实体产业，形成以资本主义金融为主导的新的积累方式、生产方式。这种虚拟资本自身膨胀，追

求增殖最大化，日益远离实体产业的分离趋势同样也是由于资本主义生产的条件，资本主义生产的本质决定的，就是追逐剩余价值。他们用借来的资本执行资本家的职能，占有无偿劳动，而且企图不经过劳动过程、生产过程就实现这种占有，就得到垄断者的利益。

其标志就是企图凭借货币 G—货币 G′运动，就得到资本价值增殖，企图实际也进行着使资本价值的增殖形式的变化，即以金融为主体、以金融自我循环为主导的新积累方式。

这种以金融为主体以金融自我循环为主导的积累方式，根源就是资本主义的本性，即对剩余价值的无休止地占有。它使一切资本主义生产方式的国家周期性地陷入企图绕过生产过程而赚钱的狂想。马克思在研究货币资本的循环问题时这样描述道："以实在货币为起点和终点的流通形式 G…G′，最明白地表示出资本主义生产的动机就是赚钱。生产过程只是为了赚钱而不可缺少的中间环节，只是为了赚钱而必须干的倒霉事。[因此，一切资本主义生产方式的国家，都周期地患一种狂想病，企图不用生产过程作中介而赚到钱]。"① 马克思还在研究生息资本时，以资本关系在生息资本形式上的外表化加以说明，认为早在生息资本的形式上，就产生了脱离资本的现实运动和实际经济运行而追求货币自行增殖的资本拜物教的妄想。"在生息资本上，资本关系取得了它的最表面和最富有拜物教性质的形式。在这里，我们看到的是 G—G′，是生产更多货币的货币，是没有在两极间起中介作用的过程而自行增殖的价值。"②

马克思指出了这个现象，但是就资本循环的一个阶段，以及就食利资本而言，还不是普遍问题。因为按资本主义发展的历史过程，在马克思生活的年代，产业资本占据社会经济的主导地位，信用保留生息资本形式服务于产业资本占据主导的资本主义生产全过程。

列宁在《帝国主义是资本主义的最高阶段》中明确指出了"三个分离"。他说："资本主义的一般特性，就是资本的占有同资本在

① 《资本论》第 2 卷，人民出版社 2004 年版，第 67—68 页。
② 《资本论》第 3 卷，人民出版社 2004 年版，第 440 页。

生产中的运用相分离，货币资本同工业资本或者说生产资本相分离，全靠货币资本的收入为生的食利者同企业家及一切直接参与运用资本的人相分离。”① 他认为，这一过程进行到怎样的程度，可以根据发行各种有价证券的统计材料来判断。他用金融资本量的极大增长说明这个问题。

但在现代，金融与实际产业分离的趋势，产生与这种分离相应的积累方式、生产方式和生活方式。并以此为决定的思想意识，形成对整个社会经济、政治生活的统治和管理方式。产生大批的食利者阶级，还有食利国家。实际进行着资本价值的增殖形式的改变。

一 金融自我循环是以金融为主体的资本主义积累新方式进行资本价值增殖形式变化的特征

在金融体系进行脱离实际生产的G—G′循环中，除了金融寡头凭借对实体经济企业的操控向实体经济分割剩余价值外，更主要的是以各种手段，包括打着“金融创新”的旗号，推出名目繁多的金融衍生品，并通过高杠杆，或者相互间、甚或对广大中小投资者进行诈骗，将全球股市、基金债券市场变成同实体经济完全不相关的大赌场，使经济关系越来越表现为债权股权等金融关系，甚至使社会资产也因金融化而异化为金融资产。

金融资本本身并不创造剩余价值，货币循环所以能生出更多货币，是靠投机诈骗、高杠杆运作。由这种金融资产、股票债券及其他形形色色的金融衍生品所形成的虚假财富急剧膨胀。据国际货币基金组织的报告，目前全球的金融衍生产品总值已达596万亿美元，是全球股市总值65万亿美元的9倍，是全球GDP总量54.5万亿美元的11倍。② 其中美国的金融衍生产品总值占全球的50%以上，已高达300多万亿美元，是美国号称13万亿美元GDP的25倍。③

---

① 《列宁选集》第2卷，人民出版社2012年版，第624页。

② 参见《金融海啸的〈祸根〉和〈灾底〉》，《信报财经新闻》2008年12月30日。

③ 参见刘海藩《当前金融危机的原因与应对》，《马克思主义研究》2009年第2期。

国外的一些文献同样指出了实际生产中的投资减少，而金融膨胀的进程。美国《每月评论》2007 年 4 月一篇题为《资本主义的金融化》的文章指出，金融化是指资本主义经济活动重心从产业部门转向金融部门。认为在过去 30 年资本主义变化的三个主要特征——新自由主义、全球化和金融化中，金融化是三者中的主导力量，新自由主义全球化的本质是金融化的垄断资本在全球的扩张。资本在基本层面上，也即在实业领域的投资没有取得重大进展，而是陷入了似乎永无止境的经济停滞和金融膨胀的循环中。垄断金融资本所反映的这些新型经济关系深深地根植于美国经济中，并日益向全球经济体系渗透。

美国学者斯威齐 1997 年发表的题为《再谈（或少谈）全球化》的文章指出："1974—1975 年经济衰退以来，当代资本主义的发展历程呈现了三个重大趋势：（1）全球经济增速总体减缓，（2）跨国垄断（或寡头垄断）公司在全球扩展，（3）资本积累过程的金融化现象。"这三大趋势"错综复杂地交织在一起"。他认为，资本的逐利本性导致了"实际投资减缓和金融化崛起并存的双重进程"。[①]

这就是信用泡沫推动经济增长成为资本主义占主导的新积累方式。

二　20 世纪 80 年代的信息技术革命，信息化助推金融化和金融全球化

这种信用泡沫推动的经济增长方式在 20 世纪 80 年代后更为迅速发展，信用异化达到前所未有的程度，形成继商品拜物教、货币拜物教之后的虚拟资本拜物教。金融制度以过度投机为特征，疯狂炒作，虚拟资本价值运动脱离现实资本运动，信用体系沉溺于自我循环中。

20 世纪 80 年代的信息技术的发展，是生产力进步的表现，但另一方面被金融垄断资本利用来进行资本的运作，推行金融化和金融全球化。新的信息技术装备了金融全球网络，信息传递与处理技术为金

① ［美］约翰·贝拉米·福斯特：《资本主义的金融化》，王年咏、陈嘉丽译，《国外理论动态》2007 年第 7 期。

融交易提供了广阔的信息平台。这场电脑革命和通信技术革命创造出了一系列复杂的交易特别是衍生品交易，使金融垄断资本能够为其定价，使巨额金融资产 24 小时不间断地交易。通过这一网络金融网，金融垄断资本不仅对全球金融资产而且对全球金融资产以外的人才、科技、资源、粮食、石油等进行全方位的网络控制。信息化为金融全球化、自由化和国际垄断资本推行金融霸权提供了广阔的空间和技术手段。

三　产生一系列与实体经济渐行渐远的产业政策、扩张性货币政策、借债消费模式

资本主义国家经济结构越来越脱离实体经济，向泡沫经济、虚拟经济和投机经济发展。整个西方经济的实体部分下降到 30% 以下，虚拟部分上升到 70% 以上，而其中大部分是金融。20 世纪 50 年代至 70 年代美国金融资产是国内生产总值的 257 倍，1980—2007 年达到 418 倍。美国金融资本的利润占整个利润的 70%。（以下文字代替上面标出的）在 1960—1980 年，美国的金融资产价值是 GDP 总额的 1.5 倍，这一比例在 2003 年已超过 3 倍。美国金融企业的税前利润额与全美企业税前利润总额之比，在 20 世纪 60 年代为 13.9%，90 年代增至 25.3%，2000—2006 年增至 36.8%，而 2001—2003 年甚至超过了 40%。①

美国学者约翰·卡西迪认为，1980 年以来，美国广义上的金融从业人员数量，从近 500 万人急剧增长到 750 万余人。同时，金融企业的盈利能力相比其他行业实现大幅提升。如果把美国企业创造的利润比作一块蛋糕，25 年前，金融公司切走的部分约占 1/7；2010 年，这个数字超过 1/4（2006 年巅峰时期为 1/3）。人们以为，最好的工作是没有设计、建造或销售任何一件有形产品的金融业。②

① ［美］大卫·科茨：《金融化与新自由主义》，《文献与研究》第 54 期，2011 年 12 月。原载于作者《全球力量的关系：新自由主义的有序与无序》一书。

② ［美］约翰·卡西迪：《美国华尔街金融资本的基本运作状况》，张征、徐步译，《国外理论动态》2011 年第 10 期。

越来越多的就业人口从实体经济中脱离出来，从事虚拟资本经营。美国有7000多家保险公司，2000多家对冲基金，从事保险业230万人，从事证券业超过百万人。他们成为寄生在本国人民和世界劳动人民身上的寄生虫、寄生国。

大规模的信贷扩张为资产证券化提供了条件，刺激了金融衍生过程，助推了虚拟资产增殖的财富效应。以1973年世界经济、货币体系放弃布雷顿森林体系、美元与黄金脱钩、实行浮动汇率为标志，为货币供应脱离约束而虚拟化、无限放大货币银行信贷打下了基础。日本20世纪80年代末90年代初，美国2000年以后，均实行扩张性货币政策，助推制造金融泡沫，经历泡沫经济时期。美国从1985年开始，信贷规模占GDP的比重持续增大。2001年以后继续实施扩张性货币政策，2002年和2003年，信贷规模占GDP的比重提高了15%，2004年这一比例继续大幅度提高到215.48%[①]。

借债消费和透支经济也大行其道，需求的增加靠借贷消费，负债经营和透支消费成为欧美发达资本主义国家生产方式和生活方式的常态。政府一方面利用国家信誉和国家的货币发行权大量印刷钞票；另一方面通过向国内、国外发行和兜售各种债券，借外国的钱，用外国人的储蓄支撑政府及其雇员的高开支和高消费。从政府到相当大一部分民众积累了很大的债务。

四　以美元霸权为标志的金融霸权支撑这种新的积累方式、生产方式

西方金融资本和金融政治集中表现为美元霸权。资本主义历来把对外扩张，压迫和盘剥殖民地人民当作自身发展的方式。在金融化生产方式的今天，更是贯穿着经济新殖民手段，其中包括美元霸权。前面我们谈到，金融资本仰仗中央银行信用制度而生存。而在国际金融垄断资本的发展中，资本主义的经济基础发展成为国家支持下的国际金融垄断资本，中央银行信用制度是重要表征，这种信用制度从一国

① 国家信息中心中经网数据有限公司2006年8月21日发布的数据。

发展到世界，就是美联储不仅是美国的中央银行，而且是世界的中央银行。在布雷顿森林体系下，各国货币与美元纸币挂钩，美元纸币与黄金挂钩。在布雷顿森林体系解体，不再维持金本位制的情况下，美元发行实际改为"虚拟资本本位"。虚拟资本只是资本所有权的纸的凭证，本身没有价值，以虚拟资本为抵押，发行的纸币美元是没有真实社会价值的绿纸符号。为了保证美元的世界储备货币地位，资本主义大国就必须动用霸权手段。

美元作为世界结算货币和储存手段的特殊地位，成为盘剥国内劳动者特别是盘剥发展中国家财富的手段。开动印刷机印刷美元，就可以取得别国的物质财富，"平衡"其贸易赤字。操纵美元币值、汇率，让别国的资产缩水；通过贮藏手段，使全球资本的2/3注入自己囊中；通过发行国债，回收资本，再转为资本输出，获取高额利润。而当危机发生的时候，又可以通过操纵美元，把危机向外转嫁。

以金融与产业分离为标志，在世界形成两极。一极是金融霸权者操纵上述货币、金融杠杆，对世界进行全面的统治，形成金融霸权格局和对世界的新的剥削模式。另一极是接受发达国家大量实体经济、制造业转移的发展中国家，以自己廉价的劳动力和资源，为垄断资本带来超额利润。发达国家以低价进口这些国家的日用消费品等产品，以高价出口军工和高新技术产品。国际垄断资本还要求这些国家开放金融市场，接受所谓"调整"计划，以利于国际金融大亨盘剥、抽取这些国家人民的财富，实施金融霸权的统治。

第四节　虚拟金融资本加剧资本主义经济危机

信用工具的使用本身不是经济危机的原因，但金融资本通过投机等各种金融杠杆强化、加速危机产生的过程。虚拟金融资本凌驾于产业之上是头足倒置的机制，必然强化和加剧资本主义经济危机。在发达的金融经济条件下，金融工具加剧了危机的现实可能性。

一 信用工具加剧产生经济危机的可能性与现实性

信用工具大大强化了产生危机的现实可能性。马克思在《资本论》第1卷研究货币职能转化时，指出了产生危机的两个可能性。第一种可能性，即货币充当流通手段时，它使商品的销售形成买和卖两个独立的过程，商品买和卖在时间和空间的分离造成危机的可能性。"流通所以能够打破产品交换的时间、空间和个人的限制，正是因为它把这里存在的换出自己的劳动产品和换进别人的劳动产品这二者之间的直接的同一性，分裂成卖和买这二者之间的对立。……当内部不独立（因为互相补充）的过程的外部独立化达到一定程度时，统一就要强制地通过危机显示出来。①"第二种可能性，即货币执行支付手段时，只是在观念上执行计算货币或价值尺度的职能。"货币作为支付手段的职能包含着一个直接的矛盾。在各种支付互相抵消时，货币就只是在观念上执行计算货币或价值尺度的职能。而在必须进行实际支付时，货币又不是充当流通手段，不是充当物质变换的仅仅转瞬即逝的中介形式，而是充当社会劳动的单个化身，充当交换价值的独立存在，充当绝对商品。这个矛盾在生产危机和商业危机中称为货币危机的那一时刻暴露得特别明显。"②

但在简单商品流通形式下，还不具备产生危机的现实性。只有在发达的商品货币经济条件下危机才会产生。可能性发展为现实性，"必须有整整一系列的关系"③。马克思说："只有在一个接一个的支付的锁链和抵消支付的人为制度获得充分发展的地方，才会发生。"④发生在"货币在很大程度上一方面为信用经营所代替，另一方面为信用货币所代替"的"资本主义发达的国家"⑤。"一旦劳动的社会性质表现为商品的货币存在，从而表现为一个处于现实生产之外的东西，

① 《资本论》第1卷，人民出版社2004年版，第135页。

② 同上书，第161—162页。

③ 同上书，第136页。

④ 同上书，第162页。

⑤ 《资本论》第3卷，人民出版社2004年版，第584页。

货币危机——与现实危机相独立的货币危机，或作为现实危机尖锐化表现的货币危机——就是不可避免的。”①

首先，信用工具大大延长了商品买和卖的过程，各种金融工具、金融衍生品造成现实买卖脱离现实需要的虚假繁荣，从而孕育了危机。“现实买卖的扩大远远超过社会需要的限度这一事实，归根到底是整个危机的基础。”汇票惊人巨大的数额“代表那种现在已经败露和垮台的纯粹投机营业；其次，代表利用别人的资本进行的已告失败的投机；最后，还代表已经跌价或根本卖不出去的商品资本，或者永远不会实现的资本回流”②。赊买和赊卖的商业信用使生产过程和流通过程分离开来，而通过票据贴现或以当时卖不出去商品作抵押进行贷款的银行信用，更使这种分离扩大和严重化。

而当虚拟金融资本成为主导的生产方式，金融资本以及虚拟金融资本获得对社会生产过程的绝对统治时，这种信用危机、货币危机就成为随时爆炸的炸弹。

二　信用与经济危机的周期性

马克思在《资本论》第 2 卷第 2 篇考察资本周转时，揭示了经济危机的周期性及其物质基础：资本周转和循环的周而复始性及资本在这个运动过程的表现。他指出：“这种由一些互相连结的周转组成的长达若干年的周期（资本被它的固定组成部分束缚在这种周期之内），为周期性的危机造成了物质基础。在周期性的危机中，营业要依次通过松弛、中等活跃、急剧上升和危机这几个时期。”③

周期性危机是资本主义社会再生产正常进行的条件和出路。马克思在考察社会再生产正常进行的条件时，认为在私有制下和生产无政府条件下，再生产正常进行的条件，也会“转变为同样多的造成过程失常的条件，转变为同样多的危机的可能性；因为在这种生产的自发

① 《资本论》第 3 卷，人民出版社 2004 年版，第 585 页。

② 同上书，第 555 页。

③ 《资本论》第 2 卷，人民出版社 2004 年版，第 207 页。

形式中，平衡本身就是一种偶然现象”[①]。只有通过一次次崩溃恢复平衡。就是说，通过一次次的危机为再生产开辟道路。

马克思在《资本论》第2卷第1篇考察资本循环时就指出：“在一定的界限内，尽管再生产过程生产出的商品还没有实际进入个人消费或生产消费，再生产过程还可以按相同的或扩大的规模进行。……整个再生产过程可以处在非常繁荣的状态中，但商品的一大部分只是表面上进入消费，实际上是堆积在转卖者的手中没有卖掉，事实上仍然留在市场上。”当支付期限到来时，“商品持有者不得不宣告无力支付，……于是危机爆发了”[②]。

马克思在《资本论》第3卷考察资本主义生产总过程时也指出，危机周期性地发生还由于出现执行职能的资本与闲置的资本，两种资本为周期性的危机产生准备了物质条件。“已经发生的生产停滞，为生产在资本主义界限内以后的扩大准备好了条件。……周期会重新通过。由于职能停滞而贬值的资本的一部分，会重新获得它原有的价值。而且，在生产条件扩大，市场扩大以及生产力提高的情况下，同样的恶性循环会再次发生。”[③]

信用的膨胀和收缩与经济危机的周期性密切相关。马克思把信用的膨胀和收缩看作工业周期各个时期的征兆，认为：“在恐慌时期信贷完全收缩；然后逐渐扩大，在利率降到最低点的时候，这种扩大达到自己的最高限度；那时又开始相反的变动，即逐渐收缩，在利率涨到最高点并且又开始恐慌时期的时候，这种收缩达到自己的最高限度。”[④] 在分析利息率时指出：“如果我们考察一下现代工业在其中运动的周转周期，……就会发现，低利息率多数与繁荣时期或有额外利润的时期相适应，利息的提高与繁荣转向急转直下的阶段相适应，而达到高利贷极限程度的最高利息则与危机相适应。……低的利息可能

① 《资本论》第2卷，人民出版社2004年版，第557页。

② 同上书，第88—89页。

③ 《资本论》第3卷，人民出版社2004年版，第284页。

④ 《马克思恩格斯全集》第12卷，人民出版社1962年版，第346页。

和停滞结合在一起，适度提高的利息可能和逐渐活跃结合在一起。”①

马克思还从借贷货币资本积累和现实资本积累的关系研究这个问题，指出：“表现在利息率上的借贷资本的运动，和产业资本的运动，总的说来是方向相反的。有一个阶段，低的但是高于最低限度的利息率，与危机以后的‘好转’和信任的增强结合在一起；特别是另一个阶段，利息率达到了它的平均水平，也就是离它的最低限度和最高限度等距的中位点，——只是在这两个阶段，充裕的借贷资本才和产业资本的显著扩大结合在一起。但是，在产业周期的开端，低利息率和产业资本的收缩结合在一起，而在周期的末尾，则是高利息率和产业资本的过多结合在一起。”②

三　信用与世界性经济危机

马克思在研究世界市场和对外贸易问题时深刻地阐述了经济危机问题。作为商品经济高度发达的产物——信用制度在世界市场获得更充分的发展。世界市场、国际信用的发展这些因素使危机超出一国的界限，在世界范围蔓延。“全部信用制度，以及与之相联系的交易过度、投机过度等等，就是建立在扩大和超越流通和交换领域的界限的必然性上的。这一点表现在各民族间的关系上比表现在个人间的关系上规模更大，更典型。”③ 信用制度在世界市场上的发展，是形成世界市场危机，以至世界经济危机的重要因素。

首先，世界市场交易的大宗和异地特征更需要发达的信用制度，但是，“一旦那些把货物运销远处（或存货在国内堆积起来）的商人的资本回流如此缓慢，数量如此之少，以致银行催收贷款，或者为购买商品而开出的汇票在商品再卖出去以前已经到期，危机就会发生。这时，强制拍卖，为支付而进行的出售开始了。于是崩溃爆发了，它一下子就结束了虚假的繁荣”④。

① 《资本论》第3卷，人民出版社2004年版，第404页。

② 同上书，第553页。

③ 《马克思恩格斯全集》第30卷，人民出版社1995年版，第397页。

④ 《资本论》第3卷，人民出版社2004年版，第340页。

在世界市场上，“信用的期限也会随着市场距离的增大而延长”①。信用先是在同一物品生产的各实际相继的阶段中起中介作用，然后在商人间的转手中起中介作用，直到这些商人把它运到远方市场，最终销售，变成货币或交换其他商品。“在这里，信用的最大限度，等于产业资本的最充分的运用，也就是等于产业资本的再生产能力不顾消费界限而达到极度紧张。”② 但是，“汇票的期限越长，准备资本就要越大，回流因价格下降或市场商品过剩而发生减少或延迟的可能性也就越大”③。一旦出现回流的减少或延迟，就会爆发危机。马克思认为，随着市场远离生产地点和信用期限的延长，投机的要素必然越来越支配交易。关于贸易上的欺诈，马克思在《资本论》第3卷第25章根据他摘得的报刊资料作过详细的叙述，认为过度的信用膨胀和投机的结果，“必然造成市场商品大量过剩和崩溃”④。

国际信用膨胀和各国生产过剩，使一切国家都具备了金融危机发生的条件。因此，当一国出现危机，已具备危机条件的国家将依次发生危机。在世界市场上，过度的国际贸易是引发危机的直接原因。由于信用膨胀和生产的盲目扩大，使一国的对外贸易极度扩张，出口过多和进口过多。因此而产生连锁反应，使危机在其他国家连续发生。“一国进口过剩，在另一国就表现为出口过剩，反过来也是如此。但是，一切国家都发生了进口过剩和出口过剩。”“支付差额对每个国家来说，至少对每个商业发达的国家来说，都是逆差，不过，这种情况，总是像排炮一样，按照支付的序列，先后在这些国家里发生；并且，在一个国家比如在英国爆发的危机，会把这个支付期限的序列压缩到一个非常短的期间内。这时就会清楚地看到，这一切国家同时出口过剩（也就是生产过剩）和进口过剩（也就是贸易过剩），物价在一切国家上涨，信用在一切国家过度膨胀。接着就在一切国家发生同样的崩溃。”⑤

---

① 《资本论》第3卷，人民出版社2004年版，第544—545页。
② 同上书，第546页。
③ 同上书，第544页。
④ 同上书，第459页。
⑤ 同上书，第557页。

随着国际支付的到来，贵金属流出依次在各国发生，预示着普遍的市场危机的到来。“金属的流出，在大多数情况下总是对外贸易状况变化的象征，而这种变化又是情况再次逐步接近危机的预兆。”①一国危机前夕已经出现生产过剩，在对外贸易上出口过多和进口过多，支付差额为逆差，从而导致贵金属流出。贵金属的流出促使该国爆发危机，危机的爆发又会造成贵金属流向反弹而重新流入。一国贵金属的流入，在另一国表现为贵金属的流出，于是危机在另一国重演，马克思以1857年世界市场危机中英国和美国的事例分析，之后指出：“这个现象的普遍性恰好证明：1. 金的流出只是危机的现象，而不是危机的原因；2. 金的流出现象在不同各国发生的顺序只是表明，什么时候会轮到这些国家算总账，什么时候会轮到这些国家发生危机，并且什么时候危机的潜在要素会轮到在这些国家内爆发。”②

四　信用为投机和欺诈提供了最有效的工具

在再生产全部过程以信用为基础的生产制度下，各种投机行为都是人为的使再生产过程猛烈扩大的体系。“投机常常是发生在生产过剩已经非常严重的时期。它是生产过剩的暂时出路，但是，这样它又加速了危机的来临和加强危机的力量。”③ 它不顾资本自身的界限将再生产过程强化，而使资本主义的基本矛盾，以及生产和流通的矛盾、生产与消费的矛盾更加尖锐化。因此，信用制度“表现为生产过剩和商业过度投机的主要杠杆”④。

马克思分析了信用导致投机的基本条件，即“信用为单个资本家或被当作资本家的人，提供在一定界限内绝对支配他人的财本，他人的财产，从而他人的劳动的权利”⑤。因此，“进行投机的批发商人是

① 《资本论》第3卷，人民出版社2004年版，第646页。
② 同上书，第557页。
③ 《马克思恩格斯全集》第7卷，人民出版社1959年版，第492页。
④ 《资本论》第3卷，人民出版社2004年版，第499页。
⑤ 同上书，第497页。

拿社会的财产，而不是拿自己的财产来进行冒险的”①。不惜拿着别人的货币去冒险。从资本主义生产的条件，即剩余价值的生产看问题，即使自身是没有资本的人也可以用借来的资本执行资本家的职能，同样，用借来的资本进行投机，用社会的资本进行投机，以获取资本价值的更大增殖，而这使他们的投机行为更为疯狂。

银行资本家更具备投机的条件，因为“银行家资本的最大部分纯粹是虚拟的，是由债权（汇票），国债券（它代表过去的资本）和股票（对未来收益的支取凭证）构成的。……这种虚拟的银行家资本，大部分并不是代表他自己的资本，而是代表公众在他那里存入的资本——不论有利息，或者没有利息”②。银行资本就是靠这些虚拟资本和少量代表现实价值的资本，反复进行投机和欺诈活动。因此，信用制度成为生产规模过度扩张、商业过度投机的主要杠杆。因此，“如果说信用制度表现为生产过剩和商业过度投机的主要杠杆，那只是因为按性质来说具有弹性的再生产过程，在这里被强化到了极限。它所以会被强化，是因为很大一部分社会资本为社会资本的非所有者所使用，这种人办起事来和那种亲自执行职能、小心谨慎地权衡其私人资本的界限的所有者完全不同。……信用加速了这种矛盾的暴力的爆发，即危机，因而促进了旧生产方式解体的各要素”③。

2008年国际金融危机深层次的问题还在于，追求高额利润的投机资本兴风作浪，是虚拟资本急剧膨胀、严重脱离实际经济价值的产物。目前的资本主义以金融的自我循环为特征的新的积累方式，不可持续的债务和资产价值在很大程度上属于虚构的纸质资产之上的信贷过分扩张。其经济哲学已经被金融、房地产利益集团及其世界观所主导。在整个社会生产的全过程以及国家管理方面贯穿着这种方式。在国家财富的积累方面，靠信贷、借贷，靠金融的自我循环来进行。通过金融资本的全球化在世界推行这种方式。这是头足倒置的方式，违

① 《资本论》第3卷，人民出版社2004年版，第498页。

② 同上书，第532页。

③ 同上书，第499—500页。

背自然规律，违背生产力发展的规律，这种方式必然孕育着极大的风险，必然走向危机。

五 发达信用条件下表现为生产过剩、人口过剩、资本过剩的全面的危机

在资本主义信用条件下，危机得到充分的表现。资本主义生产过剩的危机伴随着相对过剩的人口，而在信用条件下，又伴随着相对资本的过剩。因而，“资本的这种生产过剩伴随有相当可观的相对人口过剩，这并不矛盾。使劳动生产力提高、商品产量增加、市场扩大、资本在量和价值方面加速积累和利润率降低的同一些情况，也会产生并且不断地产生相对的过剩人口，即过剩的工人人口，这些人口不能为过剩的资本所使用，因为他们只能按照很低的劳动剥削程度来使用”①。

在资本主义生产追求高额剩余价值的绝对规律支配下，与资本主义生产过剩和失业人口同时存在，同样产生相对过剩的资本。发达的信用制度下，“大量分散的小资本被迫走上冒险的道路：投机、信用欺诈、股票投机、危机。所谓的资本过剩，实质上总是指利润率的下降不能由利润量的增加来抵消的那种资本——新形成的资本嫩芽总是这样——的过剩，或者是指那种自己不能独立行动而以信用形式交给大经营部门的指挥者去支配的资本的过剩。资本的这种过剩是由引起相对过剩人口的同一些情况产生的，因而是相对过剩人口的补充现象，虽然二者处在对立的两极上：一方面是失业的资本，另一方面是失业的工人人口”②。

因而，在信用贯穿于再生产全过程的经济条件下，资本主义经济危机表现为生产过剩与人口过剩和资本过剩的危机。所以说，在信用条件下经济危机得到充分的表现。

在这里，通过表面的现象，我们还应指出，经济危机产生的根源是资本主义社会的基本矛盾，最终是私有制度下对剩余价值的攫取和

---

① 《资本论》第3卷，人民出版社2004年版，第285页。

② 同上书，第279页。

占有，这是产生经济危机的全部根源。而在资本主义发达的信用制度下，掩盖了这个问题。它以颠倒的形式表现出来，首先是在金融方面显现危机，然后传导到实物经济领域。给人一种错觉，好像金融手段引起了经济危机。在再生产的全部联系都是以信用为基础的生产制度下，信用使经济危机以颠倒的形式表现。“好像整个危机只表现为信用危机和货币危机。”“在这里，一切都以颠倒的形式表现出来，因为在这个纸券的世界里，在任何地方显现出来的都不是现实价格和它的现实要素，而只是金银条块、硬币、银行券、汇票、有价证券。”①

因而，我们一方面要清楚地看到信用怎样模糊了资本主义危机产生的根源，它对经济危机产生着重大的影响和作用，同时透过这种现象更深刻地认识资本主义经济危机的本质。本项目在论述经济危机产生原因以及资本主义社会矛盾在金融化条件下的发展中，认为资本主义社会基本矛盾在新的社会条件下有新的发展，即资本的社会化与资本最终占有、使用、收益的私人化矛盾，是资本主义社会基本矛盾新的表现。信用工具的使用本身不是经济危机的原因，但金融资本通过投机等各种金融杠杆强化、加速危机产生的过程。

社会发展的历史表明，人类的生存发展首先要靠物质生产，任何脱离实际生产的方式都是违背自然规律的。劳动创造价值，进步的社会管理和生存方式首先就是推动生产力发展，而不是脱离生产力的发展。银行和金融机构是发展现代经济的一个基本工具，但它的主要作用是让经济交易和贸易能够顺利运作。但是，金融服务业现在扮演独立角色，凌驾于整个社会经济之上。这是脱离实际生产的头足倒置的失去基础的方式。由于资本积累与劳动和生产分离，终将使金融资本的价值会慢慢减少、消殒。因为真正的价值是来自劳动，来自于生产，而不是来自于金融的操弄。

在2008年金融危机后，资本主义国家相继采取了救助措施，但几年过后仍没有什么起色。西班牙学者希尔韦托·洛佩斯说，美国的联邦政府债务已高达15万亿美元，为削减赤字量身打造的“国会削

① 马克思：《资本论》第3卷，人民出版社2004年版，第555页。

减赤字特别委员会”（即“超级委员会”）最终也未能就该如何削减赤字达成一致意见，使得美国债务即将再度威胁世界经济的警告不绝于耳。日本综合研究所理事长寺岛实郎说，美国维持零利率并推行第二轮量化宽松政策，以期激活金融，防止经济探底。但这并没有与美国的实体经济产生任何联系，未能赋予产业任何活力，对中间阶层而言也丝毫不起作用。多余的资金并未与实体经济产生联系，没有改善就业。在次贷危机后，资金开始疯狂流向资源、能源、食品和黄金，掀起一场新的资金游戏。①

为什么会如此，我们仍然要回到马克思告诉我们的资本主义生产的条件，他们用借来的资本执行资本家的职能，占有无偿劳动；用整个社会的财富，整个世界的资产执行资本家的职能，占有无偿劳动。这个条件不改变，那么危机的状况都不会改变。资本主义国家依然是对金融体系进行支持，银行债务变成了主权债务。英国共产党总书记罗伯特·格里菲斯说，许多银行垄断企业过于庞大，它们的力量足以对抗任何政府或中央银行对它们实施的调控。所以，在金融危机爆发3年之后，所有对金融市场及其垄断公司进行调控或者解散大银行的尝试以失败告终。②

因此，我认为，资本主义信用的异化，表明它已无法依靠劳动生产率提高推动购买力增长来促进经济增长这个传统方式。资产泡沫助推经济增长是资本扩张的新的方式，是资本主义发展的必然结果。而只有改变资本主义生产的条件，用全社会的资本创造全社会的财富，为最广大的民众创造财富，才能够改变“头足倒置”。我们应当牢记马克思的提醒：“决不要忘记，……信用制度以社会生产资料……在私人手里的垄断为前提，所以，一方面，它本身是资本主义生产方式固有的形式，另一方面，它又是促使资本主义生产方式发展到它所能达到的最高和最后形式的动力。”③

---

① 摘自新华社2011年12月13日的《参考资料》。

② ［英］罗伯特·格里菲斯：《这次金融和经济危机暴露了国际资本主义制度的深层次问题》，《世界社会主义研究动态》2011年第62期。

③ 《资本论》第3卷，人民出版社2004年版，第685页。

主要参考文献

1.《资本论》，人民出版社 2004 年版。

2.《马克思恩格斯全集》第 26 卷，人民出版社 1974 年版。

3.《马克思恩格斯全集》第 12 卷，人民出版社 1962 年版。

4.《马克思恩格斯全集》第 30 卷，人民出版社 1995 年版。

5.《马克思恩格斯全集》第 7 卷，人民出版社 1959 年版。

6.《列宁选集》第 2 卷，人民出版社 2012 年版。

7. ［德］鲁道夫·希法亭：《金融资本——资本主义最新发展的研究》，福民等译，商务印书馆 1994 年版。

8. 颜至宏：《金融海啸的〈祸根〉和〈灾底〉》，《信报财经新闻》2008 年 12 月 30 日。

9. 刘海藩：《当前金融危机的原因与应对》，《马克思主义研究》2009 年第 2 期。

10. ［美］约翰·贝拉米·福斯特：《资本主义的金融化》，王年咏、陈嘉丽译，《国外理论动态》2007 年第 7 期。

11. ［美］大卫·科茨：《金融化与新自由主义》，《文献与研究》第 54 期，2011 年 12 月。

12. ［美］约翰·卡西迪：《美国华尔街金融资本的基本运作状况》，张征、徐步译，《国外理论动态》2011 年第 10 期。

13. ［英］罗伯特·格里菲斯：《这次金融和经济危机暴露了国际资本主义制度的深层次问题》，《世界社会主义研究动态》2011 年第 62 期。

14. 马健行等：《垄断资本概论：马克思主义的帝国主义理论、历史与当代》，山东人民出版社 1993 年版。

15. ［法］费尔南·布罗代尔：《十五至十八世纪的物质文明、经济和资本主义》，顾良、施康强译，生活·读书·新知三联书店 1993 年版。

16. 王向明：《全球金融危机背景下马克思主义时代化问题》，当代中国出版社 2014 年版。

第二章　金融化与垄断资本主义的阶段性变化

金融化是20世纪七八十年代以来垄断资本主义发生的深刻变化。是在信息技术生产力进步的条件下，金融资本发生的新的形态转化，虚拟金融资本主导社会生活。是资本主义生产关系与金融经济相结合主导社会经济的新的社会经济形式。标志着金融垄断资本主义发生新的阶段性变化，形成虚拟金融资本的统治力量。但是，资本主义所有制关系，资本主义根本制度——私有制社会的性质没有改变。金融化表现了垄断资本主义发展的一系列新的阶段性特征。

第一节　资本主义经济金融化阶段性变化的表现

一　出现金融与产业分离的趋势，并形成以资本主义金融为主体，以金融自我循环、自我膨胀为主导的新的积累方式、生产方式

金融与产业分离的趋势是由资本主义生产追逐剩余价值的本质决定的。用借贷来的货币资本执行资本家的职能，占有无偿劳动，而且企图不经过劳动过程、生产过程就实现这种占有，就得到垄断者的利益。其标志就是企图凭借G—G′的循环得到资本价值增殖，企图实际也进行着使资本价值的增殖形式的改变。

在这一时期，金融与产业的分离达到新的程度。资本主义经过从私人垄断到国家垄断的发展，在20世纪七八十年代向国际垄断发展，其中金融垄断在其发展中占据重要地位。随着20世纪80年代以来的金融全球化为核心的经济全球化的发展，国际金融垄断资本主义占据

统治地位，形成以资本主义金融为主体，以其金融自我循环、膨胀为主导的生产方式、积累方式，使马克思曾经指出的一切资本主义生产方式的国家企图不经过生产过程就赚到钱的妄想、狂想，列宁所指出的一般资本主义的特性，资本的占有与运用等三个“分离”极大地扩展。在经济运行、社会生活、政治统治、思想意识中扩展。而且不仅在局部资本主义国家，而是在世界其他国家推行和扩展。产生与金融与产业分离相应的生产方式、生活方式，形成以此为决定的思想意识，形成对整个社会经济、政治生活的统治、管理方式。产生大规模的食利者阶级，还有食利国家。实际进行着资本价值的增殖形式的改变。当前发展起来的国际金融垄断资本主义，其最重要的标志就是金融与产业分离的特征。

资本积累脱离实际生产和价值创造。金融操作的系统使资本积累越来越不真实，与劳动和生产几乎完全脱离了关系。但是资本的积累却因为这些虚幻的资本可以变成金钱，而且不断钱能生钱。这就是来自于跨国银行的神秘操作，证券、赋税、社保基金都成了金融操作的标的。在美国，靠资产的增殖获取收入，成为财政收入的重要来源。但这个资产增殖方式，不是建立在物质劳动的基础上，而是通过各种非物质劳动的交易行为即对各种资产的多次包装，反复进行买进卖出来获取。

金融虚拟经济与实体经济的分离扩展在世界范围。从 20 世纪 70 年代起，欧美发达国家不断把工业制造业转移到国外。但资本主义发达国家仍然保有核心技术以及高端科技产业。利用发展中国家的廉价资源和劳动力为金融资本带来超额利润。并吸引全球投资美国等资本市场。世界分成了两极，一极是少数占有高额垄断利益的金融垄断资本所有者；一极是产业转移国家的工资劳动大众。

二　社会经济结构变化，金融部门在国民经济中占主导地位，金融资本凭借垄断的权利攫取利益

从 20 世纪六七十年代开始，主要资本主义国家的经济结构日益以服务业，尤其以金融、信息产业为主，占到全部国民经济比例的

60%—70%。在国民生产总值、就业中占有绝对重要地位。英国共产党书记罗伯特·格里菲斯说，2008年发生的金融危机、经济危机，暴露了资本主义制度深层次的结构问题。资本主义所有权的集中，即垄断造成的巨大的经济和政治权力向少数庞大的公司积聚，特别是在金融业。金融业创建了金融资产，并以越来越“虚构”的价值进行交易，利用劳动者的储蓄启动和推进这一进程；同时银行和金融机构大大地增加了对其他大多数经济部门的控制。

例如，美国经济结构发生深刻的变化，其标志无疑是金融部门的爆炸性膨胀。20世纪70年代以来，制造业、FIRE（金融、保险、房地产业）部门和狭义服务业在美国经济结构的主要变化，可以根据这三个部门对美国GDP的贡献的变化来理解。美国经济分析局统计资料表明，自1950年以来，FIRE部门在美国GDP中所占份额由1950年的约10%持续上升，1990年达到18%，首次超过制造业，2005年达到约25%，到2007年达到约30%。

由于金融化首先使传统的金融部门从包括金融以及保险扩大到房地产部门（通常以FIRE表示），而私有化导致金融部门的进一步扩大，扩展到垄断行业和资源行业。已经金融化的五大泛金融部门，即金融、保险、房地产、垄断的资源和公用事业部门的垄断权力空前增大，同时增强的也是不劳而获的能力，它们往往不是扩大生产，促进生产，而是扩大寻租，大大加重了实体经济转移利润的负担，使经济停滞甚至破产。这些食利性经济，与劳动和价值创造相对立。

资本的权利向金融集中，垄断力量的超强，暴露了资本主义制度中深层次的结构问题。资本主义垄断造成的巨大的经济和政治权力向少数庞大的公司积聚，特别是在金融业。同时银行和金融机构大大地增加了对其他大多数经济部门的控制，美国和英国等强大的垄断公司从中获益。

三　金融市场在社会经济运行中处于核心地位，金融投机日盛

20世纪70年代以来，金融市场逐渐成为经济领域中的主导力量。市场经济体制在全球普遍发展，经济全球化实际上是市场经济全球

化。市场在全球资源配置中起决定性作用。而金融市场随着各种要素市场的独立而发展。货币资金运行对社会生产的第一推动力作用，使金融市场在整个市场体系中处于中心地位。

金融市场业务和经营方式不断创新。已经脱离了收储放贷的简单经营，而主要在债券市场和股票市场上进行直接交易，即一方面通过一级市场发行新的有价证券，吸收资本从而满足投资者的需要，另一方面通过二级市场买卖已经发行的证券。

金融活动除了旧式借贷又包括股票、债券、抵押、金融衍生品、期货、外汇以及很多其他类型的资产等方面的交易。名目繁多的各种金融证券和“金融衍生品”应运而生，并参与市场交易。与金融市场一起发展起来的是各种非银行金融中介，包括投资银行、保险公司、信托公司、共同基金、养老基金等。杠杆化经营是商业银行、投资银行等金融机构的又一特点。通过发行以抵押贷款组合为基础资产的抵押支持证券，将现金流打包成债券卖给投资者。由于证券化的方法被广泛运用到其他资产上，直接导致了 20 世纪 80 年代后金融工具和金融衍生产品的爆炸性增长。据不完全统计，证券化的债券几乎是全球 GDP 的 1.4 倍，而金融衍生产品超过了全球 GDP 的 8 倍。

金融市场满足了金融资本追逐利润的需要，货币交易的膨胀主要是用于金融交易，而不是国际商品和服务。经济活动的重心从产业部门，甚而从正在扩大的服务业部门转向金融部门。美国马克思主义经济学家大卫·科茨指出：从 20 世纪 70 年代以来，相对于非金融领域而言，金融市场的交易变得频繁，全球日均外汇交易量从 1973 年的 150 亿美元，上涨至 1980 年的 800 亿美元和 1995 年的 12600 亿美元。1973 年全球商品和服务贸易额占到外贸交易总额的 15%，而这一数据在 1995 年则下滑为不到 2%。说明货币交易的膨胀主要是用于金融交易，而不是国际商品和服务的购买。①

金融市场的独立运行使资本主义生产过程脱离实际生产，而单独

---

① ［美］大卫·科茨：《金融化与新自由主义》，孙来斌、李轶译，《国外理论动态》2011 年第 11 期。

追逐利润的运行方式成为现实，即 G—G′的增殖。金融部门的地位变化并不仅限于交易额和利润额的增长。金融机构尤其是金融巨头突破了其作为非金融资本积累的服务者的角色，力图通过金融活动去追逐自己的利润。它们通过金融市场频繁地进行交易。新的金融工具的创新和销售，基本取代了过去金融部门与非金融部门之间的长期借贷关系，金融部门更多地转向以市场为基础的投机活动。

四　企业行为金融化

非金融领域的资本把自己的剩余投放到金融市场以获利，金融领域成为吸收剩余资本的最好场所。美国学者福斯特说，金融在资本积累过程中一直扮演着至关重要、不可或缺的角色。……但在 20 世纪最后几十年，资本主义的本质已经发生了根本变化。积累——即商品和服务领域的真实资本的形成——越来越从属于金融。凯恩斯广为人知的担忧——投机将支配生产，看来最终变成了现实。①

非金融部门更深入地卷入纯粹的金融交易和活动，将其资源配置到金融方面。非金融部门越来越受到金融因素的影响，将更多的资源用于满足金融资本的分配和其他要求。金融市场迫使非金融企业向金融机构返还越来越大的额度。非金融企业向金融市场的支付金额在 50 年代处于相对较低的水平，在 60 年代中期到 70 年代后期上升到大约占现金流量的 30％。而 1984—2000 年（除了 90 年代早期经济处于衰退阶段的 3 年），非金融企业向金融中介机构的返还额度达到其资金流量的一半。1984—1990 年和 1997—2001 年，这一比例从未低于 50％。

另外，企业利润来源日益来自金融部门。相关资料显示，1950—2001 年，美国非金融企业的金融收入在 50 年代和 60 年代是非常稳定的，但是从 70 年代起开始攀升，在整个 80 年代急剧上扬，90 年代前期有所回落，到了 90 年代后期，又重新恢复高位。

随着生产领域的资本把越来越多的剩余脱离生产而投入金融，经

① 裘白莲、刘仁营：《资本积累的金融化》，《国外理论动态》2011 年第 9 期。

济基础范围内可用于积累的货币资本频繁被转化为G—G′运行，进行资产价格升值的投机活动。这种转化成了长期趋势，必然使整个社会经济空洞化、泡沫化、虚拟化。美国经济学家斯威齐曾指出："一旦企业成为投机旋涡中的泡沫，情况就严重了。"20世纪90年代，"（公司）董事会的成员"都"在金融市场的全球网络中，很大程度上受金融资本的制约和控制"。因此，"真正的权力"不在"公司的董事会手上，而在金融市场"。他指出，这种"金融与实体之间颠倒的关系"是"理解全球（经济）新趋势的关键"①。

企业治理模式发生金融化的转变，"股东价值"在企业诸多目标中占据支配性的地位，从而导致非金融公司在公司战略和收入分配方面倾向于更多地向股东分红，在投资决策领域倾向于更多地注重公司资产的流动性和更多地涉足金融业务。当企业的管理者将目光集中在波动的股票价格，当企业逐渐减少实物投资、增加金融投资的时候，企业的分配结构也随之发生深刻的变化。首先，通过利息、红利等形式对金融市场和金融机构的支付增加了；其次，以股票、期权的形式，对管理者的支付也增加了。金融化对非金融企业的治理结构的重构，建立起将非金融企业当作一个由各个流动部分组成、总部管理层必须不断将其重构以保证股票价格在任何时候都能最大化的投资组合，这样的金融式观念。另一方面是对管理层奖励结构的根本变化，从对管理层的奖励与企业的长期经营绩效挂钩，转变为与短期企业股票价格的波动挂钩。这些变化都促使了非金融企业经营行为短期化，只有短期股价的上涨才是企业经营的决定性目标。所有这些都使实体经济企业的行为趋向金融化。

五　国家行为金融化

国家行为与金融资本的利益相契合。20世纪80年代以来，随着资本主义经济脱离以产品与服务生产为核心的实体经济迈入金融化，资本主义进入国际金融垄断资本主义阶段，其阶段性特点不仅表现在

① 裘白莲、刘仁营：《资本积累的金融化》，《国外理论动态》2011年第9期。

社会经济层面，而且表现在国家的理论意识形态和对内对外的政策层面。

英、美等国以撒切尔、里根新政为代表实施有利于金融化的新自由主义政策。由于主张实施国家干预的凯恩斯主义失灵，资本主义国家重新推行自由主义经济政策，新自由主义成为国际垄断资本主义统治世界的主导意识形态。在具体政策实施方面，主张放松金融管制，实行自由化、私有化、市场化。实施资本自由流动，促使金融资本特别是虚拟金融资本如鱼得水获得极大发展。

国家放弃直接参与社会经济活动的一部分内容，比如，对国有经济实行私有化，这是形成跨国金融资本集团的重要来源。又如，停止收入政策的调节，进行社会保障私有化改革，由金融机构操控这部分职能，这直接助长了金融业垄断资本的发展。

在国家垄断资本主义时期，形成了国家运用财政、金融、货币的宏观调控与市场结合的新机制。在国际金融垄断资本主义金融化发展以来，国家没有放弃，而是更加加强了调控和管理手段。资本主义国家作为金融资本的守护者，它的政策取向——国家的货币、金融政策及对金融市场的救助行动等，为金融机构直接注入资本或者在必要的时候直接对其进行国有化；给予金融体系以信心的最后贷款人仍是国家承担的首要责任。这些都表明，金融垄断资本权利仰仗国家信用体系，国家的神经更多地被金融资本所牵制。它与金融资本的利益相互契合。

六　个人收入金融化

随着资本主义经济金融化，金融资本的触角伸向劳动者个人收入及其生活消费、社会保障领域。

实行社会保障私有化的新自由主义改革，是对人口老龄化、雇佣弹性化、全球化竞争等问题的新自由主义改革之一，其目的是服务于金融资本积累的需要。它至少承担着三个职能：以金融资本市场取代企业和国家来承担社会保障功能，去掉企业和政府的相关负担，社会保障从企业和国家的责任变成个人义务；迎合华尔街金融资本利益需要，为金融市场不断注入社会保障资本；捆绑劳资利益，强化资本对劳动的约束。

美国的社会保障私有化始于里根政府，主要内容是削减福利开支、提高工资税和退休年龄，尤其是将养老金体制从确定给付体制，即社会统筹方式，雇员退休后每月领取既定的养老金数额；改为提拔体制，雇员将缴存的养老储蓄直接转入个人账户，并委托养老基金、共同基金和保险公司等机构投资者管理，进入股票证券市场。雇员最终的退休收入是不确定的，取决于工人缴存的退休储蓄规模，以及个人账户的投资组合在资本市场上的收益状况。争夺社会保障资本成为金融机构业务扩张的主要目标。更多的退休储蓄进入资本市场。

布什上任后恰逢泡沫经济衰退，为重启华尔街主导的美国经济，他提出了“所有权社会”改革设想，把社会保障私有化扩大到医疗、教育和住房领域。它宣扬个人的经济自由和独立取决于控制自己生活和财富的能力，而不是依赖国家转移支付。这种控制力是指对住房、企业、医疗和金融资产的所有权。该改革的实质是为信贷扩张和资产价格泡沫拉动的增长创造条件。

这使金融利润的来源发生十分显著的变化，是从工人和其他人的个人收入中直接榨取金融利润。这被称为“金融掠夺”。与这些利润相应的是通过投资银行业务得来的金融收入，主要是手续费、佣金和财产交易。在一定程度上，这些收入也根源于个人收入，特别是来自于对大规模储蓄的管理。这些利润增加了金融部门和工业部门经理的收入，同时也增加了金融部门职员的收入。现代食利者既依靠相对于金融体系的地位，又依靠剪息票获取收入。而这些不菲的报酬采取了公认的服务报酬的形式，包括工资、奖金和股票期权。

这一趋势以工人以及其他劳动者在更大程度上参与了金融机制为前提，以满足他们基本的需要，诸如住房、教育、医疗和养老。只有这样，银行才能从工资和薪金中直接抽取利润。在负债（大多是为住房进行的借款）和资产（大多是养老金和保险）这两方面，工人个人收入的金融化程度的增强是十分明显的。毫无疑问，所有面向个人的贷款的金融业务收入对于银行和金融机构的利润来说变得日益重要。

七　经济运行基础空前债务化

如前所述，金融资产自我膨胀以虚构的价值进行交易；金融成为一国经济增长的主导，还是非金融企业利润的重要来源，但支持这些增长的实体经济却日趋减少，那么是什么支持这种增长？负债就成为资本主义的常态。资本在实体经济增速不足之时通过扩大负债谋求投机利润，因而债务飙升成为过去40年来资本主义经济的最突出特征。

债务表现在金融业、个人消费、企业和政府负债各方面。美国的金融行业债务在GDP中的比例在20世纪六七十年代开始上扬，经历了80年代的加速后在90年代中期迅速攀升；家庭债务在GDP中的比例从20世纪80年代开始上升然后在90年代进一步加速；尽管非金融行业投机性较少，但其债务比例在这一时期也呈上升状态。如果再考虑美国联邦和地方政府的债务这一问题将更为严重；将所有债务合并计算，全美债务总额在GDP中的比例从1959年的151%令人震惊地上升到了2007年的373%。特别是资本主义的国家债务成为其国家经济，以及政府运行的常态。“国债在该国是信用度最高的、最安全的负债（金融资产）。”[①] 在英国，发行国债时，议会每次都要求增设每年能够征收相当于付息费的恒久税，这样国债利息就有了保证。因此，国债在英国成了最安全、最可靠的资产。[②] 像这样，国家的借款由私债变成了国债即国民的借款，同时也获得了信用度高于其他任何借款的地位。战后美国的国债，政府与中央银行分别就国债与中央银行券的关系达成共识，中央银行与政府一样独立对议会负责。在美国货币银行体系的结构和运作机制中，联邦政府的公共债务扮演着重

---

① ［日］富田俊基：《国债的历史：凝结在利息中的过去与未来》，南京大学出版社2011年版，第1页。

② 同上书，第17页。

要角色，……战后，其主要作用的私人债务工具被联邦债务所取代。①

借债对经济、特别是金融行业产生了极大的刺激力量；它创造了巨额的金融利润，推动了资本主义的经济重心从产品生产转移到了金融服务。统计数据反映出，以1970年金融与非金融利润在GDP中的比率同为100，70年代初期两类利润以同比率上升。但到20世纪90年代末期，飙升的金融利润显然完全脱离了相对停滞的国民收入增长制约，以放大的倍率迅速增长。只要债务在所谓安全范围，放大的杠杆倍率就是金融业赚取巨额利润的来源。马克思在《资本论》第3卷描述资本主义信用与虚拟资本时指出的债务积累表现为资本积累，在今天比以往任何时候都更为明显，成为当今资本主义生产方式的常态。马克思说："连债务积累也能表现为资本积累这一事实，清楚地表明那种在信用制度中发生的颠倒现象已经达到完成的地步。"②"由这种所有权证书的价格变动而造成的盈亏，以及这种证书在铁路大王等人手里的集中，就其本质来说，越来越成为赌博的结果。"③

八　对发展中国家以及苏联、东欧国家的私有化、金融化

随着经济全球化和金融全球化，国际金融垄断资本主义运用各种手段对世界其他国家，特别是发展中国家、苏东国家进行自由化、私有化、市场化渗透。我认为，经济全球化首先是市场经济全球化，市场经济体制在全球获得空前的发展。其次，全球化实际是资本驱动的全球资本流动，特别是金融资本全球的空前流动，带来了经济、政治、思想意识形态的渗透。

通过全球性资本流动自由化、私有化、市场化，对外的扩张来谋求金融资本利益。对发展中国家实行金融化，要求发展中国家开放资本账户，建立以美元为主导的全球央行体制等。在全球化的金融资本统治下，所谓开放的进程，是单向的开放，试想任何一个发展中国家的

① ［美］托宾·J、戈卢布·S. S.：《货币、信贷与资本》，中国人民大学出版社2014年版，第231页。

② 《马克思恩格斯文集》第7卷，人民出版社2009年版，第540页。

③ 同上书，第541页。

货币、证券不能拿到美国等发达国家去流通、去上市，而必须把本币兑换成美元等国际货币拿到发达国家的市场去。这是金融资本的垄断、控制权。通过这种资本的自由流动对发展中国家的侵入，扰乱发展中国家宏观经济，侵吞发展中国家资产。金融资本大国还利用自己的经济、军事和政治优势将外国尤其是发展中国家的经济进行私有化、金融化，廉价购买这些国家的垄断地段的地产，垄断的资源公司和垄断的公共设施，如交通、供水、供电等设施。通过金融化的方式，再辅以其他手段，美国将其他国家尤其是发展中国家的大量利润转移到国内。

对一些国家特别是苏联、东欧国家的私有化是资本主义金融化战略的一部分。私有化实则是金融化。苏联以及解体后的苏联国家不像其他发展中国家，没有外债，也没有大量外汇储备，也没有遭遇军事威胁。推动它们私有化的动因，就是国内所谓的改革派与国际金融资本意识形态的渗透。它以新自由主义理论为指导，采取激进的方法推行经济市场化、自由化、私有化。首先以激进的方式转向市场，实行自由市场经济，自由兑换货币，通过本国货币——卢布的大幅贬值，先使本国经济遭受很大损失。然后，私有化运动实际是分割瓦解国有资产，对国家经济瓦解的过程，从上到下由政府强制实施，导致社会财富、国家财产快速地向占人口极少数的暴富手中集中，派生出一个新生的官僚买办资产阶级。而他们再一转手，把主要的股份卖给了西方买主。“事实上重建的是一种租金资本主义。”私有化的目的是“瓦解俄罗斯的工业力量。原苏联国家见证了它们的公有资产在无序的劫掠中被卖给了红色局长，以及其他内部人员，而他们一转手把主要股份卖给了西方买主”①。

九　实施以美元为主导的全球金融霸权

主要通过强大的军事、科技力量和美元在国际货币体系中的霸权

① ［美］迈克尔·赫德森：《金融帝国——美国金融霸权的来源和基础》，嵇飞、林小芳译，中央编译出版社 2008 年版，第 412 页。

地位推行以货币和金融为中枢神经的全球化，实施金融霸权的机制。主要有以下的方式：（1）竭力维持美元霸权地位。1971 年美国放弃美元与黄金挂钩，不再受黄金储备约束。由于不受限地向全球注入美元，美国享有巨大的金融与经济利益，吸收外国的物资与资产，支持本国的双顺差格局。美国输出美元，消费全世界的资源、产品。美元的国际储备货币地位使其长期赤字，支持它掠夺世界的资源和财富。由于推行金融去管制化，使世界其他国家对资本的跨境流动缺乏监管能力。各国央行为避免受国际资本的恶意攻击，纷纷储备美元，这些美元回流到美国，支持了美国的资本市场扩张、金融膨胀；（2）利用金融市场交易中心地位控制世界。全球的金融交易中心在信息化、全球化的当代，以互联网为依托，形成遍布全球的金融交易网，金融资本可以在瞬间交易，其数额之大，速度之快历史上任何时候不可比拟。国际金融垄断资本借以对全球政治、经济实行不间断的控制；（3）形成全球经济结构不平衡运转，以及剥削世界的新模式。从 20 世纪 70 年代起，欧美发达国家不断发展壮大以金融、服务为主的第三产业。把越来越多的工业制造业转移到国外，主要是转移到亚洲、拉美或非洲国家。这些低端行业和制造业，多是与国民日常生活有密切联系，能够吸纳大量就业的劳动密集型行业。但资本主义发达国家仍然保有核心技术以及高端科技产业。它们首先利用发展中国家廉价的劳动力和资源，为垄断资本带来高于国内的高额利润；而后以廉价进口这些国家的日用消费等产品，而以高价出口军工以及高技术产品。并吸引全球投资美国股市。发行美元的国际货币垄断支持这种经济结构的不平衡运转。

从以上问题看出，较早发展起来的西方发达资本主义大国，形成强势的经济、科技、军事力量，进入了金融经济为主导的发展阶段，一方面，它们掌控货币、金融工具，掌握国际资本市场，借以控制世界其他国家经济、政治，用金融霸权手段剥夺全世界。另一方面，它们掌握有知识产权等核心技术，把低端产业转移到发展中国家，使世界形成另一极——发展中国家的实体经济，但核心关键技术仍然掌握在发达国家手中。一方面是金融市场的循环、膨胀，以及不劳而获，食利性。另一方面，是制造业国家的劳动成果转移，发展中国家的财富转移，金融资本凭借着技术与生产资料的所有权占有这些成果和财富。

十　金融危机频频发生

表现虚拟金融资本循环的运动形式 G—G′循环，本身就包含经济危机的现实性。按马克思的资本主义生产过程循环的公式，资本主义生产在于 G—M—G′之间的关系。货币资本 G 用来交换商品 M，通过生产转移成新的产品，之后又被出售换来更多的货币 G′（G + Δg）。这个过程的本质在于它是无止境的。任何对这种无止境资本积累的打断都意味着危机。在资本主义金融化占主导的生产方式中，G—G′循环本身与生产过程脱离，产生了断裂，其本身不仅存在着危机的可能性，而且存在着危机的现实性。金融资本以虚构的价值积累，凸显脆弱性、泡沫性。资金链条的一个环节断裂，都会引起连锁反应，引发经济危机。

资本主义危机的周期性爆发是其社会基本矛盾的反映。而在当代金融垄断资本主义金融化所主导的新的积累、生产方式下，危机有了新的表现：以金融体系崩溃为特征的世界性资本主义危机频繁爆发，股市剧烈动荡，大银行破产接踵而来。世界金融体系的危机已在美国股票狂跌（1987）、日本“泡沫经济”破灭（1994）、墨西哥金融危机（1994）、东南亚金融风暴（1998）、俄罗斯金融危机（1999）、2001 年以来阿根廷等拉美国家的金融危机，2008 年美国次级贷款引发的国际金融危机等经济衰退中得到充分的体现。

第二节　资本主义经济金融化阶段性变化的本质

一　获取超额垄断利润，剥夺和掠夺成为金融垄断资本实施金融化生产方式的基本规律

剩余价值生产是资本主义的绝对规律。而在自由竞争资本主义转向垄断资本主义发展阶段后，这一规律的转化形式是获取垄断利润的

规律。信用制度的产生与发展在（自由竞争）资本主义利润平均化中具有重要的作用，因而它是资本主义生产方式最终确立的重要的因素。然而这是在自由竞争资本主义生产的条件下，资本家是按他自有的资本的多少，向工人索取剩余价值。而在垄断阶段，垄断资本家向社会索取的价值，远远大于他直接拥有的资本权力。他是用别人的资本，用社会的资本从事剩余价值的生产，获得垄断利润。

在资本主义经济金融化发达的条件下，股份公司、资本市场、金融市场集中了全社会的资本和收入供资本家使用。银行和金融机构将集中起来的社会资本和社会收入供资本家使用。资产阶级国家还通过财政、金融渠道给垄断资本家以补助、救助，这些都使垄断资本家向社会索取的价值，远远大于他直接拥有的资本权力。

而当今的资本市场、金融市场都是全球化的市场，金融垄断资本更是从全球范围获取社会资本，获取超额利润、获取垄断利润。

在当今国际金融垄断资本主义金融化发展阶段，金融资本不仅在物质生产领域，更是在金融领域，使用金融虚拟手段，进行杠杆倍率扩大的交易，以获得超额垄断利润。

西方国家虚拟资本疯狂地发展，是资本主义私有制发展的必然结果，是资本本性的必然反映。虚拟资本恶性发展，脱离实体资本的运动链拉长是形式，实质和目的在于追求更大的超额垄断利润。之所以用这样的形式追求更大剩余价值，是由于采取这样的形式比在实体经济过程中榨取剩余价值更方便、更随意，而资本主义上层建筑、经济制度及科学技术的发展又为虚拟资本的发展提供了相应的技术条件和保障。

拉长的虚拟资本价值链，支配经济过程，用符号换真实的财富，把巨额利润纳入自己囊中。比如，它以“兼并重组”的名义收购企业，低价进，高价出，转手获得巨额利润。它用举债的方式经营，用别人的钱赚钱。借债、扩股是有风险的，他们设定规则避险，而一旦经营恶化，损失是别人的，他们注定获利。它用微薄的手续费经营大量商品，规模巨大，即使很小的差价也能获得巨额利润。它通过开动印刷机印刷钞票、票据、票券制造泡沫，从泡沫中获利。

它也经营物质产品，比如原油、玉米、大豆以及房产、军火等。这些大宗产品和原材料战略资源是他们从政治上控制世界，从经济上榨取世界的手段。原油、玉米、大豆、房产期货、期权，以及由美元计价引起的价格变动，成为金融资本获利的主要手段之一。

他们发明创制出许多新的金融工具，以利于他们攫取世界人民的财富。

所以，当今条件下资本主义的生产的绝对规律、基本经济规律就是获得垄断利润和超额垄断利润，以及进行金融掠夺的生产过程。当今金融化的资本主义生产方式新的剥削模式，其剥夺、掠夺的因素大大增强。

从这一榨取剩余价值和利润的手段的变化看，金融化增加了垄断资本主义新的历史因素。资本主义生产的条件就是利用一切手段获取剩余价值。在国际金融垄断资本主义发展的今天，金融化就是他们用以获取和掠夺世界人民的方式，是当今主导的生产方式。垄断资本要瓜分、要得到的超额利润，是包括全社会各个领域，全世界全球化的生产过程中的超额利润，这是其垄断利润的最大来源。

帝国主义作为一个世界体系，以其垄断资本以外的一切经济成分作为其发展的条件。垄断资本主义以资本主义生产为一般基础，再剥削垄断资本主义以外的经济成分、经济体，以攫取垄断利润，并以此作为它生存和发展的条件。

从这一点来说，当今资本主义经济金融化，作为垄断资本主义的发展的一个新阶段，是增加了帝国主义、垄断资本主义新的历史因素的历史阶段。正如自由竞争资本主义的基本经济规律是剩余价值生产的规律，而在垄断阶段，这一规律具体化为垄断利润规律。而在以虚拟金融资本占主导、占统治地位时期，这个规律应该具体化为以虚拟金融资本手段获取超额垄断利润，以及进行金融掠夺。垄断利润来源不仅是实体经济剩余价值，更有通过虚拟经济的运转榨取、剥夺剩余价值和世界的财富。以及通过金融市场，货币的流通过程攫取垄断利润。在全球化的资本主义体系下，攫取对象包括本国和其他国家人民的财富。

在当今金融市场特别是股票市场发达的条件下，资本家和一切投机者不再满足于利润以及分红。追求市值最大化成为他们的行为准则。市值最大化或股东价值最大化没有了任何道德和伦理底线。资本的贪婪本性达到无以复加的程度。马克思在《资本论》引有一段著名的对资本家榨取剩余价值获取利润的描述："资本害怕没有利润或利润太少，就像自然界害怕真空一样。一旦有适当的利润，资本就胆大起来。如果有10%的利润，它就保证到处被使用；有20%的利润，它就活跃起来；有50%的利润，它就铤而走险；为了100%的利润，它就敢践踏一切人间法律；有300%的利润，它就敢犯任何罪行，甚至冒绞首的危险。如果动乱和纷争能带来利润，它就会鼓励动乱和纷争。走私和贩卖奴隶就是证明。"① 今天金融资本的贪婪大大超过以往。只要能够提升公司的股价和市值，资本家就胆敢践踏人间一切法律、道德。股东价值或市值 = 利润 × 市盈率，成为资本主义金融化时代最神圣的价值公式。无论是风险投资，还是公司上市，以及日常股票买卖，市盈率成为最关键的变量，所有的金融投资家和大公司股东最重视的问题。金融决定一切的时代，营造了适应金融投机的制度性规定，股东价值或企业市值，是决定企业战略的唯一推动力量。正如美国学者杰拉尔德·戴维（Gerald Davis）说："企业必须集中做对一件事情，这件事情通常就是股票市场说了算。如果一家同时经营汽车和金融的企业被股票市场低估，唯一解决之道就是将公司拆分。"②可看出，金融化时代确实增加了垄断资本主义、帝国主义时代的新的历史因素。

二　虚拟金融垄断资本统治力量的增强是资本主义经济金融化阶段的本质性特征

我们从社会矛盾主要和次要方面区分的方法来看，实施金融化生产方式下资本主义社会主要矛盾的发展，有助于我们认识资本主义金

---

① 《资本论》第1卷，人民出版社2004年版，第871页脚注。

② Gerald Davis, Managedby the Markets: How Finance Re-shaped America, p. 93.

融化的本质。

以资本主义金融为主体，以其金融自我循环、膨胀为主导的新的生产方式、积累方式，其经济结构等的变化并没有改变资本的所有制关系，依旧建立在资本对劳动的剥削基础之上。金融资本高度垄断，又达到虚拟金融资本垄断统治的阶段。

剩余价值生产作为资本主义的绝对规律，揭示了资本主义的基本经济规律，基本经济规律决定该生产方式的生产发展的一切主要方面和主要过程。决定了资本主义生产关系在资本主义发展的整个阶段，以及在大的发展阶段中若干阶段的生产关系特点。资本与劳动的对立是贯穿于资本主义全部阶段的生产关系特点，在今天金融化阶段也不例外。

当资本主义发展到垄断资本主义，即帝国主义，以及当今金融化条件下，其主要矛盾又有新的具体的表现，反映时代特征的特点，从而深化了资本主义社会的主要矛盾和其他矛盾。使其社会矛盾更加复杂和激烈。

斯大林曾经对自由竞争资本主义发展到帝国主义阶段的主要矛盾做过表述，认为：劳动与资本之间的矛盾，金融资本集团之间以及垄断资本主义国家之间的矛盾，统治的文明民族与殖民地、附属国人民之间的矛盾。斯大林认为，包括资本主义生产关系和其他落后国家生产关系，这与列宁在《帝国主义论》中认为帝国主义是一个世界体系的观点是一致的。今天，这一理论更有其现实意义。

在金融化、全球化的金融垄断资本主义阶段，社会主要矛盾更表现了全球金融垄断资本家阶级与世界范围内劳动大众的对立。金融资本集团之间以及垄断资本主义国家之间的矛盾。以及世界范围内资本主义国家之间，以及资本主义与社会主义的对立与矛盾。

矛盾对立双方又有主要和次要之分，在金融垄断资本主义当代条件下，矛盾的进一步发展，揭示了矛盾的主要方面是在金融垄断资本集团的强势，金融垄断资本是矛盾的主要方面。

在研究国家垄断资本主义的文献中，认为国家垄断资本主义是垄断资本组织与国家政权的结合。但是，斯大林不完全同意这个提法，认为结合“这个名词只是很肤浅和叙述式地表明垄断组织和国家机关的接近，可是没有揭示这种接近的经济意义。问题在于，这种接近的过程中所发生的不单是结合，而是国家机关服从于垄断组织”①。

国家机关服从于垄断组织这个提法，揭示了国家垄断资本主义的实质，表明了国家政权是垄断资本的工具。从矛盾的主要和次要方面来分析问题，斯大林揭示了矛盾的主要方面。

在当今国际金融垄断资本主义条件下，金融化就是表示金融垄断资本，尤其是虚拟金融垄断资本的统治力量加强，居于主导地位。而在这个发展阶段，资本主义国家不仅是服从金融垄断资本，而且金融垄断资本集团主导、主宰着国家政权、国家的经济政策、对外关系、军事武装力量。

资本主义垄断由一般私人垄断发展为国家垄断和国际金融资本垄断，一个重要特点就是形成国际金融资本寡头垄断统治。现在它控制国家，并进而力图控制全世界。据统计，目前全球的65000多家跨国公司，及其50万多家海外子公司控制着世界生产的40%，国际贸易的50%—60%，国际技术贸易的70%，对外直接投资的90%。跨国公司不仅控制着世界的生产流通、高科技，而且控制着世界市场运行规则的制定权、裁决权；互联网和信息技术成为资本垄断的新手段。国际金融资本和金融寡头，利用参与制和收买，掌握政府的决策权，控制着资本的规模、结构、流向、利润率和网络舆论导向，实现了对整个社会经济的统治。因此，金融资本的统治是资本主义经济金融化阶段的本质性特征。

国际金融资本对发展中国家和苏联、东欧社会主义国家的金融化、私有化是国际金融垄断资本全球战略的组成部分。随着苏联解体、东欧剧变，社会主义同资本主义这一主要矛盾两个方面对立与斗争的格局，从由双方势均力敌转化为以美国为首的资本主义方面取得绝对优势，社会主义方面处于弱势境地。

---

① ［苏］斯大林：《苏联社会主义经济问题》，《斯大林选集》下卷，人民出版社1979年版，第571页。

唯物辩证法认为，事物的性质主要是由取得支配地位的矛盾的主要方面所规定的。取得支配地位的矛盾的主要方面起了变化，事物的性质也就随着起变化。这就告诉我们，在当代，经济实力、政治实力、军事实力乃至文化软实力占绝对优势的世界资本主义规定着现时代的基本特征，资本主义特别是以美国为代表的金融垄断资本主义的变化会直接影响世界格局的变化。

三　资本主义的腐朽性、寄生性进一步发展

正是由于当今虚拟金融垄断资本统治的力量增强，必然加剧其腐朽性、寄生性等其他帝国主义特征。列宁指出，垄断必然引起停滞和腐朽的趋向。列宁讲了仅仅是操纵垄断价格，因而技术进步，也就是其他一切进步的动因，在一定程度上消失了。在经济上也就有可能人为地阻碍技术进步。①

而今天，金融部门在金融资本的统治下日益脱离为生产服务的职能，而服务于自身增殖，使它创造和促进生产力发展的作用萎缩，阻碍和破坏生产力升为主导。虚拟资本及其投机、欺诈性也有了新的发展。金融为生产服务的职能下降，投机、欺诈职能上升为主体地位；聚集资本的职能下降，利用资本运动逐利的职能上升为主体地位；实体资本规模下降，虚拟资本规模上升为主体地位。2006 年美国金融衍生品总量达 518 万亿美元，是 GDP 的 40 倍，其中各种债券和资产券是 GDP 的 6.8 倍；现在金融衍生品总量则发展到高达 GDP 的 418 倍。

发达资本主义国家的社会经济结构向虚拟化、食利性转变。整个西方经济的实体部分下降到 30% 以下，虚拟部分上升到 70% 以上，而其中大部分是金融。

资本在实体经济增速不足之时通过扩大负债谋求投机利润，因而不论从国家层面，还是企业，还是个人消费，国家运行的方式日益呈债务化。这是资本主义腐朽性的又一表现。

① 参见《列宁选集》第 2 卷，人民出版社 2012 年版，第 660 页。

金融资本利润来源直接从工人以及其他社会阶层人士的个人收入获取，通过金融机构的操控、运行来进行，暴露了资本主义剥削不仅在生产过程，又扩展到流通过程进行直接的掠夺。

资本主义市场经济越来越脱离实体经济，向泡沫经济、虚拟经济、投机经济发展。100 年前，马克思指出，资本主义“在创立公司、发行股票和进行股票交易方面再生产出了一整套投机和欺诈活动。这是一种没有私有财产控制的私人生产”①。现在，虚拟和投机资本不仅得到极大的发展，而且已制度化、现代化、疯狂化，成为资本的主要特征和掠夺的主要手段。

投机资本脱离生产需要，在市场上独立运行，生产、制造、买卖、组合。有的文章形容当代垄断资本及其国家已演化成为集投（投机）、诈（诈骗）、赌（所谓高杠杆操作）及毒（有毒资产）于一身的用货币向世界圈钱的货币循环体系，② 是更加腐朽没落的资本主义世界体系。

资本主义的寄生性进一步发展。列宁在《帝国主义是资本主义最高阶段》中指出：“在世界上‘贸易’最发达的国家，食利者的收入竟比对外贸易的收入高 4 倍！这就是帝国主义和帝国主义寄生性的实质。”“因此，‘食利国’（Ventier State）或高利贷国这一概念，就成了论述帝国主义的经济著作中通用的概念。世界分为极少数高利贷国和极大多数债务国。”③

今天，在主要资本主义发达国家，生产人口下降，寄生人口增加，寄生性上升到新阶段。1948—1980 年，美国食利阶层从 1.3 万人骤增到 57 万人；食利者的利息收入从 18 亿美元增长到 1990 年的 4671 亿美元，52 年间利息收入增长了 258 倍，而同期的利润只增长了 7.8 倍。政府债务高筑，债务高于国内生产总值，靠寅吃卯粮过日子。但为了维持资本主义的统治，缓和阶级矛盾，却实行从摇篮到坟

① 《资本论》第 3 卷，人民出版社 2004 年版，第 497 页。

② 何秉孟：《美国金融危机与国际金融垄断资本主义》，《中国社会科学》2010 年第 2 期。

③ 《列宁选集》第 2 卷，人民出版社 2012 年版，第 662 页。

墓的高福利政策，实际上是让全世界埋单，帮助它们维持高消费、高享受的生活。

资本主义的腐朽性和寄生性还表现在高消费对劳动成果的挥霍浪费，以及对自然资源的过度索取。在资本的纵容提倡推动下，高消费和高浪费成为社会风气。据联合国《人文发展报告》统计，1998 年高收入国家占世界人口 20%，但消费了世界 86% 的商品、45% 的鱼和肉、74% 的电话、84% 的纸张。2007 年英国一个组织计算，“如果全人类都按美国人的生活方式，需要 5.6 个地球，按欧洲的生活方式，需要 3.9 个地球，按日本的生活方式，需要 2.9 个地球，按中国的生活方式，只需要 0.9 个地球”。可见资本主义的腐朽性寄生性给人类社会的可持续发展带来了多大灾难。

资本主义腐朽寄生性的发展破坏了人们的正常生活秩序和发展过程，给人类社会带来了越来越多的不安宁。经济基础决定上层建筑，生产关系的腐朽性必定在上层建筑和人们相互关系中反映出来，暴力犯罪、吸毒、自杀等社会问题严重。

资本主义国家通过各种手段，掠夺发展中国家、掠夺世界，尽力把国内的矛盾转化为与发展中国家的矛盾，国内生产过剩与消费不足的矛盾扩大为与落后国家消费不足的矛盾，带来世界的两极分化和贫富悬殊。它们的高消费、高福利、无污染建立在发展中国家低收入、低福利、高污染基础上，它们的高利润、高腐朽、高奢侈建立在对发展中国家高掠夺基础上，它们的“民主、自由”建立在对发展中国家掠夺和摧残基础上。这也是垄断资本主义寄生性和掠夺性的新表现。

四　金融化加剧资本主义世界的社会分化

资本主义生产的条件就是利用一切手段获取剩余价值。剥削掠夺的加剧必然加大社会两极分化。帝国主义作为一个世界体系，以攫取垄断利润，并以此作为它生存和发展的条件。在国际金融垄断资本主义发展的今天，金融化就是他们用以获取和掠夺世界人民的方式之一。金融化、金融垄断资本主义强权统治，加剧其腐朽性。

这些情况必然加剧其社会基本矛盾，以及其他社会矛盾，使生产的社会化与生产成果占有的私人化矛盾加剧。在金融化条件下，资本的社会化与资本最终的使用、获利、占有的私人化矛盾加剧。社会分化、社会分裂严重。今天西方发生金融危机是资本主义社会基本矛盾发展的必然产物。

社会矛盾、社会分裂在当今金融危机的背景下更趋于严重。因为2008年金融危机之后金融资本面对危机对自身的打击，调整、增强了大型垄断资本的力量，其中包括兼并、联合经受不了打击的中小资本，从而使大的金融垄断资本的力量变得更大了。到2013年，美国最大的6家银行拥有美国金融系统67%的资产，其资产与2008年相比上升了37%。[①] 同时，金融业的利润继续远远超过制造业，占到美国企业部门利润的40%以上。各种危机演化的因素不但没有克服，还有进一步加大的趋势。因此，新的危机还有发生、发展的必然性。因而，金融化下的世界又是一个不断分化的社会体系。金融危机、经济危机、货币危机等不断发生。

第三节　资本主义经济金融化阶段性变化的原因

对于20世纪七八十年代国际金融垄断资本主义的金融化发展趋势的原因，下面从资本积累一般规律的作用；新自由主义意识形态主导和理论政策工具的影响；垄断的深化与发展；全球化市场经济；世界货币性质与作用的变化；生产力进步和科技革命的突破及其成果的资本属性，几方面进行探讨。

一　资本积累一般规律的作用

资本积累一般规律的作用使更多的剩余资本脱离生产部门流向高利润的金融部门。马克思发现了资本主义积累的一般规律，对它作了

① Stephen Gandel, By every measure, the big banks are bigger, Fortune, SEPTEMBER 13, 2013, (http://fortune.com/2013/09/13/by-every-measure-the-big-banks-are-bigger/).

科学的阐述。有的文章说，作为资本主义积累一般规律的基础的某些经济条件，在资本主义发展的过程中会发生某些变化。二战以后，在资本主义、帝国主义的发展中出现了大量新现象和新问题。其中有许多重要的现象和问题同资本主义积累的一般规律有着密切的关系。① 尽管帝国主义发展出现新现象新问题，但它仍然没有脱离马克思所揭示的资本积累的一般规律发展，特别是资本积累一般规律所揭示的另一方面：伴随着无产阶级贫困化，整个社会的剩余资本积累，造成资本的积累过剩，由此而产生的剩余资本的转移。进行资本的转移的目的当然是为了攫取更大的利润，而在这一过程中发生寻求剩余价值、利润来源的变化，即资本增殖形式的改变。

在《资本论》第1卷和第3卷，马克思的资本积累一般规律阐明了，资本主义积累在工人阶级方面造成了过剩的人口，使工资处于永远不会超出的固定范围，使无产阶级日益绝对贫困和相对贫困。在另一极——利润方面，资本主义积累决定了利润率趋向下降的规律，利润率的下降趋势和利润量的绝对增长造成了过剩的资本。这种过剩资本按利润最大化的需求不可能按通常办法在现有的生产部门中使用，迫使一部分资本闲置，另一部分资本外流，不断扩大自己的活动范围。马克思指出："如果利润率下降，那么一方面，资本就紧张起来，个别资本家就用更好的方法等等……赚得额外利润；另一方面，就出现了欺诈，而普遍助长这种欺诈的是狂热地寻求新的生产方法、新的投资、新的冒险，以便保证取得某种不以一般平均水平为转移并且高于一般平均水平的额外利润。"②

二战后资本主义的发展的实际充分证实了上述的理论原理。自二战之后资本主义经历了长期的繁荣，长达近30年的"黄金时期"为资本主义创造了巨大的财富，同时为资产阶级积累了大量的剩余价值、剩余资本。出现了资本的"过度积累"，出现了资本主义的滞胀危机。这些资本的盈余在发达资本主义国家体系内部无法消化。但

① 仇启华等：《资本积累一般规律在当代》，《中国社会科学》1980年第2期。

② 《资本论》第3卷，人民出版社2004年版，第288页。

是，资本总是要实现它的利润最大化，总是要寻找资本获利的途径。这些剩余资本新的有利可图的投资渠道，就是涌向金融部门，以及向发展中国家投资。西方马克思主义理论家大卫·哈维、保罗·斯威齐、约翰·贝拉米·福斯特等人在他们的研究中都描述了这个现象。

20 世纪 70 年代以后，随着实体经济利润率下降，许多从事实体经济的企业开始将经营活动的重心转移到金融领域。同产生于生产活动的收入相比，“证券收入”（由利息、股息和资本收益组成）越来越重要。研究垄断资本主义发展问题的美国《每月评论》派认为，资本的逐利本性导致了实际投资减缓和金融化崛起并存的双重进程。这一双重进程最初出现于二战后数十年的“黄金时代”的衰落时期，随后以日渐加剧的程度持续至今。这一观点根源于保罗·巴兰和保罗·斯威齐 1966 年合著的《垄断资本》一书的理论框架。他们认为，垄断资本主义经济是一个为极少数垄断者或寡头生产巨额剩余的庞大生产体系，资本主义经济体系的主要所有者和受益人就是这些垄断者或寡头。在消费增长疲软的条件下，为避免生产过剩、价格下跌导致利润率下降，各大公司纷纷削减生产能力的利用率。资本所有者面临的困境是，在营利性投资机会日渐稀缺的情形下，如何营运巨额可支配盈余？20 世纪 70 年代以来，他们采取的主要应对措施就是扩大金融产品需求，将金融产品作为货币资本保值、增殖的方式之一。[①] 垄断资本在剩余不断增加与利润率趋向下降和营利性投资机会日益缺乏的情况下，20 世纪七八十年代以来，所采取的应对措施正是通过金融部门的增长来吸收剩余资本并获取和扩大货币资本。并且，资本积累过程中的金融化是支撑 20 世纪 70 年代以来资本主义经济增长的主要力量。

20 世纪 70 年代以来资本主义经济的金融化过程表明，金融部门虽然不创造价值，但依靠吸收更多资本投入形成金融泡沫而获利，金融部门受到了逐利资本的青睐。由于金融业获得更高的额外利润，而

---

① ［美］约翰·贝拉米·福斯特：《资本主义的金融化》，王年咏、陈嘉丽译，《国外理论动态》2007 年第 7 期。

成了金融垄断资本“淘金”的沃土。社会资本流入金融业和信贷、投资活动的发展，使金融业在国民经济中的比重大大提升。在金融垄断资本主义最发达的美国，3%的银行控制了70%以上的资产。16家大银行控制着整个银行系统1/3的资产，一批金融“巨鳄”在金融活动中占有支配地位，它们从事于数额庞大的信贷与投资业务。经济的金融化、金融资本快速占据主导是20世纪七八十年代以来当代资本主义发展的鲜明趋势。

二　经济自由主义的政策主张，以及新自由主义主导的理论意识形态

20世纪70年代，由于资本过度积累所带来“滞胀”的普遍危机，各资本主义国家开始寻找资本积累的替代方案，生长于20世纪20年代的自由主义经济理论甚嚣尘上，出现老牌资本主义自由竞争理论的新版本——新自由主义。经济自由主义本是一种经济理论，而今它适应金融垄断资本主义发展新阶段的需要，被金融垄断资本主义作为意识形态基础以及政策工具，成为金融资本实施金融化的金融垄断资本统治、实施全球新的金融扩张的先锋，主导了当今金融垄断资本主义的理论意识形态和经济政策。

（一）从一种经济理论嬗变为金融资本统治的主导意识形态。新自由主义思潮适应了资本主义经济金融化统治的需要。20世纪四五十年代，欧美各国政府奉行凯恩斯经济学说。20世纪70年代，资本主义国家经济陷入“滞胀”。滞胀危机被视为凯恩斯经济学的失败。自20世纪70年代以来，对新旧凯恩斯学说的批判导致了新自由主义在英国、美国等国家中迅速占据了统治地位，并成为影响全球的理论思潮和金融资本扩张的工具。

新自由主义实际上提出了一种新的资本主义经济、政治、社会等运行规则。是一种有利于资本统治劳动的新规则。在资本与劳动，市场与政府，中心与外围等关系方面，有利于前者驾驭后者。作为一个社会的价值评判的根本标准，社会活动的最高目的和行为的最高价值是什么，新自由主义从价值观方面提出的一系列新说，适应新时期的

金融资本统治需要。其思想来源，一是洛克、密尔的政治自由学说和财产所有权理论，二是启蒙思想家的利己主义学说，三是“看不见的手”理论。特别是自由化、市场化成为重要的理论基础。市场的规则也被应用到政治中，金钱前所未有地成为政治影响力的关键所在，以至于新自由主义经济议程成为大多数政党共享的事情。

最近，由美国的琼斯（Jones）出版了他的新著《宇宙的主宰：哈耶克、弗里德曼与新自由主义的诞生》，记叙了2008年金融危机后西方学者对新自由主义的反思。他描述了新自由主义发展的三个阶段，到了1980年，也就是第三个阶段，他说：“最终的结局却演变成了把自由市场理念当成一种总体性哲学的全盘接受。这种‘市场哲学’与早期新自由主义者所持的更具妥协性的哲学立场相比，其实已经有所不同。这个巨大的跳跃是由政治上的极右分子完成的，时间则是在玛格丽特·撒切尔于1979年在英国赢得大选、罗纳德·里根于1980年在美国赢得大选之后。”并且，新自由主义理念是怎样成为主要资本主义大国政党竞选和统治的工具，该书作了描述：“1940—1980年，各种新自由主义观念——关于个人自由、自由市场以及取消政府管制的各种观念——是以什么方式转变成了英美两国的竞争纲领和胜选计划的，这就是本书的主题。”

（二）新自由主义的兴起为金融资本的发展提供了理论支持和政策依据。作为一个新的生产方法、新的积累方式，具备其理论意识形态的基础，是其发展新的阶段性的标志。新自由主义从理论基础和政策工具两个方面助推金融化。20世纪80年代以来，新自由主义是金融垄断资本主义的主导意识形态，是其理论政策工具，为金融垄断资本主义的扩张，实施一系列的政策措施开辟道路。新自由主义理论主张迎合金融资本统治的需要，鲜明地代表了金融资本的利益。它反对对金融资本的严格监管，主张放松金融管制，开放金融业务，推动金融自由化。欧美等国实施了一系列金融自由化政策，其结果是金融市场缺乏监管，信息极不透明，欺诈成风并且带来了严重的金融泡沫。同时，虚拟经济和金融部门相对于实体经济急剧膨胀，收入分配和财富分配不断向金融资本和金融部门倾斜，经济增长日益依赖于金融泡沫支撑下的财富效应。听任金融自由创新，听任金融信贷自我膨胀，使经济过度金融化和过度虚拟化，不仅引致经济结构失衡，而且增大金融风险，引致金融危机。

新自由主义作为一种社会思潮，其理论体系包括经济、政治、法律、伦理、文化等方面。经济上，新自由主义的核心主张是“三化”，即私有化、市场化与自由化。具体来说，第一，全面私有化的所有制改革理论，即主张迅速把公有资产低价卖（或送）给私人；第二，效率就是一切的效率与公平观。新自由主义认为，贫富分化是高效率的前提和正常现象；第三，绝对市场化的市场经济理论。新自由主义相信市场能够解决一切问题，也只有市场能够解决问题，完全否定国家干预经济的作用与必要，反对任何形式的政府监管。新自由主义对自由市场的极端推崇被称为“市场原教旨主义”。在国际经济领域，新自由主义主张完全的对外开放与自由贸易，主张以全球化来运用全世界的资源。与古典自由主义相比，新自由主义，更强调金融资本的作用，更强调金融与银行自由的重要性，几乎反对对金融市场任何形式的政府干预，反对对金融资本施加严格监管。是有利于金融资本在全球进行金融化统治，进行资本自由流动，有利于其剥夺世界人民的、最后造成贫富两极分化的政策。

美国马克思主义经济学家大卫·科茨建立的社会积累结构理论揭示了战后和20世纪七八十年代社会积累结构的变化。他认为，近几十年来推动金融化进程的直接原因在于新自由主义的重构。他将新自由主义理解为资本主义的最新制度模式，社会积累结构理论揭示了资本主义社会制度结构的阶段性变化，它刺激了盈利并为资本积累提供了一个框架。随着战后社会积累结构步入危机阶段，在20世纪70年代后期，一种新的社会积累结构在美国和英国初起。其主要特征类似于大萧条前的“自由市场”版本的资本主义。新自由主义的社会积累结构担负着重建全球资本主义体系的主要任务，并在此过程中推动美国、英国和其他多国的国内制度转型，为资本积累提供了一个制度框架。一旦新自由主义积累结构建立起来，它就给金融化提供了有利的发展环境。金融化是公司资本主义至今仍在继续的趋势，而且一旦新自由主义解除了对它的限制，它就会在有利的新自由主义制度环境下得到快速发展。①

新自由主义的核心是自由化、私有化和市场化。无论是撒切尔进行的大规模的社会住房成为首批被私有化的资产，还是南非种族隔离制度被废除之后实行的私有化和自由化，以及阿根廷开展的异乎寻常的私有化浪潮，其结果都是野蛮的剥夺行为，它们的剥削程度在历史上甚至是前所未有的。

新自由主义几乎反对任何形式的政府干预，强调金融资本的作用，反对对金融资本的严格监管，主张放松金融管制，推动金融自由化，从而使得国家干预在这一时期发挥了相对较小的作用。在发展金融经济和利用其积极功能中，需要有效的制度约束，需要政府的宏观调控和管理。但是战后资本主义发展中，特别是 80 年代以后的金融化、全球化进程中，奉行于西方资本主义主流意识的是新自由主义，及其经济政策主张，极大地助长了经济自由化、金融化、虚拟化。与罗斯福政府对金融机构的严格监管不同，20 世纪 80 年代以后，美国通过制定和修改法律，放宽对金融业的限制，推进金融自由化。正是在新自由主义体制条件下，金融资本的力量大大增强，步入了其“第二个金融霸权”时期。金融资本力量得到恢复和加强的直接后果就是发达经济体的经济开始金融化。

新自由主义经济政策实质上是一个促使资本从“价值生产”到“无价值生产”即价值寄生的东西，它表达了资产阶级客观存在的阶级兴趣，阶级利益，为了逆转下降的利润率，要求放弃凯恩斯主义，而实行新自由主义主张。

20 世纪 80 年代以来，新自由主义是金融垄断资本主义的主导意识形态，是其理论政策工具，为金融垄断资本主义的扩张，实施一系列的政策措施开辟道路。新自由主义鲜明地代表了金融资本的利益，反对对金融资本的严格监管，主张放松金融管制，开放金融业务，推

---

① ［美］大卫·科茨：《金融化与新自由主义》，孙来斌、李铁译，《国外理论动态》2011 年第 11 期。

动金融自由化。欧美等国实施了一系列金融自由化政策，其结果是金融市场缺乏监管，信息极不透明，欺诈成风并且带来了严重的金融泡沫。同时，虚拟经济和金融部门相对于实体经济急剧膨胀，收入分配和财富分配不断向金融资本和金融部门倾斜，经济增长日益依赖于金融泡沫支撑下的财富效应。听任金融自由创新，听任金融信贷自我膨胀，使经济过度金融化和过度虚拟化，不仅引致经济结构失衡，而且增大金融风险，引致金融危机。

新自由主义主张的自由化、私有化是有利于金融资本大行其道的政策。在新自由主义“自由化”措施的激励下，激发了虚拟资本的狂热积累。

（三）金融垄断资本主义裹挟着新自由主义主张的金融化、私有化、自由化、全球化，在世界泛滥。包括对经济落后国家经济、政治进行损害；对原有社会主义国家也有着极大的危害。虽然社会主义国家变色有其内因，但也是对本国历史的否定，而对资本主义的自由化、私有化全盘接受的后果。自 80 年代以来，在新自由主义的推动下，美欧、第三世界和后苏联国家掀起了一轮私有化的浪潮，私有化的主要方式是金融手段和内部交易两者的结合。与私有化紧密结合在一起的是新自由主义对金融自由化的快速推动。

在新自由主义在世界大肆泛滥中，国际货币基金组织、世界银行、世界贸易组织、欧盟等国际组织的经济学家和决策者的广泛接受和共同推动下，新自由主义原则被写入了《北美自由贸易协定》，成为这个协定的一部分。从 20 世纪 70 年代末开始到 90 年代，上述组织还根据上述新自由主义原则，在许多国家中推行“结构性调整”政策。1989 年，英国经济学家约翰·威廉姆森（John Williamson）把这些原则总结为现在已经广为人知的所谓“华盛顿共识”在全球推广，它包括以下要点：税收改革、贸易自由化、私有化、取消管制以及加强私有产权保护。

三 垄断的深化和发展

资本主义自 20 世纪 70 年代以来经历的阶段性变化，集中体现在虚拟金融资本的发展和相对独立膨胀上。垄断是金融资本产生的基础，垄断程度的加深和垄断问题的复杂化促进了金融资本的发展膨胀。由于产业资本的高度集中，还有特别是金融机构的发展，二者在更高的垄断程度上相互融合；在股份制和金融市场发展的基础上，大量企业上市融资，并越来越多地通过金融渠道获取利润。股权分散化和社会化，在提高资本社会化程度的同时为金融资本渗透到社会各阶层提供条件；资本家阶级不仅获得剩余价值，还通过向工人阶级提供消费信贷等方法，利用金融掠夺的方式从工人的工资收入中获取金融利润。所有这些都说明金融资本垄断的权利进一步扩大和加强。传统的金融资本把垄断之手又伸向金融领域，通过金融领域实现剩余价值的占有、掠夺。金融市场、金融机构、金融工具是受极少数垄断资本操纵和控制的，就如同一个人的左右手，在传统的实体资本垄断基础上，又加强虚拟金融资本垄断，后者逐渐成为垄断利润的最大来源渠道。

列宁在《帝国主义是资本主义的最高阶段》序言中写道："我希望我这本小册子能有助于理解帝国主义的经济实质这个基本经济问题。"① 我认为，垄断是理解帝国主义经济实质的钥匙。垄断资本主义发展到今天，垄断的深度、广度有了巨大的发展，但没有离开这个基本问题。金融膨胀，金融与实际产业的分离，是在高度垄断的基础上产生的，金融资本的统治不是由于这种分离而削弱，而是在更大的范围，以更强硬的手段加强。列宁认为，帝国主义是资本主义的特殊阶段。资本主义的一般特性，是资本的占有同资本在生产中的运用相分离，货币资本同工业资本或者说生产资本相分离，完全依赖货币资本的收入为生的食利者同企业家及一切直接参与运用资本的人相分离。而"帝国主义，或者说金融资本的统治，是资本主义的最高阶段，这时候，这种分离达到了极大的程度。金融资本对其他一切形式的资本的优势，意味着食利者和金融寡头占统治地位，意味着少数拥

① 《列宁全集》第27卷，人民出版社1990年版，第324页。

有金融‘实力’的国家处于和其余一切国家不同的特殊地位”①。

在美国，金融资本的扩张使传统的金融部门从包括金融以及保险扩大到房地产行业（通常以 FIRE 表示），通过私有化导致金融部门的进一步扩大，扩展到垄断行业和资源行业。五大泛金融部门，即金融、保险、房地产、垄断的资源和公用事业部门的垄断权力空前增大，同时增强的也是不劳而获的能力，扩大寻租、扩大食利性经济。

并且，金融资本的垄断统治不仅是经济的，还是政治等各个方面，20 世纪 70 年代以来资本主义经济中最明显的特征，金融资本在控制了国家经济命脉、建立起经济上的绝对统治后，必然要掌握国家的政治权力，使国家机器完全服从于金融资本，将其影响力渗透到社会生活的各个方面中去。金融资本在发达资本主义国家内占据统治地位后，推行经济全球化，将世界各国纳入资本主义体系中去，以便将其垄断势力扩展到世界范围。因此，当前阶段资本主义金融化的实质就是金融资本的统治，有的论著又将这一时期称为“国际金融垄断资本主义”或“金融资本主义”“金融帝国主义”。

20 世纪七八十年代发展起来的国际金融垄断资本主义，形成以美元霸权为支撑的金融霸权。金融霸权是一种高度垄断化的，帝国主义强国依靠自身的军事、经济、科技和金融的强势，在全世界形成的金融垄断资本的统治。通过对世界货币的垄断，利用美元等世界强势货币的垄断地位形成对世界的新的剥削模式，对世界政治、军事、地区事务进行控制。

金融资本大国利用自己的经济、军事和政治强势将外国尤其是发展中国家的经济金融化，廉价购买这些国家的垄断地段的地产，垄断的资源公司和公共设施，如交通、供水、供电等设施。通过金融化、私有化的方式，将其他国家尤其是发展中国家的大量利润转移到国内。

在当今世界，国际金融资本寡头垄断空前发展。法国学者黑弥·艾海哈 2011 年 10 月 13 日在我国台湾成功大学演讲时说：“整个金融

① 《列宁全集》第 27 卷，人民出版社 1990 年版，第 374 页。

的操作，其数目非常庞大，手段极其复杂。而庞大的金额和操作机器，却只落在非常少数的几个人身上。有时候我们称之为‘十五人集团’。就是这些跨国银行的寡头在操控着地球。这些寡头大部分都在美国，譬如说摩根士丹利集团、高盛集团，就是这些人在玩弄整个金融体系的衍生性商品。”①

四　金融资本全球化与全球性市场经济

金融资本为取得更高的利润，不仅向金融领域集中，而且在地域上扩张，20 世纪 80 年代以来所形成的全球化，实际上是金融资本为主导的资本的扩张，以金融全球化为核心的经济全球化进程。资本的本质在于实现价值增殖，这决定了资本的行动逻辑是在深度和广度上不断地扩张以追求价值增殖。它一方面为不断扩大产品销路而奔走于全球各地，另一方面造成全部社会关系按资本的愿望向一切社会领域中广泛渗透，因此，“资本是资产阶级社会的支配一切的经济权力”②。20 世纪 80 年代以来，以跨国公司为代表的垄断资本所主导的全球化趋势比以往任何时候都要强劲，这是垄断资本支配作用，在全世界进行更广度和深度统治的重要表征。

垄断资本推行的全球化在世界范围加剧金融与产业分离的趋势。一是垄断资本推行的资本输出，全球资本的流动，形成产业转移，助长发达资本主义国家的产业空心化。世界形成两极，一极是获取高额垄断利益的发达资本主义国家的金融巨头，一极是发展中国家的广受剥削的劳动大众。二是全球化的资本市场，特别是全球性的虚拟金融工具、金融产品的交易，使遍布全球主要资本主义国家的金融中心所控制的金融交易空前巨大。在空间维度上，金融资本所操控的金融市场通过全球空间布局实现 24 小时不间断的交易，加剧了资本脱离实际产业的分离趋势，加剧虚拟金融资本的膨胀。

---

① ［法］黑弥·艾海哈：《不是金融危机，是资本主义的系统性危机》，2011 年 10 月 13 日在台湾成功大学的演讲，载于中华论坛网。

② 《马克思恩格斯选集》第 2 卷，人民出版社 2012 年版，第 707 页。

全球化表现为市场经济体制的全球化，全球性金融市场的独立与发展是重要特征。战后资本主义生产在提高劳动生产率的同时，出现全球性的产能过剩，利润率持续下降。垄断资本所积累的大量资产必须找到新的增殖空间，世界金融市场正是在上述背景下迅速发展起来。

市场经济的大发展，金融市场的独立是金融与产业分离的一个条件，使金融资本不须经过生产过程，把资本直接投入金融市场运行就可获得收益。实现了 G—G′的现实运动。正是借助于这种形式，金融资本获得了最大限度的灵活性和自主性，摆脱物质生产过程的束缚，最大限度地满足其追逐剩余价值的本性。

20 世纪八九十年代以来，西方发达国家的股票市场、债券市场和货币市场迅猛扩大；多种金融机构纷纷崛起；衍生金融产品、有价证券、风险资本等新的金融工具不断出现。资本不断地流向这些领域。法国学者德洛奈认为，货币和金融市场形成了一个提取和集中世界储蓄的体系，“确切地说，金融市场是进行控制的地方，它能够保证资本所有者的绩效最大化”①。

五　美元与黄金脱钩，失去货币的价值基础和货币发行的约束力

1971 年前的“布雷顿森林体系”是一个以美元为中心的世界货币体系。在这个体系中，黄金是世界货币的价值基础，美元承诺兑换黄金，各国货币与美元保持基本固定的汇率。黄金作为货币的价值基础，对于主要资本主义国家尤其是美国任意增发货币的行为形成约束力量。1971—1973 年的美元危机导致美元与黄金脱钩，以美元为中心的固定汇率制度解体，世界货币进入了浮动汇率的时代。“美元以及其他货币与黄金脱钩。这样，黄金不再是具有货币意义的商品，而美元一旦不再兑换黄金，其他国家便没有进一步将其盯住美元的义务，世界从此开始了一个崭新的货币体系。许多汇率——包括主要币

---

① ［法］让·克洛德·德洛奈：《全球化的金融垄断资本主义》，刘英译，《国外理论动态》2005 年第 10 期。

种之间的汇率——开始不断地在自由市场上浮动。”①

在这个浮动汇率体系中美元仍处于中心地位。但是，由于世界货币失去了应有的价值基础，使得美元纸币的膨胀失去约束，给之后的世界经济发展带来深远的影响，为虚拟金融资本膨胀奠定了制度和体制的基础。

我们还应重温马克思主义经济学原理关于价值与货币的理论，货币是执行货币尺度的商品，“货币作为价值尺度，是商品内在的价值尺度即劳动时间的必然表现形式”②。货币作为价值尺度和商品的价格标准，执行着两种职能：“作为人类劳动的社会化身，它是价值尺度；作为规定的金属重量，它是价格标准。”③ 这里清楚地表明货币与价值、与价格的关系。当世界市场形成，商品交换成为国际性商品交换，社会劳动获得全面的发展，成为世界上一切国家的劳动。各国的社会劳动转化为世界范围的社会必要劳动，商品的国别价值转化为国际价值。国际价值是世界商品交换的基础。

在各国货币与美元对比，美元与黄金挂钩的世界货币体系下，金银作为表示商品价格中一定的价值标准，是货币进入流通、执行货币职能的前提。马克思说：“商品流通领域有一个口，金（或银，总之，货币材料）是作为具有一定价值的商品，从这个口进入流通领域的。这个价值在货币执行价值尺度的职能时，即在决定价格时，是作为前提而存在的。”④ 然而，在美元与黄金脱离，黄金非货币化以后，作为世界货币的美元进入商品流通这个口时，就不是作为有价值的商品进入的。这样，它在执行价值尺度职能即在决定商品价格时就失去了必要的前提。这就为以后的通货膨胀、虚拟资本的膨胀开了口子，开辟了资本以金融形式获取剩余价值，进行资本积累的新天地。

20 世纪 70 年代世界货币领域发生的这一变化，也促使资本的增

---

① ［美］托宾·J、戈卢布·S. S.：《货币、信贷与资本》，张杰、陈末译，中国人民大学出版社 2014 年版，第 230 页。

② 《资本论》第 1 卷，人民出版社 2004 年版，第 114 页。

③ 同上书，第 118 页。

④ 同上书，第 140 页。

殖过程、增殖方式发生变化。在货币失去相应的价值基础以及浮动汇率制度下，20 世纪 70 年代以后，缺乏价值基础的货币使产业资本的循环在国内外市场上的不确定性增强，但是，这种不确定性却给金融资本带来了获利的好机会，由此引起资本市场繁荣并向全球扩展。

资本主义剩余价值生产的性质，使生产的无限扩大与广大劳动人民有支付能力的购买力相对不足之间的矛盾始终困扰着资本主义的发展。只有市场不断地扩大，资本的积累才能顺利进行。但是资本主义剩余价值生产的性质决定了它不会通过国民收入的合理分配来扩大市场，而是采取扩充信贷的方式来刺激市场的扩大，维持资本主义再生产的正常进行。这种方式同时也为金融垄断资本利用货币、金融手段赚取剩余价值提供了机会。

布雷顿森林体系的解体使美元的发行失去了黄金的价值约束。适应金融垄断资本的需要，缺乏价值基础的美元纸币大量发行，为金融垄断资本提供了廉价的资金来源。因此形成了世纪后期资本主义发展过程中经济的过度金融化，金融的全球化的显著趋势。

汇率开始随着经济形势浮动，利用汇率浮动进行投机的天地打开了。全球金融市场投机，由于市场的自由化扩大了很多倍，关于金融市场业务总额中投机业务所占的比例，俄罗斯学者的分析说，可以判断，如果计算出 2000 年创历史纪录的外国直接投资额度，即生产性资本的流动资本金额为 14920 亿美元，可见，全年投资额小于一天投机业务的总额。① 绝大部分业务纯粹是为投机目的而进行，首先直观地反映了金融市场与实体经济之间的脱节。

在世界货币性质、作用改变的情况下，以及世界货币汇率浮动制下，作为世界储备货币的美元不受限制地发行，同时用于金融市场流通的信用货币量激增，都大大加剧了金融化趋势，是垄断资本以金融虚拟经济形式获取利益、进行资本积累新模式转变的体制原因。

在货币失去相应的价值基础以及浮动汇率制度下，货币的大量发

① ［俄］C. A. 坦基扬：《新自由主义全球化：资本主义危机抑或全球美国化?》，王新俊、王炜译，教育科学出版社 2008 年版，第 42 页。

行还为了满足信用货币的需要，即金融市场中为资本增殖而流通的信用货币。金融市场中运行的信用货币具有自我膨胀、虚拟化机制。当代发达国家金融的过度扩张，金融活动自身存在着的自我膨胀、虚拟化的机制，各种金融衍生品、金融创新泛滥都反映了立足私有制的发达的市场经济中货币信用活动扩张趋势。第一，金融交易工具的增多和现代金融创新中的m扩张。m具有“准货币”性质。现代金融学使用m［，3］、m［，4］……术语来称谓这些金融工具。美国20世纪80年代以来，华尔街大公司在垄断利润驱使下不断推行花样百出的“金融自由创新”，多种金融产品特别是衍生金融产品被创造出来并推向市场，如债务抵押证券、信贷违约互换等。这种现象就是金融创新中的m扩张，它意味着货币范畴内涵的扩大。第二，虚拟资产交易自我膨胀。证券的市场交易价格或市值，不等同其实在价值，它经常地高于实在价值，也会跌到实在价值以下。虚拟资产市场交易带有强烈的投机性，人们通过低价买进高价卖出，赚取投机利润。金融资产交易中资产价格膨胀和“泡沫化”的出现，是虚拟资产的价格变动机制及其引发的资本市场自我膨胀的当代发达金融交易的特征。第三，衍生金融产品促进了金融资产自我膨胀。衍生金融资产的创造和引入资本市场，促使一种倒金字塔式的虚拟资产的不断自我扩大机制的形成，由此出现了快而大的泡沫。第四，金融业中通行强激励机制，促使金融高管行为畸形化，增大了虚拟资产市场交易活动的不确定性。这强化了金融泡沫化发展。

在资本主义金融市场条件下，整个社会的资金日益流向股市、证券交易市场，出现货币信用过度扩张。货币信用过度扩张就是：一是社会资本过多流入和集中于金融领域，特别是股市；二是在金融自我循环中银行和金融机构的过度发展；三是劣质或“有毒”的金融工具的使用和多次使用，即杠杆率过度增大。上述情况，意味着国民经济中超出实体经济发展需要的货币信用交易活动量的过度增大，特别是金融虚拟资产交易量的过度扩大。

由于美国在世界经济中的主导地位和美元霸权地位的确立，它可以利用美元霸权掠夺世界其他国家，没有黄金支持的美元可以任意印发，并获得了大量来自石油输出国和新兴市场国家的外汇盈余，以弥补日益增加的贸易逆差和财政赤字。作为世界货币的发行者，美国享有巨额的铸币税收益，通过贸易逆差的方式，享受着别国廉价生产的商品和服务，形成了新的“中心—外围”架构，导致世界经济体系的严重失衡。美国还有着世界最发达的金融市场体系，信用评级机构，它们与美元霸权相互支持。危机中美国实施量化宽松政策，美元贬值把自身的危机向外转移。戴维·哈维指出，在2008年国际金融危机中，美国利用其货币帝国主义和资源帝国主义的霸主地位，利用美元贬值导致了国外债券的缩水，使全球资产的价值缩水了数万亿美元，从而减轻了美国自身的债务，实现了对全球经济体的危机转嫁。①

六　第三次产业革命的成果成为金融资本实施金融化的技术手段

正如在本书总论中所论，我们认为，第三次工业革命，本质上就是以互联网为核心的新科技革命和新产业革命。当今时代的资本主义，利用互联网统治的核心技术，不仅引起全球资本主义生产方式、积累方式的转变，而且使金融资本形态发生变化，统治手段发生着变化。互联网与信息技术改造最显著和最深刻的领域是全球资本主义金融模式，以及商业模式，特别是金融模式。这种模式最大限度地满足金融资本获取最大利益的资本主义生产的目的。

20世纪80年代以来兴起的信息技术革命所带来的生产力突破性发展是其变化的最终原因。从生产力与生产关系矛盾运动的社会发展规律来认识，推动人类社会发展，社会经济形态变化的最终动力是生产力的发展，科学技术创新带来的整个生产力的飞跃，是促进社会发展的原动力。资本主义经济金融化的发展，以及所表现的垄断资本主义阶段性变化，也是由生产力发展，科技进步所推动的。20世纪八九十年代的以电子计算机广泛应用为标志的第三次新技术革命，使人类进入信息社会。社会生产力的革命性飞跃是社会历史发展，社会经

① 吴茜、苑秀丽：《戴维·哈维对新自由主义的批判》，《国外社会科学》2011年第6期。

济形态递进的根本基础，是其物质技术保证。

根本原因在于生产力进步科技革命成果在资本主义制度下具有了资本的属性。20 世纪 80 年代以来，垄断资本依托于信息技术，在金融化和全球化这两个维度上迅速膨胀。由大垄断资本集团主导的金融业成为控制全球经济命脉的主体。信息化与全球化为资本的时空运动提供了最大限度，资本在全球灵活布局大大增强了对雇佣劳动的统治。

总而言之，我们认为，资本积累一般规律的作用；新自由主义意识形态主导和理论政策工具的影响；垄断的深化与发展，是资本主义金融化阶段性特征变化的根本原因，制度性原因；市场化、全球化市场经济运行；世界货币性质与作用的变化；生产力进步和科技革命的突破，是其变化的体制性、技术性原因，体制性、技术性因素在资本主义制度下具有资本的属性，被金融垄断资本所操纵、运用和控制，从这个意义上，我们论述资本主义金融化变化的原因。

第四节　资本主义新的历史因素及其历史局限性

前面在论述资本主义经济金融化的本质时，论述到金融化的发展增加了资本主义新的历史因素。因为作为资本主义生产本质，生产的目的是占有剩余价值，从这个本质性考察，资本主义占有剩余价值的方式是随着其生产方式的发展而发展、变化的，从最初资本家用自有的资本占有生产领域的剩余价值，到用社会的资本获得垄断利润，从获得平均利润和获得超额垄断利润，再到今天金融化时期，金融资本用国内外的社会资本获得超额利润，并且日益膨胀的金融资产不经过生产与劳动就通过金融市场的流通得到资本的增殖。因此，从资本主义获取剩余价值这个生产目的本身，从资本主义获取剩余价值的当代方法的变化发展本身看，金融化增加了资本主义新的历史因素。

从人类社会发展的历史进程看，从全人类发展的整体看，金融化的生产方式进一步加剧了帝国主义的腐朽性、寄生性、垂死性。它反映了与人类发展、与自然力的对抗，对社会生产力的遏制与攫取的表现、特征，是与社会历史发展对立的，显示了其发展的历史局限性。

马克思曾经对资本主义发展上升时期创造了比过去几个世纪的生产力还要多的成就加以赞许。但是，获取剩余价值的欲望，以及以信用、借贷方式取代生产的方法作为社会生产的主导时，这种金融化的资本主义的生产方式加速走向了它的反面，显示了对自身的限制，“在资本主义理解力的界限以内，从资本主义生产本身的立场出发而表现出来，也就是说这里表明，资本主义生产不是绝对的生产方式，而只是一种历史的、和物质生产条件的某个有限的发展时期相适应的生产方式”①。

一　金融与实体经济分离、自我过度膨胀违背生产力发展规律

信用制度的发展与演进，各种金融工具的发现和使用，是适应生产发展需要而产生，要为促进生产力的发展服务，自身不能脱离生产而自我膨胀。虚拟资本的数量应与现实资本成一定比例。针对金融领域还需要有制度约束和监管。但是，在资本主义私有制度下，新自由主义盛行，金融垄断资本把发达的信用制度用作自身谋取私利的新手段和工具。

证券、股票等金融资产本身并不创造价值，其收益来源于实际创造价值的经济部门和生产过程，因此金融资本的发展依赖于现实资本所创造的新价值的流入。当越来越多的新价值被转移到金融部门、越来越多的现实资本被投入到金融交易中去，现实资本的积累过程受到破坏，资本主义社会再生产过程亦受到破坏，导致金融资本发展膨胀的基础即新价值的创造被削弱，因此虚拟经济的泡沫必将破灭并带来经济的巨大波动。20 世纪 80 年代以后，世界经济特别是美国经济的每一次短暂繁荣，无不与金融泡沫密切相关，而每次繁荣过后的危机又无不与金融泡沫的破裂密切相关。

这表明，金融远离实际产业，资本主义金融为主体，以金融自我循环和膨胀为主导的积累方式，失去以劳动生产率提高助推经济增长

① 《资本论》第 3 卷，人民出版社 2004 年版，第 289 页。

的正确的方式。而这是资本主义社会基本矛盾，生产社会化、资本社会化与产品的占有私有化的必然结果。而只有改变资本主义的生产方式，用全社会的资本创造全社会的财富，为最广大的民众创造财富，才能够改变这种“头足倒置”的机制。

二　金融资本过度扩张造成对自然和人类社会发展的不可持续；显示了其发展的局限性

生态问题使全球的发展不可持续。垄断资本为获高额利润而不断地扩张，为保持霸权而进行无休止的竞争，保持其霸权地位，为此过度攫取自然资源。而且不惜破坏全球的资源、环境、生态平衡。一些发展中国家被迫放松对资本的管制，对资源、能源消耗和污染成本外部化方面的限制减弱，加剧了生态、资源和环境问题。

这表明世界经济的发展是建立在疯狂地竞争和无节制地消耗自然资源并使其接近枯竭的基础上。这种情况已经引起世界人民的高度关注和强烈不满，波及全球的“绿色运动”“红绿色运动”以及“生态社会主义”，就是对资本主义破坏生态环境、疯狂掠夺自然资源的一种抗争。那里的物质和精神生产从属于最大限度地搜刮利润、积累资本、满足毫无遏制的个人欲望。它把生产看作是对人的全面剥削和对自然资源的全面掠夺，而不考虑社会的耗费，不考虑对下一代人生活与环境的影响。在资本的过度扩张背后是严重的生态问题、资源问题、发展问题等全球性问题。

金融资本对人类社会的剥夺日益深重。两极分化，社会矛盾、阶级矛盾日益深化。少数发达国家的金融资本巨头占有、消耗了世界上的大部分资源，而一些国家和地区的人民却缺少必要的生活资源；一边是奢侈和浪费，一边是在生存边缘的挣扎。金融资本的集中和垄断越是发展，资源和财富的分配就越是不均。两极分化是资本主义制度与生俱来就有的。资本主义基本矛盾就是生产的社会化与资本主义占有的私人化，物质生产的极大丰富与劳动人民的贫困化、支付能力的有限性并存。

帝国主义的经济实质——垄断以更大限度发展，由垄断所产生的帝国主义的寄生性、腐朽性和垂死性以更大的程度深化。国际金融垄断资本的循环加强了对世界特别是发展中国家的盘剥，以及向其他国家转嫁经济危机。把其他国家人民创造的财富转移到发达国家的金融资本寡头手中，导致世界范围内的贫富悬殊和两极分化加剧。

最广大的劳动大众饱受危机带来的经济动荡的危害，2011 年以来，在欧美发达国家首先爆发的反抗运动此起彼伏，说明世界越来越多人日益认识到金融垄断资本主义的实质。资本主义的垄断、腐朽、寄生的恶劣本质带来的不仅是经济危机，同时也是社会危机、政治危机。

三　金融垄断资本借全球化的空间向外转移自身的问题使全球发展不可持续

金融资本的矛盾，一方面要享有最多的，越来越多的资源，包括各种政治的、经济的、物质的与非物质的资源；但另一方面掠夺这些资源的空间却越来越狭窄。当他们进行全球化的扩张之时，就人类现有的生存空间来理解，就达到了其发展的空间极限。资本主义大国历来把对外贸易、资本输出当作缓解生产过剩、缓解危机的出路。当代金融化条件下，一方面，金融资本以全球的资源、资金为其获得利益的广阔领域；另一方面，又把全球作为他们转移危机，转移自身的问题的出路，美国在 2008 年金融危机后先后启动四轮量化宽松货币政策，消减自身的债务，把自身的问题让世界为它埋单。资本主义的腐朽性寄生性损坏了世界发展的利益。

我们看到，借经济全球化之力的外部调整，已经成为发达资本主义国家化解基本矛盾、赖以生存的不可或缺的条件。但是，由此我们也看到，在经济全球化日益深化的大背景下，过去可以区分、割裂开的内部调节与外部调节，现在却因为经济全球化而交织在一起，越来越难以从中套利。

四　金融垄断资本发展程度加深进一步表明其历史局限性

资本主义从一般私人垄断发展到国家垄断，以及国际垄断；其领域从工业垄断到金融垄断，从实体资本经济到虚拟资本经济的垄断；资本主义经济危机的表现从生产过剩、人口过剩到货币过剩、资本过剩。当代货币资本的积累数额惊人庞大，其虚拟性史无前例，是最纯粹的赌博欺诈制度。全世界形成两极，一极是资本主义极少数富国，货币资本家阶级，食利者阶级，食利国家；一极是大多数的穷国，劳动者的贫困化。

依据生产力与生产关系相互作用的原理，资本主义在其发展中具有两面性，作为曾经历史上进步的力量，一方面促进了生产力的极大发展；另一方面，是剥削剩余价值的不断加剧。一方面有巨大的财富积累；另一方面也有经济与社会的危机崩溃状态。在这种生产关系所能容纳的生产力没有完全发展起来时，它不可遏制地扩展。但是，资本主义发展的最高阶段、最后阶段就是垄断资本主义，这时出现与以往不同的是资本消灭资本，资本的集中和垄断使大资本消灭小资本。垄断是资本主义的历史关节点，是资本全部运动的历史终结点。资本的运动最终造成垄断，这种垄断不仅是对工人和许多独立经营的劳动者的剥夺，同时，垄断开始对其他资本家进行剥夺，大资本剥夺小资本，通过这种剥夺实现资本的高度集中，这就是垄断的过程。马克思在《资本论》中早已指出："资本的垄断成了与这种垄断一起并在这种垄断之下繁盛起来的生产方式的桎梏。生产资料的集中和劳动的社会化，达到了同它们的资本主义外壳不能相容的地步。这个外壳就要炸毁了。资本主义私有制的丧钟就要响了。剥夺者就要被剥夺了。"①

资本的否定性在于反自然、反人性、反历史、阻碍生产力发展。"资本不可遏制地追求的普遍性，在资本本身的性质上遇到了限制，这些限制在资本发展到一定阶段时，会使人们认识到资本本身就是这种趋势的最大限制，因而驱使人们利用资本本身来消灭资本。"②

总之，随着生产的社会化，以及资本的社会化，生产资料资本主义私有制的历史局限性将越来越突出。从 20 世纪开始，伴随着资本

---

① 《马克思恩格斯选集》第 2 卷，人民出版社 2012 年版，第 299 页。

② 《马克思恩格斯全集》第 30 卷，人民出版社 1995 年版，第 390—391 页。

所有权与使用权的分离，资本所有者具有越来越明晰的食利特征，这一阶层在社会再生产过程中的积极功能日渐萎缩。进入金融帝国主义阶段后，特别是金融化中，垄断资本借助于金融化，在运动形式上发展到极限，金融垄断资本攫取了前所未有的高额盈利。但是，这种高额盈利的绝大部分是通过金融投机和掠夺实现的，其背后是实体产业部门的相对萎缩和金融泡沫的恶性膨胀。金融垄断资本固有的投机、欺诈、掠夺和寄生性，已经成为否定金融帝国主义历史合理性的有力依据。

列宁在《帝国主义是资本主义的最高阶段》中，批评了帝国主义是一种政策的观点，指出了帝国主义是一个历史阶段，还说明了它必然被社会主义代替，过渡到社会主义。说明了帝国主义是垄断的、寄生的和垂死的资本主义。垂死的原意就是过渡。列宁指出：根据对帝国主义的经济实质的全部论述，“应当说帝国主义是过渡的资本主义，或者更确切些说，是垂死的资本主义”。[①] 列宁在《帝国主义和对帝国主义的态度》写作提纲中，更明确标出：垂死的（过渡的）。因为从垄断使生产高度社会化这一发展来看，它意味着向更高级社会形态的过渡。

从金融垄断资本主义，或者说金融帝国主义的发展来看，这一过渡充满着矛盾、斗争。因为金融垄断资本主义统治发展过程中，贯穿着生产进一步社会化，而占有却进一步私人化；资本作为社会生产要素进一步社会化，但资本的最终使用、收益、占有的决定权、所有权进一步私人化。资本不是分权了，民主了，而是进一步集权了，集中化了。所有制性质没有改变，对一切生产资料、生产成果的所有权占有私人制，是资本主义这一根本制度决定的必然结果。

在资本主义制度下，这种矛盾的爆发的典型形式就是经济危机，金融危机等各种形式的危机。金融化以来，在世界一些地区、国家不断爆发的金融危机等危机。

由于金融垄断资本继续控制着西方资本主义国家的政治经济文化

---

① 《列宁选集》第 2 卷，人民出版社 2012 年版，第 686 页。

大权。导致危机的基础性矛盾不仅没有缓解，反而更加尖锐。在这种情况下，资本主义的基本矛盾及其在新自由主义模式的资本主义国家中的各种危机表现将更加明显。作为资本主义最高阶段的帝国主义发展到今天，其前景如何？国内外有些学者和政党做出了一些研究，其中不乏社会主义是代替资本主义的选择的观点。我们应当坚定社会历史发展这一必然趋势的信念，同时，我们要在世界当今两种制度斗争的艰巨性上做好准备。

主要参考文献

1. 列宁：《帝国主义是资本主义的最高阶段》，人民出版社 2001 年版。

2. 《马克思恩格斯文集》第 7 卷，人民出版社 2009 年版。

3. 《马克思恩格斯选集》第 2 卷，人民出版社 2012 年版。

4. 《马克思恩格斯全集》第 30 卷，人民出版社 1995 年版。

5. 《列宁选集》第 2 卷，人民出版社 2012 年版。

6. 《列宁全集》第 27 卷，人民出版社 1990 年版。

7. ［苏］斯大林：《苏联社会主义经济问题》，《斯大林选集》下卷，人民出版社 1979 年版。

8. ［美］大卫·科茨：《金融化与新自由主义》，孙来斌、李铁译，《国外理论动态》2011 年第 11 期。

9. 裘白莲、刘仁营：《资本积累的金融化》，《国外理论动态》2011 年第 9 期。

10. ［日］富田俊基：《国债的历史：凝结在利息中的过去与未来》，南京大学出版社 2011 年版。

11. ［美］迈克尔·赫德森：《金融帝国——美国金融霸权的来源和基础》，嵇飞、林小芳译，中央编译出版社 2008 年版。

12. Gerald Davis，Managedby the Markets：How Finance Re-shaped America.

13. 何秉孟：《美国金融危机与国际金融垄断资本主义》，《中国社会科学》2010 年第 2 期。

14. 仇启华等：《资本积累一般规律在当代》，《中国社会科学》1980 年第 2 期。

15. ［美］约翰·贝拉米·福斯特：《资本主义的金融化》，王年咏、陈嘉丽译，《国外理论动态》2007 年第 7 期。

16. ［俄］C. A. 坦基扬：《新自由主义全球化：资本主义危机抑或全球美国化?》，王新俊、王炜译，教育科学出版社 2008 年版。

17. ［法］黑弥·艾海哈：《不是金融危机，是资本主义的系统性危机》，2011 年 10 月 13 日在台湾成功大学的演讲，载于中华论坛网。

18. ［法］让·克洛德·德洛奈：《全球化的金融垄断资本主义》，刘英译，《国外理论动态》2005 年第 10 期。

19. ［美］托宾·J、戈卢布·S. S.：《货币、信贷与资本》，张杰、陈未译，中国人民大学出版社 2014 年版。

20. ［德］鲁道夫·希法亭：《金融资本——资本主义最新发展的研究》，福民等译，商务印书馆 1994 年版。

21. 陈其人：《帝国主义理论研究》，上海人民出版社 1984 年版。

22. ［英］阿尔弗雷多·萨德－费洛、黛博拉·约翰斯顿：《新自由主义：批判读本》，江苏人民出版社 2006 年版。

23. 张彤玉、邱海平主编：《当代资本主义经济的新发展》，经济科学出版社 2005 年版。

24. 程新英：《资本的逻辑与当代社会发展困境》，《马克思主义研究》2006 年第 3 期。

25. 张宇、蔡万焕：《金融垄断资本及其在新阶段的特点》，《中国人民大学学报》2009 年第 4 期。

26. 李慎明：《从国际金融危机进一步认识新自由主义的危害》，《红旗文稿》2010 年第 6 期。

27. 张煜：《战后美国霸权的经济实质及其未来——重读列宁〈帝国主义是资本主义的最高阶段〉的启示》，《南京政治学院学报》2011 年第 6 期。

第三章　资本主义经济金融化与金融危机

——从社会生产过程的考察：生产、流通、分配、消费

本章以马克思的经典著作《政治经济学批判》导言为理论指导，依据这一科学的方法、结构对帝国主义发展至虚拟金融资本垄断为主导——资本主义经济金融化时期，社会生产各个阶段的表现、变化，并进行分析研究。揭示金融化的资本主义的发展局限性。

我们从唯物史观的基本观点出发，坚持生产是整个社会生活的决定性要素的基本原理。从生产出发，生产是起点，任何社会的生产过程与再生产过程都是如此。在这个过程中，生产是实际的起点，是居于支配地位的要素。交换、分配、消费在整个社会的生产过程中，是生产活动的一个要素。

生产是决定的要素表明，一定社会的生产方式决定了其交换、分配、消费的方式及其它们之间的关系。马克思认为："一定的生产决定一定的消费、分配、交换和这些不同要素相互间的一定关系。"① 简单地说，就是生产决定消费、分配和交换。当然，消费、分配和交换反过来对生产具有一定的影响。总之，生产在整个生产过程中处于决定性的地位，生产、消费、分配和交换作为整个社会的一个有机整体，不同要素之间相互影响、相互作用。

---

① 马克思：《政治经济学批判》导言，《马克思恩格斯选集》第2卷，人民出版社2012年版，第699页。

资本主义经济金融化表现在资本主义生产的全过程——生产、流通、分配、消费各环节。不论从微观经济主体，还是从整个社会的生产与再生产过程，以及国家的管理，宏观经济的考察；不论是金融部门还是非金融部门；不论是生产过程，还是由生产所决定的分配、消费，都显示了深刻的变化，显示了金融化的生产方式的特征。从全社会生产过程：生产、流通、分配、消费的考察，可以使我们更全面更深入地认识资本主义发展至当前的性质和特征。

第一节　生产

一　从事物质生产的实体经济部门的行为趋于金融化

以虚拟金融资本为主导的生产方式首先表现为从事物质生产的实体经济部门的行为日益趋于金融化。

（一）企业更偏好进行金融投资或投机。在非金融企业拥有的总资产中，同产业资产相比，金融资产所占的比重不断上升，而产业资产的比重不断下降。1945—2012 年，美国非金融企业的总资产中，金融资产所占的比重从 25. 56% 上升到 2012 年的 49. 85% 。其中，2009 年，该比重高达 51% 。[①]

微观企业部门日益深入地卷入纯粹的金融交易和活动，将其资源配置到金融方面。研究表明，企业将巨额剩余资本转向金融市场的趋向，在 20 世纪 70 年代就是美国等发达国家非金融企业为应对获利能力不断下降的一个出路。企业对不断下降的投资回报的反应，就是将资本从生产领域抽走，将其转移到金融市场。因而实体经济企业的积累率一直在下降。

在资本存量投资方面，由于金融化导致了股东的权力相对于公司和工人的增强，食利阶层所持股权和债权收益率的增加，以及与绩效相关的薪酬支付、红利分配、期权方案等短期机制使管理层与股东的

① 周宏、李国平：《金融资本主义：新特征与新影响》，《马克思主义研究》2013 年第 10 期。

利益达成一致。一方面，这决定了管理层的短期效益主义，意味着管理层在资本存量方面的真实投资日益减少，不顾及公司的长期增长目标，而为了获得短期高额利润而越来越偏好金融投资。另一方面，用可供公司产权投资使用的内部财务手段，增加股息支付和股票回购来提高股票价格和股东权益。这些“偏好”和“内部财务手段”等渠道都会对公司直接投资股票产生消极影响，因此对经济的长期增长也会产生部分负面影响。

根据国际货币基金组织的统计数据，主要发达国家（G7），用于产业资本的投资活动自 1980 年以来逐步萎缩。1980—1990 年投资占 GDP 的比重为 22.8%，1991—2000 年这一比重下降到 21.5%，2001—2008 年继续下降至 20%，金融危机爆发后的 2009—2014 年更是跌至 18.2%。《美国总统经济报告》的数据表明，美国产业资本积累萎缩的情况更加典型：1962—1985 年，私人固定投资和私人非住宅固定投资的年均增长率分别为 10.1% 和 10.7%；但自 20 世纪 80 年代中期金融化趋势增强后，这两个指标不断下降，1986—1998 年分别下降至 5.8% 和 6.2%，1998—2012 年更是降至 3.0% 和 3.8%。[①] 不难看出，在垄断资本主义的金融化阶段，产业资本积累活动呈剧烈萎缩态势。

长期的生产性投资是生产力进步的必要条件，而金融化倾向于抑制生产性投资的增长。非金融企业的投资呈现出强烈的短期化特征，金融资产成为投资的首选，而周期长风险高的新技术研发投资则退之次要地位，技术进步、生产力的进步也因此受到严重限制。

（二）企业利润来源日益来自金融渠道。美国经济学家格莱塔·R. 克里普纳使用两种不同的方法来测定美国经济的金融化，表明企业的利润日益来自金融市场，并用以说明这是资本主义经济金融化的典型表现。首先，考察非金融企业收入的来源，以此证明同产生于生产活动的收入相比，证券收入（由利息、股息和资本收益组成）越来越重要了。其次，考察金融部门作为经济活动中的一种利润源泉，

---

① 王生升：《金融帝国主义的黯淡前景》，《红旗文稿》2015 年第 2 期。

越来越重要了。他对金融和非金融利润作了比较，并图示了1950—2001年非金融企业的证券收入与公司现金流量的比例，表明来自金融方面的回报在企业收入中占有更大的份额。因此，格莱塔·R.克里普纳把金融化定义为一种积累模式，在这种模式中，利润主要是通过金融渠道而非贸易和商品生产生成。[①]

从总量上看，2012年美国《总统经济咨文》显示，金融部门的利润在公司利润中的占比在1984年以前呈缓慢上升趋势。从1963年的16.3%增加到了1980年的19.3%，1984年仅为15.1%。1960—1984年的平均值是17.4%。1985—2005年，金融部门的利润在公司利润中的占比上升增速，1985年为20.9%，2005年为32.4%。进入21世纪以来，金融部门利润在公司利润中的占比迅速增加，2001年为41.4%，2002年为43.8%，2003年为42.9%。2007年次贷危机的爆发，使得该比例大幅下降，2008年降为13.4%，2009年又回升到36.7%，2010年该比例为35.4%。[②]

（三）企业部门治理模式使企业行为更趋向股东价值的支配地位，企业追求高的市值的目标。股东价值成为公司治理的一种模式。研究企业与公司治理问题的法国经济学家米歇尔·阿格列塔、美国经济学家拉左尼克和奥沙利文等认为，"股东价值"在企业诸多目标中占据支配性的地位，从而导致非金融公司在公司战略和投资决策中倾向于更多地注重公司资产的流动性和更多地涉足金融业务。

在金融帝国主义发展至今的金融化阶段，现代股份制公司普遍存在自我激化、自我强化的软预算约束综合征。特别是在股份制金融公司中，软预算约束的特征更为普遍和突出。在缺乏约束的条件下，金融公司的经理阶层具有更强烈的投机特征。不顾企业的长期发展，追求短期效益，追求市值最大化，成为企业高管和金融资本集团头目的第一目标。市值文化或者股价文化或股东价值文化，以日益强大的威

---

① ［美］格莱塔·R.克里普纳：《美国经济的金融化（上）》，丁为民等译，《国外理论动态》2008年第6期。

② 马锦生：《美国资本积累金融化实现机制及发展趋势》，《政治经济学评论》2014年第4期。

力和威胁，迅速改造着企业家、投资者和社会公众的价值观、资产观和财富观，迅速改造着公司的商业模式和产业的内部结构。

（四）企业行为变化是金融化的关键所在。在本书第六章，我们论述到金融资本新形态和虚拟金融垄断资本的全面统治。垄断资本为获取高额垄断利润由传统的以工业为主的产业向高技术领域和金融领域扩张；由实体资本向虚拟资本转换。工业垄断资本大举进入金融业，使金融业与工商业的关系发生了变化，形成金融为主导的经济结构。从二战后到20世纪80年代前后，这一过程就是垄断组织以工业实体经济为后盾，逐渐转向金融领域，再以金融资本控制工业资本，控制实体经济。伴随着金融化，垄断金融资本大大强化了对实体经济的控制，企业的治理模式和收益分配模式不断向垄断金融资本靠拢。一是形成拥有传统的工业垄断，同现代知识资本、高新科技产业结合，用现代金融武装起来的资本巨擘；再就是在市场经济大发展、金融市场独立运行条件下的脱离实际生产领域的虚拟金融资本机构。（后者将在“流通”部分重点论述）

企业行为日趋金融化说明金融部门与实体经济之间关系的颠倒。正如美国学者福斯特和斯威齐指出的，一旦企业成为投机旋涡中的泡沫，情况就严重了。全球性公司接管市场使公司董事会成员在很大程度上为金融资本所控制。20世纪90年代，公司董事会的成员都在金融市场的全球网络中，很大程度上受金融资本的制约和控制。因此，真正的权力不在公司的董事会，而在金融市场。这种金融与实体之间颠倒的关系是理解全球（经济）新趋势的关键。

二　全社会经济活动的重心转向金融部门

金融业成为主导产业。从全社会宏观经济指标来看，按经验的方法，就业和GDP在各产业中所占比例是衡量宏观领域经济变迁的两种视角，从就业、GDP在各产业的相对份额变化看，三大产业［制造业，金融、保险、房地产业（FIRE）和狭义服务业，农业］占比是过去50年经济活动中产业结构的主要变化，金融服务成为最具吸引力的行业。据美国学者克里普纳列举1950—2001年半个世纪以现值美元计算的GDP在各产业的相对份额的变动情况来看，经济活动中产业结构的主要变化，显示了战后以来制造业下降，服务业上升的巨大发展，也显示了金融、保险、房地产业的显著增长。这些数据可以为服务业、后工业主义、信息经济和金融化的发展提供解释。[①]

社会生产，社会资本创造的利润越来越多地被金融资本所占有，这也推动了金融行业相对于实体经济的不断膨胀，金融业产值在国内生产总值中所占的比重不断上升。1947—2012年，制造业增加值占美国GDP的比重从1947年的25.6%持续下降，到2012年，这一比重只有11.9%。相反，金融业增加值占GDP的比重则从2.4%上升到了7.92%。1947—2012年，美国GDP增长了63倍，制造业增加值增长了30倍，而金融业增加值却增长了212倍。金融部门在国内利润中所占比重、产生自金融业的利润在企业利润中所占的比重都在不断上升。1973—1985年，美国国内公司的总利润中，金融业所占的比重不到16%，1986年，这一比重上升到19%；20世纪90年代，这一比重在21%—30%；到2008年金融危机爆发前，已进一步超过40%。[②]

美国制造业的产值占GDP的比重由1960年的29.7%，下降为1980年的23.5%，1987年的20%，2007年的不到12%，而金融、房地产服务业的利润则占到总利润的70%。美国本来是世界上最大的物质生产基地，能源、钢铁、汽车、制造业都居世界第一位，这些年来这些产业都逐步衰落了。制造业不断“空洞化”，证券业、军事工业以及与军事有关的高科技研究却疯狂发展。

产业空心化。我们在论述资本主义经济金融化原因时，指出为了获取更大的利润，垄断资本把更多的剩余资本转移到金融领域，以及向发展中国家投资。而所谓“产业空心化”，又称“产业空洞化”，与资本从物质生产领域撤退和向外转移资本密切相关，以制造业为中

① ［美］格莱塔·R. 克里普纳：《美国经济的金融化（上）》，丁为民等译，《国外理论动态》2008年第6期。

② 转引自周宏、李国平《金融资本主义：新特征与新影响》，《马克思主义研究》2013年第10期。

心的物质生产和资本，大量地、迅速地转移到国外，使物质生产在国民经济中的地位明显下降，造成国内物质生产与非物质生产之间的比例关系严重失衡。发达资本主义大国在金融化过程中，均发生产业空心化现象。以制造业为中心的物质生产和资本，在全球范围内寻求最佳生产基地，向海外转移，造成国内制造业衰退、就业减少、产业衰退、税源转移，进而影响经济的增长与发展。发达资本主义国家凭借掌握的核心技术和产业实力，在把大量的制造业向海外转移过程中，物质产品、特别是工业制成品以及日用生活用品的出口明显减少，进口逐渐增加并超过出口，以致出现国内物质需求依赖外部进口的供求结构，贸易收支，主要是工业品贸易收支恶化甚至转向逆差，美国在这方面是很典型的。

产业空心化的动因是为获取更高利润。产业空心化是产业结构演进中企业行为和资本流动应对外部产业环境变化的结果。从企业行为的层面看，无论国内劳动力成本的提高、自然资源供给的紧张还是汇率的变动都可能引起群体性的企业生产和投资对本土制造业等实体经济部门的远离。从产业资本流动的层面看，产业环境约束会导致产业资本在本土制造业等实体经济部门的回报率下降，从而出现向更高资本回报率的区域和产业流动的倾向，并最终引起产业空心化的出现。

产业资本的流动呈现出“离本土化”和“离制造化”的趋势。在这两种趋势下，大量产业资本从本土流出到海外，从实体经济部门流出到虚拟经济部门，这意味着企业本土的制造业等实体经济部门出现了资本的流失和投资的不足，产业空心化也就不可避免。

从宏观产业结构看，资本主义大国国内各产业发展，以制造业为代表的第二产业占国民生产总值的比重大幅下降，第三产业比重迅速上升，超过了第二产业，以至大于第一、第二产业之和。有的学者认为第三产业比重超过 60%，即是产业空心化。

研究日本产业问题的学者认为，日本第三产业的比重在 20 世纪 70 年代末超过 50%，此后，日本通过海外直接投资和技术转移，不断把国内丧失竞争力的产业和生产环节移向海外。随着日本经济的泡沫化程度日益提高，1992 年经济泡沫破裂之后，日本经济进入了难以自拔的下降通道。对于产业空心化的出现和深化，日本学术界将其归为是导致经济停滞和产业竞争力弱化的主要原因之一。①

日本的产业空心化进程在产业结构方面突出表现为以制造业为代表的第二产业在国民经济中的比重长期迅速下降，而第三产业的比重长期大幅上升，随之而来的是日本长期以来经济增长乏力。特别是在“失去的二十年”中，日本产业结构中第二产业比重下降的幅度高达10%，而第三产业的发展并未有效弥补第二产业的下降，这种变化带来的是经济增长速度的长期低迷。从就业的产业分布看，随着制造业等第二产业比重的下降，日本第二产业就业的比率也从1991年的33%下降到了2011年的25%，并呈现出持续下降的趋势。但第二产业就业机会的流失并未在第三产业的发展中得到补偿，从而使整个国民经济出现了失业率长期上升的趋势。

美国的产业空心化进程反映了战后美国产业结构的“脱实向虚”的趋势。在这一过程中，制造业不断萎缩，本应服务于实体经济的虚拟经济却不断膨胀。实体经济和虚拟经济失衡，在制造业比例不断下降的产业空心化过程中，美国国民经济中的资本越来越多地流向了非生产性的虚拟经济领域。美国的跨国企业将大量的工业生产活动转移到成本更加低廉、市场更加广阔的发展中国家或地区，企业的外包生产和生产基地向海外转移的动向愈加明显。而随着海外生产的扩大，由此产生的空心化效应逐渐显现，其主要影响表现在国内就业机会的流失和贸易逆差扩大两个方面。在制造业企业向海外转移生产能力、国内制造业投资回报率下降的背景下，美国国内大量的产业资本涌入互联网等“新经济”领域。互联网泡沫破裂之后，在美联储连续降息的低利率政策刺激下，美国的产业资本并未回流到制造业等实体经济领域，而是迅速涌入房地产和金融衍生品市场。在美国互联网泡沫和房地产泡沫的形成和破裂过程中，无论哪一次经济泡沫的形成都意味着大量资本对制造业的远离和经济虚拟性的增强，而每一次泡沫的

---

① 胡立君等：《后工业化阶段的产业空心化机理及治理——以日本和美国为例》，《中国工业经济》2013年第8期。

破裂都形成了制造业为中心实体经济的严重受损。

美国著名的汽车城底特律宣布城市的破产。美国《纽约时报》编辑比尔·弗拉斯科（Bill Vlasi）在《底特律往事》中以沉痛的笔触写道："底特律破败不堪，街道上百业凋零，人烟稀少……这一幕场景宁静而灰暗，显得那样令人伤感。惊心动魄。"虽然该书认为汽车业腐朽指数高，决策失误，创新乏力，同时，官僚主义和庞大的体系阻碍了它快速的改革计划，最终使得通用等汽车公司一步一步走向破产。而这是在大的产业政策变化的环境下的产物。

三 技术进步、信息革命的成果成为金融资本进行剥夺的新手段

技术进步、信息革命的成果成为金融垄断资本剥削和掠夺国内外人民的手段。诚然，20 世纪 80 年代的信息技术革命，互联网的发展使人类社会经济发展有了巨大的进步。但是在资本主义制度下，这些技术创新成果又是资本用来获取高额垄断利润，同时也是被用来剥削掠夺国内外人民的新手段。这是因为垄断的权利空前增强，剩余价值占有方式和掠夺方式不断创新和翻新。

美国等金融帝国主义强国利用在技术研发上的领先地位和知识产权优势，对发展中国家的新技术采用收取高额专利费用，它们从中获取垄断技术租金，限制发展中国家的产业升级，把发展中国家的产业"纳贡"地位维持下去。这导致了金融富国内部产业进一步空心化和剩余价值激增，资本过剩更为严重。

发达国家内部不同程度地出现了制造业在国民产业结构中所占比例下降，产业部门参与金融活动趋势加强的状况，其中尤以美国为甚。一些发达国家在国内仅保留服务业、少量高科技产业和军工战略产业，向外则大规模转移劳动密集型的技术低端的产业，把发展中国家变为全球产业链的制造业终端平台，这样既可以充分利用发展中国家的廉价劳动力和廉价原料，又能提高西方跨国资本从制造业中牟取的利润份额。而以低价进口消费品和其他产品，高价出口军工产品和高技术产品。而发展中国家出口获得的外汇又以美元资本形式回流到国际金融资本市场，支持了美国等发达国家的金融资本的垄断以及国

内的高消费。

四　以金融操作代替生产瓦解资本主义生产方式存续的基础

垄断资本主义发展至当今的资本主义经济金融化的生产方式，追求以金融操纵代替生产，并把这种违背人类社会发展规律，违背社会正义的行为方式合法化、合理化。垄断资本主义发展至当今的资本主义经济金融化的生产方式，为了追逐资本的最大利益，而以不劳而获，不经过生产与劳动过程就获取利益是其“生产方式”的典型特征，是其“生产目的”，这首先违背人类社会生产、经济发展的公理、违背科学理论、违背社会公平正义。

不论从人类社会本身发展的历史，还是从总结人们社会生产实践而形成的科学理论，特别是马克思主义理论，都证明劳动、生产是人类发展的第一需要，是社会进步发展的动力。特别是物质财富的生产在人类生活、生产中具有极其重要的地位。在《资本论》等著作中，马克思认为，生产（劳动）首先“是人以自身的活动来中介、调整和控制人和自然之间的物质变换的过程”①。这一“物质变换的过程”是人类为了生存下去就必须每时每刻进行而不能停止的必然活动——必要劳动。为此，马克思强调：“我们首先应当确定一切人类生存的第一个前提，也就是一切历史的第一个前提，这个前提是：人们为了能够‘创造历史’，必须能够生活。但是为了生活，首先就需要吃喝住穿以及其他一些东西。因此第一个历史活动就是生产满足这些需要的资料，即生产物质生活本身，而且，这是人们从几千年前直到今天单是为了维持生活就必须每日每时从事的历史活动，是一切历史的基本条件。”② 生产劳动“是为了人类的需要而对自然物的占有，是人和自然之间的物质变换的一般条件，是人类生活的永恒的自然条件，因此，它不以人类生活的任何形式为转移，倒不如说，它为人类生活

---

① 《资本论》第1卷，人民出版社2004年版，第207—208页。

② 《马克思恩格斯文集》第1卷，人民出版社2009年版，第531页。

的一切社会形式所共有”①。也就是说，在创造满足人类需要的物质财富的意义上，作为生产性的劳动永远不会终结，而且还要大力发展。在此，马克思与古典政治经济学遵循的是同一个道理，即劳动价值论的生产逻辑。从这一点出发，马克思高度赞扬了处于历史发展新生力量的上升时期的资本主义社会化大生产所促进的社会生产力的大发展——资产阶级在它不到100年的阶级统治中所创造的生产力，比过去一切世代创造的全部生产力还要多、还要大。正是生产劳动推动了人类解放和社会历史进步。

马克思之所以强调作为物质生产的劳动，就是因为它在人类历史进步中的基础性和决定性作用。当马克思谈到物质生产时已指出：“在一切社会形式中都有一种一定的生产决定其他一切生产的地位和影响，因而它的关系也决定其他一切关系的地位和影响。这是一种普照的光，它掩盖了一切其他色彩，改变着它们的特点。这是一种特殊的以太，它决定着它里面显露出来的一切存在的比重。”② 马克思强调：“这种活动、这种连续不断的感性劳动和创造、这种生产，正是整个现存的感性世界的基础，它哪怕只中断一年，……不仅在自然界将发生巨大的变化，而且整个人类世界以及他自己的直观能力，甚至他本身的存在也会很快就没有了。”③

对生产的这一基础地位和决定作用，马克思之前和之后的庸俗理论家们不是无视就是故意忽视。对此，马克思指出“迄今为止的一切历史观不是完全忽视了历史的这一现实基础，就是把它仅仅看成与历史进程没有任何联系的附带因素”④。

而不论是从理论上还是从现实实践上无视和忽视物质生产这一社会现实基础，都会受到现实世界的裁决。以资本主义积累来说，资本积累是资本主义生产关系的核心内容，但高盈利的金融投机和欺诈反过来严重抑制了产业资本积累活动，这从根本上瓦解了资本主义生产

---

① 《资本论》第1卷，人民出版社2004年版，第215页。
② 《马克思恩格斯文集》第8卷，人民出版社2009年版，第31页。
③ 《马克思恩格斯文集》第1卷，人民出版社2009年版，第529页。
④ 同上书，第545页。

关系的存续基础。伴随着高盈利的金融资本膨胀，是实体经济部门的产业资本下降的积累率。缺失了资本积累的资本主义，意味着资本主义现实生产开始丧失价值增殖的本质，由此决定的资本主义生产关系的存续基础也将被资本本身所瓦解。

在另一种意义上，他们也重视物质生产，但是他们以高度的垄断权垄断了生产资料的所有权，垄断了核心技术所有权。在全球化条件下，凭借垄断的权利控制全球生产、贸易、金融的运转，实行新的剥削模式。

在金融帝国主义发展的当代，以强化的金融化方式，把上述不合理、不公正的行为，以各种金融的规则，金融的运行方式形成制度，以一种合理合法的面貌出现，进行金融帝国主义的新的统治。但它是根本背反科学，违反人类社会正义的。

金融机构是为产业服务，本身不创造价值。金融收入的来源应当是，从马克思主义的观点来看，金融收入应被视为剩余价值的转移，是从资本主义企业转移到金融部门。但是，国民收入核算在处理金融部门的收入时没有采取这样的做法。

国民收入核算将虚拟产品与其他无法按照市场标准核算的产出归为一类，如商业服务、金融、教育、医疗等。扭曲了模糊了大众对资本主义经济中的价值生产和经济增长问题的认识。

美国学者邓肯·弗利认为，金融机构向储户支付的利率总体上低于贷款利率，二者的差额就是金融收入的主要来源。如今，国民收入核算不再把这种利息流视为价值转移（剩余价值从工业资本家转移到金融部门）。因为如果金融交易的净利息收入被视为价值转移，那么金融机构所有者及其职员的收入（即工资和利润）就成了成本；没有销售收入对此进行补偿，金融机构的增加值只能为负。为了避免出现收入和产品都是负值的尴尬，国民收入核算通过“估算”的方式把产品计入金融部门名下，这样就可以用产品价值冲销金融部门的收入。因此，当金融收入上升时，国民收入核算的一些指标（如实际GDP）也会上升。这就解释了为什么全球化时代发达资本主义国家的实际产出数据仍在上升。如果按照马克思的观点，将这些金融交易视为价值转移，那么发达资本主义国家的实际 GDP 增长率将会显著下调。

基于马克思的剩余价值理论，所有形式的金融收入都是全球剩余价值总额的一部分，本质上与地租和资源租金相同。虽然金融资本家是通过操纵公众预期、操纵合同等手法占有部分剩余价值，在方式上不同于土地所有者和资源所有者的垄断权力，但结果是相同的，都是对剩余价值的分配和占有。必须注意到关键的一点，金融收入的增长不代表全球剩余价值总的增长，只代表剩余价值在金融资本家与其他人之间的再分配。

我们认为，在企业利润的统计上，把从事金融交易得来的收入计算为企业的利润是荒谬的，它没有经过生产过程，而只是经过金融市场的“淘金”。这类金融制度、规则，有利于金融资本便捷地获取剩余价值，不经过劳动过程就得到价值增殖。并且整个生产方式，生活方式以此为目标。正如邓肯·弗利指出：“国民经济发展政策的唯一问题是如何设计产权、税收、补贴和调控体系，以利于将剩余价值以国民收入的形式占为己有。”① 在国际层面，“低工资地区集中生产价值和剩余价值，高收入社会则专注于剩余价值的占有。这种模式意味着国家之间以及国民经济内部收入不平等的进一步加剧。金融部门及其他剩余价值占有部门是收入不平等趋势扩大的罪魁祸首”②。

结果就是掩藏着深层次的矛盾，国民经济内部生产性和非生产性劳动失衡；对生产性劳动力的剥削趋于极限；价值积累日益变成金融的附庸。金融化表现了资本主义经济体系的重心从生产向金融的转变。在这个转变过程中，全球资本主义通过投机性扩张促进剩余价值的积累。这种扩张最终会破坏整个经济秩序和社会秩序，加速全球资本主义的衰落。

---

① ［美］邓肯·弗利：《对金融帝国主义和“信息”经济的再思考》，车艳秋译，《国外理论动态》2015 年第 2 期。

② 同上。

第二节　流通

流通领域包括商品流通与货币流通，我们这里主要讨论货币资本、金融资本的流通。在今天市场交换经济发达的条件下，现代经济生活中市场成为资源配置的决定性手段。特别是随着各要素市场特别是金融市场的发展与独立，金融市场在市场体系中居于主导地位，是现代经济运行的核心。在资本主义经济金融化发展中，金融市场的决定性作用凸显。由于资本主义私有制度及其虚拟金融资本的统治，使金融领域成为他们追逐利益最大化的场所，金融日益脱离为生产服务的本质，追求自身利益，自我膨胀，是资本主义经济金融化最重要的特征。

马克思在论述资本主义交换（流通）时指出："在生产本身中发生的各种活动和各种能力的交换，直接属于生产，并且从本质上组成生产。……私人交换以私人生产为前提。"① 说明生产决定交换，而交换对生产起反作用的基本原理。说明一定社会条件下的生产方式决定了该社会交换的性质。在金融化的条件下，金融日益脱离为生产服务的职能，创造和促进生产力发展的作用萎缩，阻碍和破坏生产力的作用成为主导。

只有在资本主义私有制度下，私有的少数金融垄断资本居于统治地位的条件下，才使金融部门成为支配生产，以及统治整个社会经济生活的主导力量。自从亚当·斯密建立资产阶级经济学，信奉货币金融变量由实际经济即产业的变量所决定，实体的产业是支配和主导货币变量的决定因素，金融资产价格仅是实体经济收入和利润的反映。实体经济是主人，金融银行系统是仆人。然而，金融化将头和脚，主人和仆人的关系完全颠倒过来。货币金融体系，资本市场，金融资产从仆人变成主人；实体经济从主人变成了仆人。货币金融变量成为左右整个经济体系运行的支配信号和关键变量，决定着实体经济，产业

① 《马克思恩格斯选集》第 2 卷，人民出版社 2012 年版，第 698—699 页。

经济体系的供给和需求，生产和消费，储蓄和投资，决定着社会的商品、服务的价格，决定着实物资本的价值或价格，最重要的是决定着企业自身的价格（企业的市值）。印度学者拜斯德伯·达斯古普塔（Byasdeb Dasgupta）在其文章中指出："在金融化进程中，金融市场、金融机构、金融创新、金融精英获得了对经济、包括经济政策的更大支配权。"① 虚拟经济大大超过了实体经济，中国学者肖炼的研究表明，全球老百姓手中可花的钱也就是现金占全球 GDP 的 10%；用广义货币表示全球的实体经济，仅占全球 GDP 的 122%；证券化债务表示全球股市总值，占全球 GDP 的 142%；而金融衍生品占全球 GDP 的 802%。②

从商业资本主义到产业资本主义，发展为金融帝国主义，特别是金融强化的今天的资本主义经济金融化，金融市场已经演变成为复杂、多样的全球化的金融市场体系，全球性金融市场所发出的各种资产价格信号、利率信号、汇率信号，随时影响和改变着全球产业分工体系，贸易体系。影响着各国的财政货币政策和无数企业与个人的投资方向。如果说市场经济的基本内涵为以市场为导向决定资源配置，那么，金融市场是市场体系的核心，真正起决定性作用的市场是金融市场，市场中起决定性作用的是价格信号，资产价格，利率、汇率这些货币（外币）的价格则是真正起决定作用的价格信号。它们是金融帝国主义世界经济体系的决定性变量，决定了经济体系的生产、消费，经济增长与收入分配。

因而，在当今金融帝国主义金融化的生产方式下，作为流通过程的金融体系主宰了整个社会经济进程。由于资本主义生产的本质是追求金融资本自身利益最大化，流通过程及金融市场的运作成为金融资本最便捷的获得金融资本利益的场所。不通过生产过程，不经过劳动，通过货币资本的投入，就可以获得更大的回报，使 G—G′的循环

① ［印度］拜斯德伯·达斯古普塔：《金融化、劳动力市场弹性化、全球危机和新帝国主义——马克思主义的视角》，车艳秋译，《国外理论动态》2014 年第 11 期。

② 肖炼：《中美经济博弈》，中国财政经济出版社 2015 年版，第 71 页。

成为金融帝国主义金融化时代的典型形式。

在产业资本居于主导的资本主义发展时代，产业资本决定经济体系、价格体系和分配制度，实体经济支配虚拟经济。然而，金融资本特别是虚拟金融资本居于主导的时代，一切皆颠倒过来。虚拟经济支配实体经济，货币金融决定实体经济的价格体系和分配体系；与实体经济供需脱节；企业不仅追求利润最大化，而且追求市值最大化。

一　金融业日益脱离为生产服务的本质

金融业日益脱离为生产服务的本质，而追求为自身增殖服务。在商业资本主义与产业资本主义为主导的时代，金融业主要就是银行业，而在金融帝国主义时代，金融化发展时期，在传统的商业银行业之外，证券、保险、信托等其他金融部门得到了巨大发展，它的发展导致传统商业银行在金融业中的重要性大幅度下降。在 20 世纪 80 年代以前，储蓄类金融机构的信贷所占比重在 40% 以上，而 80 年代以后，再下降到 20% 左右。20 世纪 80 年代以来，美国的信贷绝大部分来自非储蓄类金融机构，而这些从事信贷业务的非储蓄类金融机构被称为“影子银行”。据金融稳定理事会估计，2012 年末，全球影子银行的规模达到 67 万亿美元。

过去三四十年，金融机构（特别是商业银行与投资银行）的业务从传统的中介业务转向交易业务。这种转变首先表现在传统商业银行业中，即商业银行的业务越来越具有投资银行的特征。1980 年，银行存款占全部金融资产的 42%，而到 2005 年前，这一比例已降至 27%。商业银行的业务越来越非信贷化，非利息收入在银行业收入中所占比重大幅度增长。在美国，1945—2011 年，整个商业银行业的非利息收入所占比重从 1945 年的 22% 下降至 1981 年的 7%，但到 2011 年，非利息收入所占比重达到了 32%。①

投资银行的业务也发生重大变化。投资银行的传统业务是低风险

① 周宏、李国平：《金融资本主义：新特征与新影响》，《马克思主义研究》2013 年第 10 期。

的证券承销与财务顾问业务。但从20世纪80年代开始，在追求更高回报动机的驱动下，华尔街的投资银行迅速地向交易与投资业务转变。2008年金融危机前，华尔街各主要投资银行的利润中，来自交易与投资业务所占的比重都大幅度增长，高盛从1997年的39%上升至2007年的68%，美林从1997年的42%上升至2006年的55%，雷曼兄弟从1997年的32%上升至2006年的80%，而贝尔斯登2002年以来的部分年份中，交易与投资业务的利润占总利润的比例达到100%。①

金融部门为追求自身利益日益脱离实体经济。美国经济学家大卫·科茨说，20世纪70年代伊始，相对于非金融领域而言，金融市场的交易变得频繁，利润也随之增加。全球日均外汇交易量从1973年的150亿美元，上涨至1980年的800亿美元和1995年的12600亿美元。1973年全球商品和服务贸易额占到外贸交易总额的15%，而这一数据在1995年则下滑为不到2%。这意味着货币交易的膨胀主要是用于金融交易，而不是国际商品和服务的购买。他认为，金融部门不再像摩根时代那样控制非金融部门，而是独立于它们。金融化并不意味着金融部门对非金融部门的新统治，反而会加快金融部门与非金融部门的分离。②

金融脱离生产自我循环，进行投机交易，以此获得巨额收益。一些学者的研究表明，现代股份制公司普遍存在自我激化、自我强化的软预算约束综合征，特别是在股份制金融公司中，软预算约束的特征更为普遍和突出。在缺乏约束的条件下，金融公司的经理阶层具有更强烈的投机特征。为了满足金融投机的需要，越来越多的金融衍生交易品被创造出来，并迅速成为现代金融机构的主要利润来源，而为实体产业部门提供融资与咨询的传统业务则退居次要地位。根据美国波士顿咨询集团的数据，外汇交易量1977—2010年增长了233倍，交

---

① 周宏、李国平：《金融资本主义：新特征与新影响》，《马克思主义研究》2013年第10期。

② ［美］大卫·科茨：《金融化与新自由主义》，孙来斌、李铁译，《国外理论动态》2011年第11期。

易业务（尤其是债券和外汇交易）占最大几家银行2010年营业收入的80%。在金融衍生品交易中，短期性投机日益成为资本获利的唯一途径，疯狂的投机活动弥漫着全球金融市场。

发明各种新型金融工具，衍生金融工具爆炸式增长，它们的目的就是追求最大收益，而不是促进生产发展。随着金融的自由化，大量新的金融产品与金融工具被开发出来。美联储有一个国际金融司，主要的工作之一就是“金融创新”，什么是金融创新？就是“放大金融杠杆的作用”,[①]《巴塞尔协议》规定全球商业银行的存款保证金不得低于8%，以保证银行体系的安全。就是说银行的杠杆率是，92元除以8元等于11.5，银行的杠杆率是11.5倍，这个杠杆率是在合法范围的。但是美国一些银行把杠杆率放大到24倍、660倍，甚至近千倍。一美元可以当几十美元、几百美元甚至上千美元使用，大笔大笔地赚钱。多倍数衍生金融工具不仅数量繁多，而且交易量出现爆炸式增长。国际清算银行（BIS）的统计数据显示，全球柜台交易（OTC）未结清衍生金融工具的名义价值从1998年的80万亿美元增长到了2012年的632万亿美元，而同期全球GDP总量只从30万亿美元增长到70万亿美元。

二　资本主义金融体系具有赌场性质

西方一些人士认为，资本主义金融体系逐渐变为一个虚拟经济游离于其中，以获利为目的的赌博场所。福斯特说，在投机金融新时代，全球化竞争的先进的和纯粹的形式已经出现了，由新闻记者托马斯·弗里德曼（Thomas Friedman）所称的“电子游牧族”所统治，没有人对此有控制权。[②]

1986年出版、1997年再版的英国学者苏珊·斯特兰奇（Susan Strange）所著《赌场资本主义》，把现今的资本主义金融体系比作

① 肖炼：《中美经济博弈》，中国财政经济出版社2015年版，第70页。

② ［美］约翰·贝拉米·福斯特、罗伯特·麦克切斯尼、贾米尔·约恩纳：《21世纪资本主义的垄断和竞争》，金建译，《国外理论动态》2011年第9期（上）、2011年第10期（下）。

个大赌场。她说，与普通的我们远离的真正的赌场不同的是，它影响到每一个人。使我们所有人都毫无选择地被卷入了每日的游戏中。一种货币的变化可能使农民在收割庄稼前就收入减半。或使出口商停业。利率上升可以导致店主库存费用致命上涨。基于财政考虑的接管命令可能使工厂工人失业。从刚离开学校走上社会的年轻人到已退休的老人，在大型金融中心的办公区的赌场里发生的事情对每个人的生活都有突然的、无法预测的、不可避免的影响。①

对于资本主义金融体系的赌场性质，就连深谙金融投机的内幕人士也撰书加以描述，《资本主义大变形》一书的作者戴维·斯托克曼（David Stockman）1976 年当选为美国密歇根州国会议员，1981 年加入里根政府，出任预算和管理办公室主任，后来加入所罗门兄弟公司（该公司曾卷入操纵政府债券的丑闻，并因此衰落，后被并购）。随后成为黑石集团的合伙人，长期作为私募股权投资家活跃在金融界。《资本主义大变形》的主要观点就是美国，特别是作为央行的美联储已经被权贵资本主义占领了，美国经济蜕变成了投机赌博资本主义。

金融在经济活动中不断增长的权重反映在银行、经纪人事务所、金融公司等机构的扩张上，还表现在利用各种新金融工具。金融机构则推出了期货、期权、衍生产品和对冲基金等新的金融工具。英国学者约翰娜·蒙哥马利指出："全球市场中的金融工具不断推陈出新，这个过程被视为公司、银行、政府的赌博行为制度化。"金融与生产的脱节使生产更易受到金融投机活动的影响，其后果是无法估量的。对生产而言，不受管制的全球金融起到的主要作用是破坏。②

中国学者张海涛早在 1999 年就提出了美国"新经济"的实质是"赌博资本主义"的观点。③ 按照美国资产阶级经济学家所说，信息技术在内的高技术的发展，是美国"新经济"的重要组成部分，对

① ［英］苏珊·斯特兰奇：《赌场资本主义》，李红梅译，社会科学文献出版社 2000 年版，第 2 页。

② ［英］约翰娜·蒙哥马利：《全球金融体系、金融化和当代资本主义》，车艳秋、房广顺译，《国外理论动态》2012 年第 2 期。

③ 张海涛：《论美国"赌博资本主义"》，《当代思潮》1999 年第 3 期。

于1998年第四季度美国经济增长达到6%，他认为，推动美国国内生产总值增长的，是主要股票市场价格的上升以及这种上升带动的金融衍生品投机获得的发展。因为信息技术的发展为华尔街金融资本从事股票、债券等金融炒作提供了极为有利的条件。美国股市价格与企业利润的走向严重背离，企业利润总体下降，然而它们的股票价格却急剧上升，是典型的虚拟资本的上升。美国国内生产总值的增长主要不是物质生产或实体经济的增长，基本上是社会拥有的货币量或纸面财富的增长，即虚拟资本的增长。美国国内生产总值已经在相当程度上与物质生产相背离，成为虚拟经济。

在这里，认识资本主义私有制度下，股票、债券市场等金融工具具有两重性，更有利于揭示资本主义经济、金融体系的赌场性质。在正常情况下，股票价格上升，工商企业可以从中获得部分资金，用于扩大再生产，扩大经营，就是可以促进物质生产和商品流通，持股人也可以从中取出一部分，用于消费，消费的增加又可以反过来促进物质生产。这是就金融部门促进生产发展，它的应有职能而言。但是，股票、债券市场等金融工具与投机活动相伴而行。特别是在资本主义金融化条件下，金融市场、金融工具越是发达，投机获得也随之进一步发展。股市价格的涨落基本上操纵在为数不多的大炒户手中，主要操纵在由金融垄断资本掌握的套利基金也称对冲基金、共同基金等金融机构手中，它们直接或间接靠炒作基金、股票牟取暴利。它们猖獗的投机活动必然破坏金融市场的正常运作，从而破坏整个社会经济活动的正常运转，破坏整个社会生产与再生产的正常进行，加重社会生产的无政府状态，从而激化资本主义制度的固有矛盾，使资本主义危机不断爆发。

随着20世纪七八十年代以来资本主义经济的重心转向金融，以金融虚拟经济代替物质生产，金融工具促进物质生产发展的作用降低或失去，破坏生产和加速占有社会产品和社会财富的作用成为主导。如果说传统的股市交易与人类生产活动有一定的联系，而新生的金融衍生品交易等金融工具，与生产活动就没有联系。在正常情况下，股市交易与市场活动的联系在一定程度上是存在的。但在金融寡头操纵市场，下大赌注的赌徒们争斗十分激烈、股市行情瞬息万变的时候，这种联系就荡然无存。这时，股市交易与上市公司的经营状况几乎毫无联系。

金融衍生品交易对人类生产有害无益。股市交易在正常情况下，对生产活动有一定促进作用。然而在那些大金融寡头下大赌注疯狂争斗，破坏市场正常秩序时，股市交易的暴跌或者暴涨不仅对社会生产无益，而且有害，市场暴跌或者暴涨都会引起剧烈震荡，刺激资金链的薄弱环节断裂，引发危机。它既伤害投资者，也伤害上市公司，使投资者的金融资产损失，同时上市公司的金融资产也遭受损失。这里，我们看到，掌握有市场控制权的金融资本、寡头操控市场，进行赌博性交易对社会经济的破坏。同时也联想到，一些亏损严重但渴望从赌场捞一把的公司，不惜造假账，虚报盈利，欺骗投资者，企图继续吸引投资者的欺骗行为。

美国的约翰·卡西迪的文章透露，英国最高金融监管机构——金融服务局主席阿代尔·特纳曾认为在华尔街和其他金融中心发生的很多事“毫无社会价值”。特纳在一篇题为《银行是做什么的?》的文章中指出，某些金融行为能获取更高的收益和利润，但没有任何实际价值，即只赚取了经济学家所指的租金。过去10年中，花旗成了金融误判、鲁莽放贷和巨额亏损的代名词。与其说这是资产建设，不如说是资产剥蚀。①

显然，金融业投机盛行绝不会促进生产发展和社会经济的进步，而是资本主义经济正常运行的严重障碍。纽约大学托马斯·菲利蓬（Thomas Philippon）教授认为，金融交易急剧扩张的结果不是金融资产更为清晰的定价，实体经济部门没有从中获得更好的金融保障，社会其他部门也没有从中受益，它的存在与扩张对于经济进步而言毫无意义。当金融泡沫破裂以后，作为罪魁祸首的金融垄断资本集团凭借其强大的政治势力，反而最先享受到政府的巨额救助；它们的金融投

---

① ［美］约翰·卡西迪：《美国华尔街金融资本的基本运作状况》，张征、徐步译，《国外理论动态》2011年第10期。

机与欺诈行为造成的恶果，反倒要由普通工薪阶层民众来共同承担。所有这一切清楚地表明，投机、欺诈、掠夺和寄生性是金融帝国主义的固有特征。①

三　负债成为资本主义经济运行的常态

整个经济体系形成了以债务为基础的经济运行机制。金融化的生产方式，金融成为主导，流通支配生产，金融主宰社会经济，其直接的结果就是金融脱离生产，自身自我膨胀，通过大量发行货币，大量发行金融资产，通过金融市场的运作，获得增殖。这同时产生了金融化的一个矛盾，金融利益最终是要靠物质生产领域劳动者的创造，金融利益最终不能脱离实体经济而凭空获得。虽然，在全球化的条件下，金融帝国主义从他国，把全世界都作为其掠夺的范围。同时，我们认为，在资本主义发达国家，债务充斥其全社会所有领域，企业负债经营，普通民众借贷生活消费，国家的财政赤字、贸易赤字剧增，负债成为发达资本主义国家的常态。我们认为这是解决资本主义金融化矛盾的暂时出路之一；同时也暴露了有着强大金融统治地位，秉持货币霸权的发达的金融帝国主义凭借货币霸权、金融霸权，以增发货币量，增发金融资产量，制造金融泡沫，以负债模式来支撑资本主义的繁荣。在社会缺乏有效价值增长的情况下，垄断资本主义靠负债、泡沫和掠夺支持经济增长。只要债务处于安全的范围之内，放大的金融杠杆倍率就是金融业赚取巨额利润的魔杖。因而，整个经济日益依赖于一个接一个的金融泡沫。资本（通过企业和个人投资者）把剩余和储蓄注入金融，投机于资产价格的上涨。同时，金融机构发明了容纳这种大量货币资本流入的新方式，通过各种各样的新奇的金融工具，例如，衍生工具、期权、证券化等。通过增加借款的杠杆作用把经济的金融上层建筑不断推向更高的高度。结果就是累积如山的债务的产生外加上金融利润的超常增长。“1970 年代以来，政策出现转变。各国政府施展浑身解数，维系建立在债务基础上的经济繁荣。在

① 王生升：《金融帝国主义的黯淡前景》，《红旗文稿》2015 年第 2 期。

美元与黄金脱钩之后，加上金融市场自由化，银行不受制约地发放信贷，借助通过这种合法印钱而获取的利润扩张性的经营。”①

不仅如此，资本主义国家的政府也靠发行国债维持国家生活运转，国债成为信用度最高的金融资产。目前，所有发达资本主义国家的政府都背负着巨额债务，债务危机随时爆发。2008 年美国爆发次贷危机以来，联邦政府一直处于举新债还旧债的状态，这种拆东墙补西墙的手段突出表现在美国政府关门事件中。2013 年 10 月 16 日，美国国会达成协议，结束部分政府部门长达 16 天关门危机，协议批准联邦政府借债 3280 亿美元。在这之前规定的上限是 16. 7 万亿，致使美国债务首次突破 17 万亿美元，达到 17. 075 万亿美元。美国的债务危机远比其他国家严重，但美国借助美元的世界货币地位，多次实行宽松货币政策，把自身危机向外转移。

2009 年 10 月，希腊政府宣布其 2009 年的财政赤字占国内生产总值的比例达到 12. 7% ，公共债务占国内生产总值的比例达到 113% ，远远超过欧元区所要求的 3% 和 60% 的上限。随着希腊债务危机的发展，欧元大幅下跌，欧洲股市暴挫，主权债务危机在欧元区蔓延，西班牙、意大利、葡萄牙和爱尔兰等国也相继陷入信用危机，希腊主权债务危机迅速蔓延为欧洲范围的一场危机。

日本政府的债务 1981 年度超过 100 万亿日元（约合 1 万亿美元），2008 年度达 500 万亿日元（约合 5. 1 万亿美元）。2013 年 8 月，日本国债达到 1000 万亿日元（约 10. 4 万亿美元）大关，占 GDP 的 240% ，相当于日本国民人均 8. 2 万美元。现在日本政府每年财政支出半数以上依靠发行国债，财政恶化的程度在发达国家名列第一。

因而，20 世纪七八十年代以来，在以金融自我膨胀、靠金融产品循环补充利润的金融化积累的生产机制下，作为主要资本主义大国经济发展的一个特征事实就是，金融渠道日益成为利润的主要来源；而金融资本利润的增加必然伴随着经济体系中债务的增加，整个经济

---

① ［德］丹尼尔 · 施特尔特：《21 世纪债务论》，胡琨译，北京时代华文书局 2015 年版，第 8 页。

体系形成了以债务为基础的经济运行机制。“在债务经济中，债务关系不仅是经济联系的纽带，而且是主体即‘债务人’的生产机制。”①事实正是如此，就如我们上面所述：国家政府的债务；企业债务，以及个人消费债务；对外贸易赤字等。

其泡沫化、虚拟性经济特质必将孕育着危机。这是在金融化的社会经济条件下，经济危机新的表现形式。虽然2008年危机经资本主义国家的政府的极力救助，没有形成资本主义金融体系和危机对经济和政治的毁灭性打击。但是发生资本主义经济金融危机的社会环境、社会条件并未发生根本变化，新一轮危机的爆发只是个时间问题。

现今的资本主义发展模式难以避免靠制造泡沫来刺激增长，又因泡沫破灭导致巨额债务，发生危机的逻辑。2000—2007年，美国债务从国内生产总值（GDP）的77%上升至145%。同时，美国的贸易赤字和财政赤字不断攀升，其货物及服务贸易的赤字自2001年的3643.9亿美元飙升至2006年的7592.4亿美元；财年财政赤字据美国财政部公布的报告，逐年上升，财政危机。人们认为，2008年的金融危机实质上是美国依靠金融泡沫和债务维持增长的机制的产物，②是这种金融化模式的危机。

从金融危机对实体经济影响来看，受影响最大的是世界经济的另一极——产业转移国家的实体经济。由于当今世界经济体系是一个全球化的、金融主导的体系，金融资本对发展中国家的产业转移，所投资的企业所持资本并不完全是他自有的资本，而是依靠金融市场融资，因此，其产业与金融市场有着不可分割的联系，一旦金融市场有风吹草动，必将对企业产生影响。主要是资金链条的断裂，并发生连锁影响，使其经营无法持续下去。在中国沿海的一些外商投资、合资企业，由于发生金融危机，资金链条断裂，后续资金供应不上，一些新建在建项目而发生停滞，或外方人员弃之而逃的事例屡有发生。再

---

① 汪行福：《当代资本主义批判——国外马克思主义的新思考》，《国外理论动态》2014年第1期。

② 参见焦世新、周建明《美国是“负责任”的实力下降霸权吗?》，《世界经济与政治》2011年第12期。

者，发展中国家所持有的外汇资产，主要是美元资产，由于金融危机导致美元贬值以及政府采取刺激货币政策就市，而导致所持外汇资产的缩水。

总而言之，以流通支配生产，靠发行债务支撑经济体系凸显了当代资本主义生产方式的腐朽性，更显示了这种生产方式的不可持续性。

第三节　分配

一定社会的分配方式取决于该社会占统治地位的生产方式，生产方式决定分配。资本主义占统治的私有制度，资本主义金融化的生产方式决定了其收入与财富的分配方式支持金融资本。马克思主义经济学基本原理告诉我们，一定社会的占统治地位的主导地位的生产方式决定该社会的分配方式。金融化的资本主义积累中，社会资本向金融领域集中，金融占主导的资本主义收入分配必然向金融部门，向金融资本倾斜。因为金融垄断资本集中的目的，是用掌握的资本获得更多的剩余价值，进行金融掠夺，获取最大化的收益。

一　整个社会的收入分配倾向于资本

如前所述，金融业为社会提供利润，以及在 GDP 的增长中占有很大比重。这表示，金融化一方面有助于利润总份额的增加，但是，它降低了劳动收入的份额。因为在纯粹的金融领域不创造价值，金融业收入的增加必然挤占、降低劳动收入份额。金融运行本身越是发达，它们对社会产品价值、对社会财富的侵蚀就越是猛烈，因为金融业本身不创造任何价值。它通过流通领域金融资本运动，金融资本更多地瓜分、占有全社会创造的价值和剩余价值，金融机构运行对全社会的资产进行剥蚀。

德国学者埃克哈德·海因（Eckhard Hein）认为，在新自由主义和金融主导的资本主义发展时期，功能性收入分配在劳动成本上已经发生变化，支持广义的资本收入。劳动收入份额是国民收入核算中的一个量度，并根据雇员和经营者就业构成的变化而不断校正。从20世纪80年代初到大衰退期间（指2008年金融危机后——作者注），劳动收入份额在发达资本主义经济体中呈现出一种周期性波动的下降趋势。[①]

根据马克思主义基本观点，雇佣劳动与资本构成了资本主义社会生产关系中的主要矛盾。随着20世纪七八十年代以来的资本主义经济金融化的发展，雇佣劳动对资本的实际隶属程度不断加深，劳动收入增长相对于资本盈利扩张而言越来越滞后。对于资本而言，这种国民收入分配格局无疑是好的；但从社会再生产过程来看，这种国民收入分配格局无疑是有害的。雇佣劳动收入增长落后于资本盈利增长的分配格局，必然导致日益恶化的积累与消费的缺口，由此引起的生产过剩和资本过剩，不断加剧了资本主义经济危机、金融危机，从根本上消解了资本主义经济增长与发展的前景。

二　劳动收入差距加剧拉大，特别是普通员工与高层管理层工资的收入差距悬殊

在劳动收入中，各种劳动收入的差距加剧拉大，特别是加剧普通员工与高层管理层工资的收入差距。公司企业内部分配更多地挤压工人的工资福利，形成高收入的管理层。当企业逐渐减少实物投资、增加金融投资的时候，企业的分配结构也随之发生深刻的变化。首先，通过利息、红利等形式对金融市场和金融机构的支付增加了；其次，以股票、期权的形式，对管理者的支付也增加了。在劳动生产率一定情况下，这些行为必然会导致工人失业，工人工资和福利水平降低。这加剧了收入不平等和工人实际工资水平长期停滞。

资料显示，近几十年来，也就是资本主义金融化以来，工人的实际工资水平呈下降趋势。美国生产性工人的实际工资在1972年达到战后峰值，此后到1995年一直处于下降之中，迄今也没有恢复到峰

① ［德］埃克哈德·海因：《金融主导的资本主义和收入再分配——基于卡莱茨基模式的视角》，李艳译，《国外理论动态》2015年第2期。

值的水平。相形之下，首席执行官的收入在 1982 年是普通工人的 42 倍，2005 年飙升到 411 倍。[①]

结果就是最高收入群体份额在国民收入中占比增加，在美国和英国这种情况尤其如此，自 20 世纪 80 年代初以来，美国和英国的顶层收入份额激增，在 2008 年的危机之前就已达到美国 20 年代中期和英国 30 年代中期的水平。关注顶层收入的构成，自 20 世纪 70 年代以来，美国顶层 0. 1% 收入份额的增长，主要受顶层薪资（包括工资和薪金、奖金、执行的股票期权和养老金）的增长所推动，自 20 世纪 80 年代中期以来，还受到业主收入增加的推动。在 0. 1% 顶层富豪的收入中，资本收益（利息、股息和租金）直到 90 年代初都在减少，此后大体上保持不变。[②] 因此，高层管理人员（"工薪富豪"）的薪酬成为导致美国自 80 年代初至 2006 年收入不平等程度上升的主要原因。

高层管理人员的薪资是国民收入核算中企业员工的部分薪酬，它包含在工资份额中，如果将这部分统计排除在工资收入统计之外，将更加明显揭示普通劳动者工资收入下降的严重程度。因此在新自由主义的金融化时期，高层管理人员薪资的增加抑制了自 80 年代初以来工资份额下降的趋势。将高层管理人员的薪资排除在工资份额之外会显示普通劳动者收入份额甚至更明显的下降，特别是在美国、西班牙和荷兰等国家，高层管理人员的薪资是顶层收入的主要部分。

资本主义金融化使股东和高层管理者的权利相对于公司和工人的权利增强，在分配方面尤其如此，通过与绩效相关的薪酬支付、红利分配等短期机制使管理层与股东的利益一致。"金领" 阶层，特别是金融高管的年报酬畸高，实质上体现了高管层对企业利润的分享机制。它带来严重负效应：它助长金融投机活动和 "非理性繁荣"；助

---

① ［美］大卫・科茨：《资本主义的新自由主义体制危机》，《中国社会科学内部文稿》2009 年第 3 期。

② ［德］埃克哈德・海因：《金融主导的资本主义和收入再分配——基于卡莱茨基模式的视角》，李艳译，《国外理论动态》2015 年第 2 期。

长企业经营中的瞒报和财务做假；助长追求短期的投机盈利，而不是谋取公司长期稳健地成长。

三　食利性收入持续增大

众所周知，资本主义经济中有着以大金融资本集团股东的食利者阶层为代表的相当多的食利者。在企业中大股东与高层管理者的利益一致，许多人更是二者身份兼而有之。正如很多学者指出的，股票期权等薪酬制度设计为大资本所有者与高级经理阶层的利益融合提供了手段，二者已经结成新型联盟，前者参与企业高层管理，后者可以通过巨额薪酬变成所有者。这种公司治理模式的变化导致企业的收益分配明显向垄断金融资本倾斜。

四　资本家阶级之间剩余价值的分配向金融资本和金融市场倾斜

米歇尔·阿格列塔、拉左尼克和奥沙利文等人的研究表明，金融化对非金融企业的治理结构的重构，“股东价值”在企业诸多目标中占据支配性的地位，导致非金融公司在公司战略和收入分配方面倾向于更多地向股东分红。

从对资金流量的实证分析表明，金融机构从非金融企业现金流中提取的份额日益增长。金融市场迫使非金融企业向金融机构返还越来越大的额度。非金融企业向金融市场的支付金额在 20 世纪 50 年代处于相对较低的水平，60 年代中期至 70 年代后期上升到大约占现金流量的 30%。而 1984—2000 年（除了 90 年代早期经济处于衰退阶段的三年），非金融企业向金融中介机构的返还额度达到其资金流量的一半。以后这一比例从未低于 50%。詹姆斯·克罗蒂（James Crotty）的分析显示，自经济金融化以来，美国非金融企业向金融市场的支付金额持续增加。在 60 年代中期至 70 年代后期，其支付金额占现金流的比重只有 30%，而 1984—2000 年，这一比重上升到 50% 左右，1989 年和 1998 年更是高达 76% 和 74%。[①]

① 王生升：《金融帝国主义的黯淡前景》，《红旗文稿》2015 年第 2 期。

在资本主义金融化条件下，典型的是金融市场集中了金融资本的权利与资本，金融市场的支配作用使全社会资本与收入，以及财富的再分配向金融垄断资本集中。法国学者德洛奈认为，货币和金融市场形成了一个提取和集中世界储蓄的体系，“确切地说，金融市场是进行控制的地方，它能够保证资本所有者的绩效最大化”①。金融资本通过金融市场对货币资本的操纵进行着全球财富的再分配，将更多的财富聚敛到自己手中。这种活动具有很大程度的投机性，它没有创造物质性价值，却加速了财富向金融垄断资本的集中，使富的越富，穷的越穷。

五　全球社会收入差距拉大，贫富差距恶化

金融化的生产方式所决定的收入分配日益拉大的情况必然加大贫富分化。资料显示，这种情况到20世纪80年代以来，也就是资本主义经济金融化时期以来更加明显。

联合国经济合作与发展组织（OECD）的数据表明，从20世纪80年代中期至21世纪前10年末，多数国家的个人收入分配不平等程度日益加剧。以基尼系数为指标，集中若干国家的家庭市场收入分配的数据显示，这些国家这种不平等的上升幅度相当大，特别是芬兰、德国、意大利、葡萄牙、英国和美国。

在考虑国家的税收和社会政策的再分配因素之后，在新自由主义和资本主义金融化主导的时期，居民可支配收入分配的不平等仍然日益加剧。这在芬兰、德国、瑞典、英国和美国尤为明显。尽管税收和社会政策减小了收入的不平等程度，但随着时间的推移，无法阻止大多数国家不平等程度的不断加剧。这同样是由经济合作与发展组织（OECD）利用更多收入不均等的测量方法得出的结果。参见表1。

① ［法］让·克洛德·德洛奈：《全球化的金融垄断资本主义》，刘英译，《国外理论动态》2005年第10期。

表 1　　　　　　　　　　**家庭市场收入税前基尼系数**

国家	20 世纪 80 年代中期	90 年代左右	90 年代中期	2000 年左右	21 世纪前 10 年中期	21 世纪前 10 年末
比利时	0. 449		0. 472	0. 464	0. 494	0. 469
芬兰	0. 387		0. 479	0. 478	0. 483	0. 465
法国			0. 473	0. 490	0. 485	0. 483
德国	0. 439	0. 429	0. 459	0. 471	0. 499	0. 504
希腊	0. 426		0. 446	0. 446	0. 454	0. 436
意大利	0. 420	0. 437	0. 508	0. 516	0. 557	0. 543
葡萄牙		0. 436	0. 490	0. 479	0. 542	0. 521
瑞典	0. 404	0. 408	0. 438	0. 446	0. 432	0. 426
英国	0. 419	0. 439	0. 453	0. 512	0. 500	0. 506
美国	0. 436	0. 450	0. 477	0. 476	0. 486	0. 486
日本	0. 345		0. 403	0. 432	0. 443	0. 462

资料来源：世界经济与合作组织（OECD）的统计数据（2012 年）。

国际货币基金组织的一项研究显示，20 世纪 90 年代，无论是在高收入国家还是在低收入国家，只有最富有的那 1/5 的人，其收入是增长的。而所有最贫困的 1/5 的人，其收入都下降了。最重要的变化发生在收入分层的顶端，1981—2006 年，最富有的 0. 1% 的人，其美元收入增长了 6 个百分点；其余的最富有的 1% 的人，其美元收入增长了 4 个百分点。最富有的 9% 的人，收入保持不变，而剩下的 90% 的人，收入都降低了。令人震惊的是，在 2008—2009 年的危机后缓慢复苏的一年中，美国最富有的 1% 的人，其收入增长量占收入总增长量的 93% 。①

比较收入分配的不平衡，全球财富分配的不平衡更加严重。从财富分配不平衡来研究问题，不仅关注收入分配流量的变化和分布，更注重从收入分配的存量变化分布观察不平衡的贫富差距问题。

① ［英］戈兰·瑟伯恩：《论 21 世纪的工人阶级》，付小红译，《马克思主义研究》2013 年第 8 期。

世界财富一端是成几何级数的惊人增长，一端是财富极度的贫乏，不均衡分布特别表现在南北国家之间的分布极不均衡。而在资本主义发展的不同时期，财富分配不均衡状态有不同获取方式和存在方式。但它的总的规律是随着资本主义的发展，呈现越来越大的贫富差距鸿沟。

在资本主义新变化强化下，也即资本主义金融化发展时期以来，财富分配的不平衡随着金融垄断资本的新发展成为主控财富分配的新力量。突出表现就是20世纪70年代以后，对信息技术、知识产权的垄断成为主控全球财富分配的新生力量。这些新变化影响甚至强化着既有的全球财富分配格局。虚拟经济下的货币掠夺和金融投机成为世界财富分配的重要途径。在虚拟经济这个价值系统中，货币是其中重要的一个环节。发达国家可以利用自身世界货币优势地位，在流通的过程中追求价值增殖，利用虚拟化的货币换回发展中国家大量的实体性财富。美元霸权就是其中的一个典型。

在马克思主义经济学基本原理的视域中，全球财富分布得极不均衡是资本主义主导下财富分配失衡的必然表现和结果，源于资本主义生产方式的存在和扩张。资本主义生产方式是财富分配失衡的深刻根源。资本主义生产方式的运行，需要以全球财富分配失衡为实现条件；这一生产方式再生产出的结果必然是财富分配失衡，更为严重的两极分化。从资本原始积累驱动到资本主义金融化的发展，我们可以看出，只要资本主义生产方式还存活一天，便会存在人间任何法令都难以消除的生产与分配的失衡，贫富的分化、财富分配失衡不断加大的趋势。资本主义生产方式的基础是生产资料资本主义私有制，而生产集中以及由此决定的“财产集中”是其生产方式的固有规律。资本集中与垄断的目的是占有和掠夺剩余价值，不断地攫取，这必然造成社会两极的分裂、分化。这说明剥削阶级存在是不平等的一个重要的决定因素。因此，只有消灭私有制，终结资本主义生产方式，才是根除社会两极贫富分化，财富分配失衡的最终方法。

六　分配不平衡是资本主义经济危机的重要原因

资本主义生产与分配的不平衡是导致资本主义经济危机的重要原因。两极分化、分配失衡是导致资本主义危机频发和社会动荡的重要诱因。西方国家债务危机、金融危机、经济危机，其本身就是社会分配不均所酿成的事件。

资本主义金融化的生产方式加剧资本与劳动的差距，20 世纪七八十年代以来，差距拉大的事实证实马克思的无产阶级贫困化理论的科学性。按照马克思建立的无产阶级贫困化的理论，关于资本主义社会中工人阶级的生活状况，在资本主义生产条件下的劳动力价值随劳动生产率的提高呈下降趋势。“商品的价值与劳动生产力成反比。劳动力的价值也是这样，因为它是由商品价值决定的。……因此，提高劳动生产力来使商品便宜，并通过商品便宜来使工人本身便宜，是资本的内在的冲动和经常的趋势。”[①] 这里所说的“商品便宜”是指商品（包括生活资料）价值的降低；“工人本身便宜”是指劳动力价值的降低。劳动力价值的降低意味着工人阶级的相对贫困化。“工人的相对贫困化，即他们在社会收入中所得份额的减少更为明显。工人在财富迅速增长的资本主义社会中的比重愈来愈小，因为百万富翁的财富增加得愈来愈快了。”[②] 当代发达资本主义国家经济金融化以来工人的工资水平下降，劳资对立，贫富悬殊，表明马克思的无产阶级贫困化理论没有过时。美国的工人的每周实际工资，1973 年是 330 美元，2007 年是 279 美元；在这同一时期内，下降了 15%。[③] 莱斯特·瑟罗（Lester C Thurow）指出：“约翰·肯尼迪总统很爱讲‘水涨船高’，然而，到了 70 年代初期，水涨船高的情形一去不复返了。……1973—1994 年美国真实人均国民生产总值提高了 33%，但第一线职工（不参与管理监督他人的男女职工）的实际小时工资下降了 14%，

① 《资本论》第 1 卷，人民出版社 2004 年版，第 371 页。

② 《列宁全集》第 22 卷，人民出版社 1990 年版，第 240 页。

③ ［美］乔尔·戈伊尔：《金融危机：一场全球性的资本主义系统性危机》，张寒译，《当代世界与社会主义》2009 年第 2 期。

实际周工资下降了 19%。1994 年末，实际工资回到了 50 年代末的水平。”① 金融资本的贪婪和对剩余价值的无限追逐导致社会收入分配差距越来越大。世界可持续发展面临巨大的威胁。

社会经济的有效运转体现为生产、分配、交换、消费的社会生产总过程的相互联系的环节顺利运行。然而，在现经济条件下，个人收入的多少更多地取决于其拥有资本比例的大小，致使劳动报酬比重逐渐下降，国民收入分配趋于恶化。同时，通过金融渠道对劳动者创造的价值进一步抽取，对劳动者的剥削趋于极限。所隐含的社会矛盾日益严重，必然爆发经济等各种危机。

第四节　消费

20 世纪八九十年代资本主义经济金融化以来，与积累率持续降低，剥削率急剧提高，工资收入持续下降，收入分配显著恶化的这些情况相反，资本主义经济中的消费率却未降低，反而实现增长。2000 年之后，这个矛盾现象进一步发展。美国学者福斯特对此评论道：“尽管生产率和财富在 1967 年之后的几十年里有了巨大增长，美国私营非农业部门的工人在 2006 年的实际小时工资却只与 1967 年持平。2000—2007 年，美国经济生产率的增长是 2. 2%，而平均小时工资的增长率是 -0. 1%。工资和薪酬支出占 GDP 的百分比，从 1970 年的约 53%，急剧下降至 2005 年的约 46%。然而就在同一时期，消费似乎完全不顾这种趋势，其占 GDP 的百分比从 60 年代早期的 60% 左右，上升至 2007 年的约 70%。这种互相矛盾的发展之所以可能，正是由于家庭债务的大规模扩张以及家庭资产泡沫的最终出现，而后者的根源是家庭住房贷款的证券化，家庭资产泡沫的破灭是绝大多数劳动人口的家庭融资毁灭的不可避免的结果。”②

---

① ［美］莱斯特·瑟罗：《资本主义的未来》，周晓钟译，中国社会科学出版社 1998 年版，第 24 页。

② ［美］约翰·贝拉米·福斯特、罗伯特·麦克切斯尼：《垄断金融资本、积累悖论与新自由主义本质》，武锡申译，《国外理论动态》2010 年第 1 期。

在资本主义金融化年代，金融资本使用金融化的手段，使资本赚取利润和获取最大剩余价值的触角伸向所有的领域，金融资本通过人们的消费实行金融掠夺。金融资本还使用金融手段制造、刺激“过度”需求和消费，从中获取利益。

一　负债消费

在消费领域，资本主义实施金融化的典型的形式是运用信贷的方法制造“过度需求”刺激消费，在收入分配恶化的情况下，通过金融借贷的不断膨胀支持消费。福斯特在《资本积累的金融化》中用美联储资金流量和国家经济分析局的数字和图表，说明1975—2009年的34年中，美国私人借款净额远远超过私人固定投资净额。这一过程随着2007—2009年巨大的房产——金融泡沫的破裂以及借款和投资的暴跌而告终。①

提高个人消费需求方法之一是推行透支消费，如分期付款、贷款消费、信用卡购物、次级房贷等。这种方法虽然影响资本的即期利益，但消费者的提前支付满足了资本的远期利益（即“寅吃卯粮”），因而既可为唯利是图的资本家接受，也可为囊中羞涩的普通劳动者认可，而普通的人们为了维持体面的生活，在实际工资下降的情况下，不得已靠借贷支付所需要的消费需求，其中不乏接受借贷资本家的蛊惑，“优惠”兜售其金融产品。据报道，美国消费者2001—2007年仅汽车一项的透支消费案例就有1700万件，2009年仅汽车一项的透支消费额约有5040亿美元。

在消费方面，金融化方式虽然带来了基于财富的消费和金融负债消费等更多的可能性。但是，它也引发了经济生活中不断增加的债务—收入比，从而加剧了整个社会经济的脆弱性。按照马克思主义消费理论，消费的增长对发展生产有反作用，因而刺激社会消费可以达到促进生产发展的目标。但我们认为这是在发挥物质生产促进社会生产力发展的前提条件下。在物质生产领域积累率持续降低，剥削率急

① 裘白莲、刘仁营：《资本积累的金融化》，《国外理论动态》2011年第9期。

剧提高，工资收入持续下降，收入分配显著恶化的情况下，通过信贷的作用刺激消费，只能是一种放大的泡沫。最终债务累积越来越大，泡沫越来越大，最终泡沫破裂，受害者依然是广大的劳动者，是社会普通的民众。美国由于房贷次级贷款而引发的金融危机就是最好的证明。

然而，靠借贷消费刺激经济增长却是近几十年来资本主义生产发展的一种方式。个人、企业、政府都背负着很大的债务。《每月评论》2008 年 12 月号发表的约翰·贝拉米·福斯特和弗雷德·马格多夫在题为《金融内爆与停滞趋势》的文章指出，美国金融行业债务在 GDP 中的比例在 20 世纪六七十年代开始上扬，经历了 80 年代的加速后，在 90 年代中期迅速攀升；家庭债务在 GDP 中的比例从 20 世纪 80 年代开始上升，然后在 90 年代进一步加速；美国联邦和地方政府的债务问题更为严重；将所有债务合并计算，全美债务总额在 GDP 中的比例从 1959 年的 151% 令人震惊地上升至 2007 年的 373% 。

二　负债消费暂缓了生产过剩与消费不足的矛盾，但隐含着更大的危机

从长期来看，劳动与资本收入差距的持续增大将导致资本积累与社会消费间的缺口不断加大，使资本积累与社会消费的矛盾持续增大。但在短期内，资本积累与社会消费间的矛盾及由此形成的生产过剩与资本过剩，却可以通过债务性消费的途径暂时加以掩盖。在金融帝国主义时代，特别是金融化的近三四十年，美国规模空前的债务性消费成为平衡资本主义经济积累与消费矛盾的关键杠杆。美联储的数据显示，与 1981 年相比，2007 年美国国内非金融部门的未清偿债务总额，包括家庭未清偿债务、非金融企业未清偿债务、州和地方政府未清偿债务、联邦政府未清偿债务等五项指标的增幅分别高达 627% 、816% 、537% 、491% 、524% ，而同期美国名义 GDP 的增幅只有 350% 。

2008 年爆发的金融危机，从根本上来说正是资本主义世界积累与消费间对抗性矛盾持续累积的必然结果。经历了这次全球性金融危

机后，人们更加清楚地认识到以金融资产泡沫推动的债务消费型经济增长模式难以持久。由于各国政府的强力干预，这次金融危机并没有使资本主义经济体系内积累与消费的矛盾被强制平衡，因而全球性生产与资本过剩的矛盾并没有从根本上得到缓和。透支消费暂时填补了收入与消费之间的缺口，掩盖了本国经济扩张与有效需求不足的矛盾，但并不能从根本上解决生产过剩问题，不过是靠透支“未来”来支撑“今天”，把当下的危机延迟到未来爆发罢了。一旦对未来出现悲观预期，以至于没有“未来”可以透支的时候，危机就不可避免了。

由此，资本主义经济危机的逻辑清晰可见：资本主义制度的内在矛盾→两极分化→有效需求不足→生产相对过剩→透支消费→违约率上升→经济危机。信贷消费过剩表现的危机后果，只不过是把“皮球”从供给方踢给了需求方，把资本主义的内在矛盾的爆发从当下推到了未来。在虚拟经济严重超越真实的实体经济的资本主义金融化环境下，类似次贷危机的灾难今后肯定还会发生。以债务透支消费实现的经济增长模式无疑是不能持久的。不断恶化的生产过剩与资本过剩最终将消解资本主义经济增长的基础。

三　金融资本通过消费领域实行金融掠夺

以金融手段渗透于消费领域成为金融资本直接掠夺劳动者和社会民众财富、形成金融利润的重要渠道。

资本家通过剥削进行剩余价值占有，供他们进行再生产和个人消费，这一进程经历几个主要方法，在资本主义的上升时期，马克思曾说，“上升的资本主义社会的观点，对这种社会具有意义的不是使用价值，而是交换价值，不是享受，而是财富”。当时“上升的资本主义社会本身还没有学会把剥削和消费结合起来，……享用的财富对它来说，是一种过度的奢侈”[①]。接着，是资本家通过流通过程，通过把剩余资本投入资本市场，享受直接获取利润。这就是金融化的生产

① 《马克思恩格斯全集》第33卷，人民出版社2004年版，第329页。

方式为主导的资本主义的生产方式。现在情况又进一步，劳动者个人收入的金融化，是近30年来金融资本获利的一个新的重要渠道。现在，资本主义学会把剥削与消费结合起来了，对劳动力再生产的工人的工资收入的金融化成为金融利润的重要来源。英国学者考斯达斯·拉帕维查斯在《金融化了的资本主义：危机和金融掠夺》一文中就分析了随着资本主义经济金融化，金融利润的来源发生了十分显著的变化——从工人和其他人的个人收入中直接榨取金融利润，被称为金融掠夺。①

我们在论述资本主义经济金融化的特征与表现时，认为对劳动者个人收入的金融化是垄断资本主义进行金融掠夺的新方式，而这一掠夺是通过消费过程进行的。从劳动力再生产的角度看，工人的工资收入是维持劳动力自身和其家庭成员的生活费用。而在金融化了的资本主义中，工人及其家庭成员的生存的条件越来越被卷入金融体系，劳动力的生产与再生产过程都成为金融资本获取利润的来源。

从整个社会生产与再生产的角度，包括劳动者的住房消费、医疗保健和退休保险等的消费，是劳动者收入用于生活消费的部分，是社会再生产过程的一部分。而随着资本主义生产的社会化，劳动力生产与再生产也社会化了。从整个社会来看，劳动力再生产既包括现有劳动力的再生产，也包括补充现有劳动力的新生劳动力的培育。劳动力再生产社会化，还包括劳动者的医疗保健条件和教育培养条件，失业人口生存的保障条件，等等。我们看到，这些社会职能，在资本主义国家主要由金融机构执行，方式就是劳动者加入各种保险，特别是资本主义国家实行了社会保障私有化的改革，由私有金融机构执行这些职能。这样，一方面，广大劳动者的收入由于加入保险而形成社会化；另一方面，又满足了金融资本从中获取利润的需要，金融资本家通过消费领域再次从劳动者收入中进行掠夺。

在资本主义私有制下，劳动力再生产所需的各种消费一经由资本

① ［英］考斯达斯·拉帕维查斯：《金融化了的资本主义：危机和金融掠夺》，李安译，《政治经济学评论》2009年第1期。

家掌握，就要服从于资本的利益。资本追逐剩余价值的本性，必然要求把各种费用尽可能压低。并且金融资本家把这些募集来的资金、费用的绝大多数用于金融投机，以从中获取利益。本质上讲，资本主义私有制度下金融资本的利益难以解决劳动者消费所需的问题，对劳动力再生产所消费的需要与费用的限制之间发生了矛盾。这种矛盾的具体表现，就是资本主义社会里难以解决的社会问题，例如，美国在奥巴马执政前，没有医疗保险的人达 4700 万，联邦医疗保健中无资金准备的负债达 36 万亿美元。① 为此奥巴马在竞选总统时还以医疗体系改革为条件，把医改作为执政后“新政”的主要工程进行推进。

由此可见，资本主义金融化加剧垄断资本主义的寄生性、腐朽性。掠夺性经济、寄生性经济对广大的劳动者的剥削和掠夺空前深重。正如大卫·哈维所说，马克思所指出的某些原始积累的机制经过调整，比过去发挥了更为强大的作用。“信贷体系和金融资本已经成为掠夺、诈骗和盗窃的主要手段。1973 年之后所形成的强大的金融化浪潮已经完全展现出了其投机性和掠夺性的特征……是当前资本主义的核心特征。”②

四　金融货币霸权的资本主义食利国家以及不断增多的食利消费者

资本主义早已发展为世界性体系，金融化以及世界货币金融体系以在全球实现为前提和结果。存在金融货币霸权的资本主义食利国家及不断增多的食利消费者。世界形成生产与消费不平衡的两极，一边是靠货币金融霸权谋取利益的国家，世界上资本最雄厚的国家，首先是英国，其后是美国以及其他资本日趋集中的国家。一边是以低成本和收益进行生产，并供应给上述这些国家消费的产品，主要是向这些国家提供出口日用消费品以及其他产品。一边是消费、享受，握有垄

---

① 庞仁芝：《当代资本主义基本矛盾再认识》，《中国延安干部学院学报》2012 年第 1 期。

② ［英］大卫·哈维：《新帝国主义》，初立忠、沈晓雷译，社会科学文献出版社 2009 年版，第 119 页。

断资本权力；一边是劳动，生产，并被纳入金融资本的生产与资本的全球循环，是国际金融垄断资本为代表的发达资本主义国家生产增长的支柱，更是生活消费的支柱。德国学者海因认为："一些国家依赖由负债拉动的急剧增长的私人消费需求，将其作为扩大总需求和提高国内生产总值的主要驱动力，从而导致这些国家的贸易和经常账户差额出现了更大的逆差。另一些国家则在重新分配方面以（低）劳动收入、停滞的消费需求和薄弱的直接投资为代价，侧重于重商主义的出口导向型战略，将其作为创造需求的另一种选择，从而导致这些国家贸易和经常账户的顺差积累越来越高。""由金融主导的资本主义的基本宏观经济趋势背景下，全球和欧洲层面的经常账户日益失衡，导致了 2008—2009 年严重的经济衰退。"①

五　高消费、高浪费使社会产品和资源过度消耗

资产阶级，以及高度发达的资本主义金融垄断资本为了赚取超额利润，不仅通过生产领域的过剩生产向自然过度索求，并且通过生活领域的高消费和浪费破坏自然资源。因而，资本主义生产一方面是对人，对国内外劳动者进行剥削压榨；另一方面，是对自然的过度索取。

垄断金融资本家既不择手段地占有剩余价值，占有社会财富，又把炫富和挥霍作为炫耀资本榨取剩余价值的手段和生活目的。挥霍享受、穷奢极欲、骄奢淫逸成为时尚。他们拥有私人飞机、豪华游艇、宫殿别墅，出入豪华酒店及富人俱乐部，一掷千金，在所不惜。金融危机发生后，通用总裁居然坐私人豪华飞机到华盛顿向政府申请救援金。

高消费同时伴随着高浪费。在金融资本的纵容推动下，高消费和高浪费充斥发达资本主义国家生活中。美国家庭 30% 的食物被扔掉，一年扔进垃圾箱的食品足够非洲大陆全部人口吃一个月。英国一年有

① ［德］埃克哈德·海因：《金融主导的资本主义和收入再分配》，李艳译，《国外理论动态》2015 年第 2 期。

670万吨食品丢进垃圾箱，每年浪费牛奶4万吨。德国家庭一年扔掉食品780万吨，是购买量的1/3，相当于非洲粮食进口量的一半。日本一年扔掉食品1000万吨。美国一年还扔掉750万台电视机，1.8亿把剃刀，27亿节电池，1.4亿立方米聚苯乙烯塑料。为了禁止在室外晒衣物，美国家庭共8800万台电烘干机，平均每台年耗电1079度，相当于一名中国人的一年用电量。美国一户家庭年耗电量超过1万度。据联合国《人文发展报告》统计，1998年，高收入国家占世界人口20%，但消费了世界86%的商品，45%的鱼和肉，74%的电话，84%的纸张。2007年，英国一个组织计算，“如果全人类都按美国的生活方式，需要5.6个地球，按欧洲的生活方式，需要3.9个地球，按日本的生活方式，需要2.9个地球，按中国的生活方式，只需要0.9个地球”。可见资本主义的腐朽性给人类社会和自然带来了多大灾难。

金融资本破坏与阻碍生产力具体表现为资本与自然的矛盾日益尖锐。对资源的过度消耗、无限索取是与资本主义私有制联系在一起的，带来了对人类自然资源和生产生活环境的巨大破坏。资本主义过去在这方面欠了账，现在它虽然打起“绿色生产”的旗号，但只是关注自己的“绿色”，而把污染向外转移，加大掠夺世界资源，因而与自然的对立达到新的高度。美国过去是排放污染物的大户，现在它一年释放硫氧化物2400万吨，排碳量达13.7亿吨，人均5.26万吨，为世界之最，占世界20个排放量最大国家的1/4。发展中国家一年采伐森林1370万公顷，全球热带雨林每年减少1100万公顷，森林每年减少2600万公顷，其中70%以上是发达国家造成的。日本自1962年以来不曾砍过一棵树，木材消耗量占世界第六位，所需木材全部靠进口，其发展建立在掠夺别国自然资源基础上。美国人口占世界不到5%，占有全球资源的12%，消耗了世界28%的天然气，23%的固体燃料，20%的煤，23%的石油，42%的汽油，26%的电力，25%的全球资源。发达国家人口占世界25%，消耗的自然资源占世界的75%，木材占85%，钢材占72%，人均消费资源是发展中国家的 9. 12 倍。①

根据历史唯物主义的方法论原则，资本主义生产关系逐步丧失历史合理性的主要表现包括：资本主义生产关系的演变客观上瓦解了自身存在基础；资本主义生产关系的演变越来越无法容纳生产力的进步。在金融帝国主义阶段，资本主义金融化的垄断金融资本盛行的金融投机和欺诈，对人的发展和对自然力发展的可持续性的破坏使得资本主义生产关系彻底丧失历史合理性。

主要参考文献

1. 《资本论》第 1 卷，人民出版社 2004 年版。

2. 《资本论》第 2 卷，人民出版社 2004 年版。

3. 列宁：《帝国主义是资本主义的最高阶段》，人民出版社 2001 年版。

4. 马克思：《政治经济学批判》导言，《马克思恩格斯选集》第 2 卷，人民出版社 2012 年版。

5. 《马克思恩格斯文集》第 1 卷，人民出版社 2009 年版。

6. 《马克思恩格斯文集》第 8 卷，人民出版社 2009 年版。

7. 《马克思恩格斯选集》第 2 卷，人民出版社 2012 年版。

8. 《马克思恩格斯全集》第 33 卷，人民出版社 2004 年版。

9. 《列宁全集》第 22 卷，人民出版社 1990 年版。

10. 周宏、李国平：《金融资本主义：新特征与新影响》，《马克思主义研究》2013 年第 10 期。

11. 王生升：《金融帝国主义的黯淡前景》，《红旗文稿》2015 年第 2 期。

12. ［美］格莱塔 · R. 克里普纳：《美国经济的金融化》，丁为民等译，《国外理论动态》2008 年第 6 期。

13. 马锦生：《美国资本积累金融化实现机制及发展趋势研究》，《政治经济学评论》2014 年第 10 期。

14. 胡立君等：《后工业化阶段的产业空心化机理及治理——以日本和美国为例》，《中国工业经济》2013 年第 8 期。

15. ［美］邓肯 · 弗利：《对金融帝国主义和“信息”经济的再思考》，车艳

① 宗寒：《美国金融危机蔓延所告诉我们的》，中国社会科学网，2011 年 11 月 24 日。

秋译，《国外理论动态》2015年第2期。

16. ［印度］拜斯德伯·达斯古普塔：《金融化、劳动力市场弹性化、全球危机和新帝国主义——马克思主义的视角》，车艳秋译，《国外理论动态》2014年第11期。

17. 肖炼：《中美经济博弈》，中国财政经济出版社2015年版。

18. ［美］大卫·科茨：《金融化与新自由主义》，孙来斌、李铁译，《国外理论动态》2011年第11期。

19. ［美］约翰·贝拉米·福斯特、罗伯特·麦克切斯尼、贾米尔·约恩纳：《21世纪资本主义的垄断和竞争》，金建译，《国外理论动态》2011年第9期（上）、2011年第10期（下）。

20. ［英］苏珊·斯特兰奇：《赌场资本主义》，李红梅译，社会科学文献出版社2000年版。

21. ［英］约翰娜·蒙哥马利：《全球金融体系、金融化和当代资本主义》，车艳秋、房广顺译，《国外理论动态》2012年第2期。

22. 张海涛：《论美国"赌博资本主义"》，《当代思潮》1999年第3期。

23. ［美］约翰·卡西迪：《美国华尔街金融资本的基本运作状况》，张征、徐步译，《国外理论动态》2011年第10期。

24. ［德］丹尼尔·施特尔特：《21世纪债务论》，胡琨译，北京时代华文书局2015年版。

25. 汪行福：《当代资本主义批判——国外马克思主义的新思考》，《国外理论动态》2014年第1期。

26. 焦世新、周建明：《美国是"负责任"的实力下降霸权吗?》，《世界经济与政治》2011年第12期。

27. ［德］埃克哈德·海因：《金融主导的资本主义和收入再分配——基于卡莱茨基模式的视角》，李艳译，《国外理论动态》2015年第2期。

28. ［美］大卫·科茨：《资本主义的新自由主义体制危机》，《中国社会科学内部文稿》2009年第3期。

29. ［法］让·克洛德·德洛奈：《全球化的金融垄断资本主义》，刘英译，《国外理论动态》2005年第10期。

30. ［英］戈兰·瑟伯恩：《论21世纪的工人阶级》，付小红译，《马克思主义研究》2013年第8期。

31. ［美］乔尔·戈伊尔：《金融危机：一场全球性的资本主义系统性危

机》，张寒译，《当代世界与社会主义》2009 年第 2 期。

32. ［美］莱斯特·瑟罗：《资本主义的未来》，周晓钟译，中国社会科学出版社 1998 年版。

33. ［美］约翰·贝拉米·福斯特、罗伯特·麦克切斯尼：《垄断金融资本、积累悖论与新自由主义本质》，武锡申译，《国外理论动态》2010 年第 1 期。

34. 裘白莲、刘仁营：《资本积累的金融化》，《国外理论动态》2011 年第 9 期。

35. ［英］考斯达斯·拉帕维查斯：《金融化了的资本主义：危机和金融掠夺》，李安译，《政治经济学评论》2009 年第 1 期。

36. 庞仁芝：《当代资本主义基本矛盾再认识》，《中国延安干部学院学报》2012 年第 1 期。

37. ［英］大卫·哈维：《新帝国主义》，初立忠、沈晓雷译，社会科学文献出版社 2009 年版。

38. 宗寒：《美国金融危机蔓延所告诉我们的》，中国社会科学网，2011 年 11 月24 日。

39. 欧阳彬：《全球金融危机与当代资本主义金融化研究》，对外经济贸易大学出版社 2015 年版。

40. 刘元琪主编：《资本主义经济金融化与国际金融危机》，中央编译出版社 2009 年版。

41. ［美］詹姆斯·克罗蒂：《新自由主义对非金融企业影响的分析》，刘英译，《国外理论动态》2015 年第 8 期。

42. 肖斌、付小红：《全球财富分配失衡的现状与解析》，《红旗文稿》2015 年第 5 期。

43. 白刚、张荣艳：《马克思的“生产辩证法”》，《学习与实践》2014 年第 11 期。

第四章　垄断深化、金融化与经济危机

20 世纪 70 年代末以来，资本主义国际垄断不断发展，出现了垄断深化的现象，与此同时，金融资本也迅猛发展。资本主义垄断深化也促进了经济金融化、金融全球化和金融自由化的发展，这些都为资本主义经济危机的全面爆发打下了基础。

第一节　垄断资本的核心是金融资本

19 世纪中后期，资本主义开始进入了一般垄断资本主义阶段。一般垄断阶段，垄断组织成为社会经济结构的主体，一个大企业或少数几个大企业对相应部门的产品生产和销售实现了独占和联合控制。资本家与政府结合日益紧密，抛开了所谓自由主义的外衣，国家逐渐加强了对经济生活的干预和调节。垄断资本主义的基本特征，是生产的高度集中和以金融资本为核心的垄断资本的统治。进入垄断资本主义阶段后，金融垄断资本成为资本主义国家占统治地位的资本形式。列宁把垄断资本主义的基本特征概括为五个方面：生产和资本的集中发展到这样的高度，以致造成了在经济生活中起决定作用的垄断组织；工业垄断资本与银行垄断资本日趋融合为金融资本，金融资本的进一步集中又形成金融寡头；与商品输出不同的资本输出具有了特别重要的意义；瓜分世界的资本家国际垄断同盟已经形成；最大资本主义列强已经把世界上的领土分割完毕。当时各国的垄断资本，如德国的“电气总公司”和钢业辛迪加，美国的“通用电气公司”和洛克菲勒的“煤油托拉斯”，以英国和德国为主所组成的国际钢轨卡特尔和国际锌业辛迪加等，都是有一定规模的垄断企业。这些垄断企业还和银行融为一体，成为金融资本。洛克菲勒集团在19世纪70年代美孚石油公司具有相当规模之后，就迅速向铁路、电气、炼钢等方面发展，并且从19世纪90年代起大力渗入金融、信贷行业，不久就控制花旗银行和其他五家银行，形成了一个庞大的金融帝国。这些金融资本形成后，成为各个国家居统治地位的力量。它们不仅控制着整个国民经济，而且操纵政府，左右国家政治生活。以摩根财团为例，19世纪90年代，美国由于经济危机导致黄金外流，政府的黄金储备急剧下降，美国政府不得不请求摩根财团帮助。到1913年美国联邦储备银行建立以前，摩根银行事实上充当着中央银行的角色，不仅发行货币，而且垄断了1878年、1894年财政部的公债发行。

金融资本的出现是垄断资本发展到一定程度后的重要特征，金融资本是银行资本与产业资本融合成长的一种重要表现。马克思分析了金融资本产生的原因。他说，“随着资本主义生产的进展，每一单个生产过程的规模会扩大，预付资本的最低限量也会随之增加，所以除了其他情况外，又加上这个情况，使产业资本家的职能越来越转化为各自独立或互相结合的大货币资本家的垄断”①。马克思指出，“随着大工业的发展，出现在市场上的货币资本，会越来越不由个别的资本家来代表，即越来越不由市场上现有资本的这个部分或那个部分的所有者来代表，而是越来越表现为一个集中的有组织的量，这个量和实际的生产完全不同，是受那些代表社会资本的银行家控制的”②。列宁指出：“资本主义的一般特性，就是资本的占有同资本在生产中的运用相分离，货币资本同工业资本或者说生产资本相分离，全靠货币资本的收入为生的食利者同企业家及一切直接参与运用资本的人相分离。帝国主义，或者说金融资本的统治，是资本主义的最高阶段，这时候，这种分离达到了极大的程度。金融资本对其他一切形式的资本的优势，意味着食利者和金融寡头占统治地位，意味着少数拥有金融

① 《马克思恩格斯全集》第45卷，人民出版社2003年版，第124页。

② 《马克思恩格斯全集》第46卷，人民出版社2003年版，第413页。

‘实力’的国家处于和其余一切国家不同的特殊地位。”①

金融垄断资本的产生是建立在银行的发展及其新作用上。首先，随着垄断的发展，银行业也产生了集中，形成了银行托拉斯。列宁指出，“美国现在已经不是9家，而是2家最大的银行，即亿万富翁洛克菲勒和摩根的银行，控制着110亿马克的资本”②。列宁继承了马克思有关银行新作用的思想，指出，“随着资本的集中和银行周转额的增加，银行的作用根本改变了。分散的资本家合成了一个集体的资本家。……极少数垄断者就控制整个资本主义社会的工商业业务，就能通过银行的联系，……完全决定他们的命运，决定他们的收入，夺去他们的资本，或者使他们有可能迅速而大量地增加资本等等”③。他还说道，“随着银行业的发展及其集中于少数机构，银行就由中介人的普通角色发展成为势力极大的垄断者，它们支配着所有资本家和小业主的几乎全部的货币资本，以及本国和许多国家的大部分生产资料和原料产地”④。由于银行业的发展，形成了金融资本。列宁形成了马克思主义关于金融资本的经典定义，“生产的集中；从集中生长起来的垄断；银行和工业日益融合或者说长合在一起”⑤。关于银行资本和工业资本相互融合主要通过什么途径实现的，列宁说，“双方通过占有股票，通过银行和工商业企业的经理互任对方的监事（或董事），而日益融合起来”⑥。金融资本形成以后，它就不可避免地要控制和掌握资本主义社会。列宁指出，“垄断既然已经形成，而且操纵着几十亿资本，它就绝对不可避免地要渗透到社会生活的各个方面去，而不管政治制度或其他任何‘细节’如何”⑦。对于垄断所带来的寄生性和腐朽性。马克思指出，垄断“再生产出了一种新的金融贵族，一种新的寄生虫，——发起人、创业人和徒有其名的董事；并在

① 《列宁选集》第2卷，人民出版社1995年版，第624页。
② 同上书，第606页。
③ 同上书，第601—602页。
④ 同上书，第597页。
⑤ 同上书，第613页。
⑥ 同上书，第607页。
⑦ 同上书，第623页。

创立公司、发行股票和进行股票交易方面再生产出了一整套投机和欺诈活动"①。恩格斯指出，"自1866年危机以来，积累以不断加快的速度进行，……但是随着这种积累的增长，食利者的人数也增加了。这种人对营业上经常出现的紧张已感到厌烦，只想悠闲自在，或者只揽一点像公司董事或监事之类的闲差事"②。

第二节 垄断的深化与金融垄断资本的发展

20世纪70年代末以来，随着资本主义国际垄断的发展，金融资本也迅猛发展，资本主义垄断深化促进了经济金融化、金融全球化和金融自由化的发展。

一 垄断的深化发展——国际垄断的形成

进入20世纪七八十年代以来，资本主义经济的运行从总体上开始越出民族、国家的范围，在全世界的范围内进行产业结构调整和资源配置，进行资本的循环。资本在全球的扩张，使大量产业和财富日益集中在少数垄断寡头手中，形成了全球性的寡头垄断经济和寡头帝国。这种全球性的经济垄断有许多新的特点，具体表现在以下几个方面。

（一）生产和资本进一步集中，跨国公司的大发展。列宁指出，资本主义最典型的特点之一，就是工业蓬勃发展，生产集中于愈来愈大的企业的过程进行得非常迅速。现代工业调查提供了说明这一过程的最完备最确切的材料。③ 进入21世纪，资本主义的这一趋势变得愈加明显，向着深度和广度迅猛发展。生产集中的程度，一般是指少数大企业所占有商品或劳务的市场份额在各行业、部门或社会相应总额中的比重。这个比重被称为"集中率"。在市场上，当少数几家大公

① 《马克思恩格斯全集》第46卷，人民出版社2003年版，第497页。

② 同上书，第1028—1029页。

③ 参见《列宁选集》第2卷，人民出版社1995年版，第584页。

司的集中率超过 50% 时，就形成了垄断。资本主义社会生产集中与垄断的载体和集中代表是大型垄断组织——大企业，为数不多的巨无霸型企业占据了绝大部分市场份额，成为行业的寡头。当前，资本主义生产集中和垄断的发展突破了国家和地域的界限，出现了国际垄断现象。各种形式的国际垄断资本已经在资本主义的发展中占有支配地位，起着决定性的作用。在全球资本主义经济的所有领域，包括投资、金融、生产、销售、贸易、科学技术等各个方面，国际垄断资本都已牢牢占据了主导和支配地位。国际垄断的形成、跨国公司的发展，归根结底，是资本主义生产发展的内在要求。在发达资本主义国家，大垄断资本集团所拥有的社会生产力日益庞大，同时国内有支付能力的需求日益相对缩小，只有向国外开拓市场。

国际垄断资本的载体是巨型的跨国公司，在当代资本主义国家中，几乎所有大公司都是跨国性的，都以在全球的发展作为自己追求的目标。它们都不仅寻求在国内的垄断地位，而且寻求在国际上的垄断地位。当前，大企业已由跨国公司发展为全球公司。在当今世界上，除了极少数新兴的行业外，几乎没有哪个行业没有寡头、没有垄断，而且是全球寡头、全球垄断。随着国际垄断的发展，以资本主义发达国家为主导、以巨型跨国公司为代表的全球化生产体系日益形成，这些巨型跨国公司垄断了全球绝大部分市场份额，成为全球垄断寡头。这些巨型国际垄断跨国公司，是当前世界经济中集生产、贸易、投资、金融、技术开发和技术转让以及其他服务为一体的最主要的经济实体，通过投资社会化、生产一体化、管理信息化和网络化等，控制着全球的技术、资本、生产、销售和市场，决定着整个世界经济的导向和秩序。

跨国公司最早出现于 19 世纪六七十年代，至今已有 140 多年。二战以后，特别是 20 世纪五六十年代，跨国公司又获得了巨大发展。20 世纪 90 年代以来，随着全球生产集中的规模不断扩大，在全球范围内企业界也发生了巨大的变化，其中最引人注目的是跨国公司向全球整合型公司的转型。跨国公司是在两个或两个以上的国家建立分支机构，由母公司统筹决策和控制，从事跨国界生产经营活动的经济实体。全球公司是跨国公司全球化发展的新阶段。与一般跨国公司相比，全球公司的全球化程度大大提高，其跨国指数（海外资产、海外销售和海外雇员与总资产、总销售和总雇员的比例）一般超过 50%。由于主要收入、主要资产均来自海外，与一般跨国公司相比，全球公司经营管理重心在海外，其发展战略、管理结构和理念文化更注重全球，形成了全球经营的思维模式和经营模式。① 跨国公司拥有巨额生产资本和经营资本，遍及全球的生产、营销体系和信息网络，在世界范围内从事着各种经济活动。高度国际化的跨国公司，其国外业务在整个公司业务中的比例越来越大。例如，德国西门子公司的海外销售比重为 50% 以上，德国拜耳公司的海外销售比重为 84%，而荷兰飞利浦公司的海外销售比重则高达 93%。瑞典伊莱克斯公司是世界上最大的家用电器制造商，瑞典国内的市场有限，为了自身的发展，伊莱克斯公司一直在开拓和寻找其他的市场。2000 年，伊莱克斯公司 85% 以上的销售额产生于瑞典国外，其中，50% 多的销售是在西欧，另外 30% 在北美。公司的销售额在亚洲、东欧和拉美也增长得尤为迅速，到 2001 年初，伊莱克斯公司在全球有 8.5 万多名员工，有遍及 60 个国家和地区的 150 个工厂和 300 个仓库，每年在 150 个国家和地区销售 5500 万件产品。② 这些跨国公司一般具有实行全球战略，规模庞大、实力雄厚，结构复杂、实行一体化管理，以一个行业为主、多元化经营等特征。

（二）跨国公司有全球战略目标，进行全球性的战略部署。跨国公司的全球战略，是指着眼于国际市场，统筹安排世界范围内的经营活动，对企业拥有的有限资源在全球范围内进行最优配置，实现利益的最大化。在资本主义经济全球化的经济环境中，为了获得长期、稳定的全球竞争优势，跨国公司就必须有全球视野，必须从全球角度来考虑其生产经营活动，充分利用东道国和各地区的有利条件，使它们

---

① 王志乐：《静悄悄的革命：从跨国公司走向全球公司》，中国经济出版社 2008 年版，第 3 页。

② 杜奇华、白小伟：《跨国公司与跨国经营》，电子工业出版社 2008 年版，第 17 页。

有机结合起来，实行综合一体化经营。跨国公司的全球战略具体表现为公司内部的混合国际分工和生产经营的综合一体化。跨国公司内部各公司之间具有密切的联系，子公司受控于母公司，在分工协作的基础上，公司内部各单位形成了一个整体。子公司根据母公司的全球战略制订各自的经营计划，它们之间采用合同、协议等形式相互联系起来，从而使公司内部的各个实体能与其他实体分享资源和分担责任。生产经营国际化是指跨国公司的产品在一个国家设计，产品的零部件在其他一些国家生产，然后再运到另一个国家组装。通过实施全球化经营战略，跨国公司可以充分利用世界各地的资源来组织生产，从而降低生产成本，提高产品竞争力。可以利用世界各地的先进技术，专业化生产某种特殊的产品部件，然后进行集中装配，使其最终产品集各国技术之大成。可以利用各国汇率和利率的差异，在内部统一调配资金，减少利息和汇率的差额，还可利用各国税率的差异，将公司所得由高税区转向低税区，达到合理避税的目的。可以充分利用产品生命周期理论，为即将淘汰的产品，寻找新的市场机会：通过海外直接投资，将其转移到尚未开发或正在开发该产品的国家，以延长其产品的生命周期。可以利用子公司所在国的技术优势，进行专项技术开发，然后由公司总部集中控制，统一安排，由各子公司分享技术成果，以节省研究开发费用，提高效率，保证公司的技术优势地位。①

总之，这些全球跨国公司实行全球发展战略，开展全球经营活动，打造和完善全球产业链，吸纳和整合全球资源。跨国公司在全球相关地区设立子公司与分支机构，设置制造组装、研发设计、服务营销等中心，形成了全球产业链，形成了研究、生产、销售一体化的国际网络。例如，跨国公司的研发设计全球化，以往跨国公司的研发活动一般在其母国，为了增强全球竞争力，利用世界人才资源，跨国公司出现了在全球重要市场、重要地区、主要国家就近开展研发设计的趋势。跨国公司还把价值链的若干环节进行外包，充分利用其他国家的资源。外包业务开始是制造业外包，后来是服务外包，像财务管

① 梁秀伶、王虹：《跨国公司管理》，清华大学出版社2010年版，第47页。

理、产品设计等业务也被外包给了其他企业来完成。

（三）跨国公司规模庞大，实力雄厚，富可敌国。这些巨型的跨国公司，在资本主义社会的经济生活之中起着决定性的作用，它们规模庞大、实力雄厚，都是在一个或几个部门居于垄断地位的国际化大企业或企业联合体，它们拥有先进的管理经验和技术、雄厚的资金、惊人的销售规模和利润。世界500强当中许多规模庞大的跨国公司经济实力甚至超过了一些中等国家和地区，在世界相关的产业领域和市场，具有举足轻重的地位和影响。联合国贸发会议《2007年世界投资报告》显示，全球共有78000家左右的跨国公司，这些公司在国外拥有约780000家子公司。2006年，这些子公司所雇用的员工人数达7300万名，约占全球雇员数的3%，出口额占世界出口额的1/3。联合国贸发会议《2008年世界投资报告》显示，2007年全球79000家跨国公司的经营活动规模庞大，这些公司在全球拥有约790000个外国分支机构，这些分支机构在2007年的销售额达31万亿美元，同比增加了21%，其产值占全球GDP的11%。据最新统计，目前全球共有8.2万家跨国公司，其国外子公司也已达到81万家。2008—2009年，跨国公司所属外国子公司销售额和增加值的下降幅度与世界经济的收缩相比较为有限。而值得关注的，是外国子公司在全球国内生产总值中所占份额创下11%的历史新高。跨国公司的外国雇员人数在2009年甚至还略有增加，升至8000万人。①

有报道称，当今世界上最大的100个经济单位中，49个是民族国家，51个是企业。三菱的产值超过了世界上第四人口大国印度尼西亚，沃尔玛的产值超过了世界上191个民族国家中的161个。② 其中，仅在2006年，美国沃尔玛公司的销售收入就超过世界上21个大国之外的所有国家，被戏称为“第22国”；其年销售额相当于中国零售总

① 王洛林、张宇燕：《2011年世界经济形势分析与预测》，社会科学文献出版社2011年版，第186页。

② 西班牙《国家报》文章：《21世纪多边主义蹒跚学步》，《参考消息》2011年4月2日。

额的37.51%，一个沃尔玛公司就相当于中国1/3的零售业。[①] 2010年世界500强中，排名第一的沃尔玛公司营业收入约为4082.14亿美元，利润为143.35亿美元，是世界上最大的连锁零售商，在全球15个国家开设了超过8400家商场，下设55个品牌，员工总数210多万人。排名第三的埃克森美孚公司是世界领先的石油和石化公司，营业收入为2846.5亿美元，利润为192.8亿美元。埃克森美孚通过其关联公司在全球大约200个国家和地区开展业务，拥有8.6万名员工，是世界最大的非政府油气生产商和世界最大的非政府天然气销售商。埃克森美孚公司同时也是世界最大的炼油商之一，分布在25个国家的45个炼油厂每天的炼油能力达640万桶。埃克森美孚公司在全球拥有3.7万多座加油站及100万个工业和批发客户；每年在150多个国家销售大约2800万吨石化产品。[②]

（四）跨国公司结构复杂，体现了社会化大生产的新特点。跨国公司规模大，产品多种多样，分支机构多，经营地区广，这就要求跨国公司必须建立一套高效的组织管理结构，以充分利用公司资源，取得全球范围内的利益最大化。这些全球跨国公司的组织结构复杂，其组织形式的演变，是一个适应生产集中和生产社会化要求，由初级向高级发展的过程。早期的跨国公司的结构主要包括出口部组织结构、母子公司结构和国际部结构。随着跨国公司规模的扩大和国际业务量的猛增，传统的组织结构已无法适应形势的发展，于是全球性的组织结构也就应运而生。全球性的组织结构又分为全球职能结构、全球产品结构、全球地区结构、全球矩阵结构、全球混合结构。全球混合结构是把全球职能结构、全球产品结构、全球地区结构加以组合的一种组织结构类型。全球混合结构在跨国公司中较为流行。近些年，又出现了一些新型的组织结构，如控股公司结构、国际网络结构和虚拟公司结构、无边界企业结构等。控股公司结构是由国际核心控股公司和若干个法律上和组织上独立的子公司组成的组织结构。国际网络结构

---

① 单宝：《跨国公司经营管理》，上海财经大学出版社2008年版，第1页。

② 财富中文网，2011年9月，http：//www.fortunechina.com/fortune500/。

是依靠现代信息技术实施管理，以横向扁平化的网络组织逐步取代“金字塔”形层级组织的全球性组织结构。网络结构常见的形式有两种。一是以跨国公司母国总部为核心建立的网络结构。例如，由日本丰田汽车和其他汽车生产商在亚洲组织的公司生产网络就是典型的网络结构模式。丰田汽车设在日本的核心企业协调网络内企业的所有的活动，以保证高度的一致性。核心企业向网络内其他企业传递先进技术、革新方法以及生产标准，非核心企业生产的零部件必须符合核心企业的标准。二是分散的网络结构。日本电器公司正向这种结构迈进，该公司宣布正以分散方式使公司在全球范围内一体化，而不是通过在日本的公司总部控制网络中的所有企业。在这种网络结构中，每个合作企业享有某种程度的自治和独立。因而这种网络结构模式有相当的灵活性，信息在这些公司之间相互流动，一项革新只要符合现有标准就可以被迅速采纳，并能迅速吸收先进技术和推进管理人员的创新。① 虚拟企业结构是依托不同独立企业的核心能力，按价值链建立起来的松散型一体化联合体。

无边界企业结构模式致力于消除公司内外部界限，典型的有与供应商之间各种形式的联盟，也有与客户之间各种形式的联盟。前一种情况如世界最大的零售企业沃尔玛公司与供应商的合作。沃尔玛利用自己的卫星系统，给世界上主要供应商提供每个沃尔玛分销中心和商店的销售和存货信息。这个系统不仅取消了昂贵的销售代理人，而且将存货管理及其成本转移给了供应商。无缝组织也致力于消除公司内部界限。20 世纪 90 年代，许多企业的组织结构在变扁，形形色色的纵向结构被拆除，中间管理层被大量削减，如 1992 年美国通用公司总部从 13000 人减至 2000 人，福特公司将管理层次从原来的 10 个降至 7 个。总之，随着信息技术的发展，跨国公司的组织结构出现了扁平化、网络化、柔性化的发展趋势。跨国公司改革原有的企业组织结构，强调要建立富有弹性的网络型组织结构，改变以往由上而下的纵向信息传递方式，大大加强横向联系，使组织结构扁平化，更具有弹

① 张素芳：《跨国公司与跨国经营》，经济管理出版社 2009 年版，第 133 页。

性和灵活性。

各种组织形式各有利弊，具体采用哪种形式，跨国公司一般根据跨国经营战略、跨国经营程度和国际市场与技术环境等因素来进行选择。跨国公司的组织结构设置是与其管理理念和管理体制相互匹配的。跨国公司的管理体制主要有集权模式、分权模式和混合模式。跨国公司母公司对子公司的控制主要有股权控制、计划控制、人事控制和财务控制等。在选择管理体制时主要考虑的因素有企业的规模、产品、市场环境、技术水平以及人员素质等。尽管目前全球跨国公司的组织结构复杂、管理体制多样，其管理原则都是集中决策，分散经营，公司内部实行一体化的管理模式，以实现公司的全球战略目标。公司对全球范围内的子公司与分支机构的生产安排、投资活动、资金配置，以及人事管理等重大活动拥有绝对的控制权，按照全球利益最大化的原则进行统一安排。这些组织形式虽然复杂，实质上却是一个有机的整体，通过分级计划管理，协调和落实公司的全球战略安排。跨国公司虽然结构复杂，拥有众多分布于世界的子公司、分公司，也能统一指挥、步骤协调，实现了内部一体化，有效实现公司的利益。跨国公司的内部一体化主要包括生产一体化、科研一体化、营销一体化、采购一体化、财务一体化等方面。把投资、科研、生产、销售和服务等经营活动进行一体化部署，以达到管理成本低、效率高的目的。一体化的管理，避免了重复生产和销售，保障了跨国公司的整体利益。

（五）跨国公司实行混业经营，形成生产经营多种产品、业务的综合体系。当今的跨国公司，大都在主业经营的基础上，同时发展经营多种产品甚至实施行业的多样化。多元化经营可以充分利用企业的生产余力和资金，发挥公司国际化经营的优势，以增强经济潜力、降低风险、稳定和增加公司的整体效益，这也是应对国际市场风云变幻、消费需求日益多样化、生产竞争加剧的需要。这种混合多种经营的特点是根据生产、销售的内在需要，将有关联的生产部门联系起来，进而向其他行业渗透，形成生产多种产品的综合体系。跨国公司实行全球性的混合多种经营，其业务范围被人称为从方便面到导弹，几乎无所不包。例如，美国杜邦公司、联合化学公司、英国柯尔兹化学公司、德国拜尔公司、日本住友化学公司等化学工业企业，除了经营化学工业产品外，还兼营化妆品、化肥、农药、制药、纺织、首饰工艺品、冶金、食品、电子、运输和旅馆业等各种行业。它们利用化学生产的工艺和技术，大力发展以天然资源为基础和人工合成的药品生产，在此基础上，它们还研制各种化纤产品，使以合成纤维为代表的纺织业和服装新产品层出不穷；进行新型医疗设备生产；从研究贵金属的特种镀层技术发展到首饰工艺品的制造业、珠宝、电子工业和冶金工业等，此外，它们还经营其他跨行业业务，如旅馆、饭店等。①

由于实施多元化经营战略，使现代垄断组织对市场的垄断是全方位的、全领域的。它由流通领域的垄断，发展为生产和流通的一体化垄断；由单一产品或部门的联合，发展为许多产品或部门的联合；由“横向”的联合和独占，发展为“纵向”的联合或独占。不过，无论垄断组织的形式如何变化，究其实质都是垄断资本家通过联合，独占和瓜分投资场所、原材料产地、销售市场，操纵垄断价格以确保垄断统治和垄断利润。② 以粮食领域为例，当前国际上跨国粮商在粮食国际贸易和转基因技术的开发应用上，早已形成了寡头垄断。在世界粮食贸易中，四大跨国粮商美国 ADM、美国邦吉、美国嘉吉和法国路易达孚，垄断了 80% 的市场。在粮食商品化和自由贸易条件下，跨国粮商的运作模式，主要是做到“三个全”，即全球化经营、全环节利润和全市场覆盖。全球化经营，是指它们已经实现了产业链和公司发展战略的全球布局。这使得其采购成本、研发成本、销售成本等，可以达到全球最低；在销售市场和产品价格上，又可以做到产业利润全球最高。全环节利润，是指跨国粮商的业务，贯穿了整个产业链，并采用参股、控股、联盟、上下游整合等诸多方式，控制从研发、投资、生产，到下游所有的加工、销售等各个环节。控制了整个产业

① 卢荣忠、黄建忠：《国际贸易》，高等教育出版社 2010 年版，第 197 页。

② 程恩富、冯金华、马艳：《现代政治经济学新编》，上海财经大学出版社 2008 年版，第 333 页。

链，就可以获取全方位的利润。全市场覆盖，是指跨国粮商的多样化经营。它们不仅做粮食、做种子，还参与到农产品和食品加工领域；不仅做现货，还做期货；不仅做农产品，还做工业品、金融投资、地产投资，等等。多样化经营可以降低风险，又可以相互呼应，控制市场，最大限度地谋取利益。如果它们想打击现货市场，利用期货市场就能达到目的；如果它们想影响期货市场，只用放出现货市场中一面倒的风声。[①] 由于跨国公司主导着转基因作物品种、技术和知识产权，转基因作物市场呈现集中化的显著特点。据统计，孟山都公司占领了全球转基因作物市场80%的份额，德国安万特公司占有7%，德国巴斯夫公司和瑞士先正达公司各占5%，美国杜邦公司占3%。跨国公司通过手中的专利基因和种子，牢牢地控制着大约350亿美元的种业国际市场。[②]

二　资本主义经济金融化的发展

资本主义基本矛盾的存在使资本主义社会经常爆发经济危机，在不同时期有不同的表现方式。20世纪70年代以来，由于资本主义生产部门利润率的下降和资本的过剩，主要发达国家进入经济“滞胀”时期。发达资本主义国家为了摆脱危机，一方面大力推进经济全球化，加大资本输出力度，促进产业结构升级和低端产业向发展中国家转移。在主要发达国家，第三产业在国民经济中的比重达75%以上。另一方面，资本的过剩积累也促使大量资本从生产领域流入金融领域，使资本主义经济出现了经济的虚拟化和金融化的现象，金融资本获得了大发展，金融化是资本应对实体经济停滞的措施。产业转移和经济金融化的发展使发达资本主义国家出现了产业空心化的趋势。在美国，信息业和包括金融业在内的服务业发展迅速，金融业已经成为美国最大的产业，80%以上的国民生产总值来源于以金融投资为主的服务贸易。所谓的经济虚拟化和金融化，是指虚拟资本和金融部门相

① 周立：《世界粮食危机与粮食国际战略》，《求是》2010年第20期。

② 祝晓莲：《转基因，让人欢喜让人忧》，《环球财经》2010年第8期。

对于实体经济的急剧膨胀，经济关系和社会资产越来越表现为债权股权等金融关系和金融资产，从而利润越来越多地来源于金融渠道，而非商品生产和贸易。

资本主义经济金融化主要表现在三个方面。第一，经济关系金融化。社会上的经济关系越来越表现为债权、债务关系，股权、股利关系和风险与保险关系等金融关系。以美国为例，仅在 20 世纪 80 年代中期，美国人口的 1/4 直接持有股票与债券，3/4 的人口直接或间接持有股票与债券，包括医疗保险基金、社会保障保险基金和各种投资基金。第二，社会资产金融化。世界经济在 20 世纪 90 年代以来金融深化的速度加快，一般以金融资产占 GDP 比例来作为衡量金融深化的指标。美国、日本、英国和欧元区金融深化程度分别为 424%、446%、422% 和 356%。1990—2006 年，上述四个地区金融深化程度平均增长速度为 8.7%、3.6%、9.5% 和 9.2%。此外，由于对外资开放程度的提高，新兴市场国家的金融深化程度也惊人。2006 年，亚洲新兴市场经济、拉美、印度、俄罗斯、东欧的金融深化程度分别为：250%、159%、202%、162% 和 130%。1996—2006 年，平均增长率为：15.5%、23%、19.9%、54.2%、26.9%，远远超过发达国家金融深化速度。① 同时，资本主义国家居民家庭财富中金融资产所占比例也在不断提高。2000—2003 年，在一些主要的发达资本主义国家中金融资产占家庭净财富的百分比分别为：美国 88.4%，日本 64.1%，法国 62.5%，英国 71.6%，加拿大 72.1%。② 第三，金融证券化。一是指社会融资形式的证券化。各种社会经济主体日益不通过银行信用中介而直接在市场上发行和买卖有价证券来融资。直接金融的发展速度超过了间接金融，直接金融所占的比例接近甚至超过间接金融所占的比例。二是指商业银行和储蓄机构资产业务方式的证券化。它们以贷款的债权作为担保发行证券，并以证券交易方式转让贷

① 张彤玉、崔学东、李春磊：《当代资本主义所有制结构研究》，经济科学出版社 2009 年版，第 260 页。

② 李慎明：《美元霸权与经济危机》上册，社会科学文献出版社 2009 年版，第 230 页。

款债权，以提高贷款债权的流动性并使之市场化。金融资产证券化的发展带来了金融衍生品的无节制创新和泛滥，使金融市场走向无序和混乱。2008 年美国金融危机的发生，就与抵押贷款支持证券（MBS）、债务担保债权（CDO）、信用违约互换（CDS）等金融衍生品的迅速发展与泛滥有着密切的关系。在美国债券市场上，MBS 从 2001 年的 4.1 万亿美元增加至 2007 年的 7.4 万亿美元，CDS 从 2001 年的不到 1 万亿美元增加至 2007 年的 62 万亿美元，是债券总额 30 万亿美元的 2 倍多。2008 年，由于金融危机，全球衍生品市场出现较大幅度回调，但到 2009 年全球场外衍生品交易又逐步回暖，包括外汇市场、货币市场以及商品市场的现货、期权、期货交易恢复至 6147 万亿美元的规模。这些金融衍生产品的价值早已与证券化基础资产相脱离，酝酿了巨大风险，并在不断反复交易中逐步积累扩大。

三　资本主义金融全球化和金融自由化

资本主义经济全球化是生产、投资、贸易、金融在全球范围内的大规模流动，经济全球化的本质是资本的全球化，而金融全球化是资本全球化的枢纽和杠杆。金融全球化是指金融业跨国境发展而趋于一体化的趋势，大多数国家的金融机构和金融业务跨国发展，巨额国际资本通过金融中心按国际通行规则在全球自由运转。金融全球化使各国货币体系和金融市场之间的联系日益紧密，这种联系是金融自由化和放松管制的结果。20 世纪八九十年代以来，随着经济全球化的发展，也出现了金融自由化的趋势。国际金融垄断资本在全球加大推行金融自由化的力度，要求世界各国放开金融市场。金融自由化从内容上来看，主要包括对内的金融自由化和对外的金融自由化两个方面。对内的金融自由化主要包括放开利率管制、取消信贷配给、取消中央银行的利率补贴，放松对银行、证券、保险的分业管理等；对外的金融自由化则包括开放资本账户、实行浮动汇率管理、对外放松金融业准入限制等。总之，就是资本流动自由化、汇率自由化、利率自由化、银行业务自由化以及金融市场自由化。1999 年，美国通过了《金融服务现代化法案》，允许证券公司、商业银行和保险公司互相从事对方的业务，这标志着美国金融业自此进入了混业经营时代。1997 年 12 月 12 日，世贸组织在日内瓦宣布达成全球服务贸易协议，该协定生效后，将使占全球金融服务 95% 的贸易逐步自由化。一些发展中国家也积极参与金融自由化改革。金融自由化改革使金融环境越来越宽松，大大促进了世界资本流动和金融全球化的发展。

第三节　国际金融垄断资本主义的形成与发展

一　国际垄断金融资本形成和壮大的一个重要前提是获得货币霸权

美元霸权地位的确立，大大促进了国际金融垄断资本的发展。金融全球化的基础是美元的国际霸权地位。全球资本流动和贸易的发展离不开国际货币体系的支撑。在历史上，国际货币体系经历了从金本位制到布雷顿森林体系、从布雷顿森林体系解体到牙买加体系成立的过程。尽管在这个过程中，美元的统治地位在逐渐削弱，但是美元依旧在国际货币体系中占据主导地位。1971 年美元与黄金脱钩以后，美国插手中东，控制石油源头，为美元找到除了黄金之外的新支撑物——石油。通过垄断像石油这样的大宗商品的交易计价权，保证了美元在国际货币体系中的霸权地位。

美元是全球最重要的国际储备货币，行使着全球计价尺度、交易媒介与价值储存的功能。以美元为中心的世界货币体系的建立，客观上为资本主义世界体系的经济和贸易的迅速发展提供了有利条件，也大大促进了国际金融垄断资本的扩张。在美元本位制下，国际金融垄断资本的实力大大增强。由于美元的发行可以不受黄金的限制，美国的巨额贸易逆差可以通过肆意发行美元来支撑，因而造就了大量过剩的美元货币资本，产生了大量的金融资本和货币金融投机资本。由于美元在全世界通用，美元的金融市场规模很大，世界上很多金融市场都用美元进行定价和交易，因此，美国发行美元债券成本低、卖价高、利润大。美国金融机构还大搞金融创新，无限制地滥发各种美元债券，追逐这种超额的流动性收益。在以美元霸权为基础的国际货币体系下，极易引发第三世界国家的金融危机，这也壮大了国际金融垄断资本的实力。现行的国际货币体系实行的是美元本位制下的浮动汇率制，发达国家一般采用单独浮动或联合浮动制，许多第三世界国家采用的是管理浮动汇率制，但在实际中采取的却是盯住汇率制，主要是盯住美元。这为国际金融投机资本的攻击提供了机会，国际投机资本往往会对采取盯住美元制的第三世界国家进行金融攻击。第三世界国家不得不通过积累大量的外汇储备来维持汇率的稳定，一旦外汇数额不足以稳定汇率，又受到金融攻击，就会引发金融危机。

二　国际金融垄断的产生是国际金融资本形成的直接基础

一方面，垄断组织的增加造成大量的过剩资本，为银行规模的扩大提供了物质基础；另一方面，垄断组织对信用需求增长，要求银行规模相应扩大。因此，随着产业资本的集中，银行业也发生了集中，产生银行垄断资本。因而，工业资本和银行资本的相互融合，使列宁得出了金融资本的经典概念，“生产的集中；从集中生长起来的垄断；银行和工业日益融合或者说长合在一起，——这就是金融资本产生的历史和这一概念的内容”①。20 世纪 70 年代以来，随着国际垄断资本的发展，美国金融垄断资本的国际化步伐也大大加快，实力也大大增强。金融寡头把金融资本输往国外，并在海外设立分支机构，致使美国跨国银行在海外的势力大增。1954 年，20 个资本主义国家的 99 家银行控制的国外分行共 1200 家，美国占 10%；1977 年，世界最大的 50 家银行共在海外设立分支机构 3000 家左右，美国占 37%，所占比重增长近 2 倍，分支机构数由 120 家左右增至 1100 余家，增长近 10 倍；1979 年美国在海外投资新建和合并企业的资产总额中，银行所占比重为 43. 3%，比制造业的资产额要高出两倍多。② 1977 年，美国最大的 50 家商业银行资产达 6684 亿美元，存款为 5212 亿美元，分别占全美国 1 万多家大小银行总资产的 56. 8% 和总存款的 55%；其

① 《列宁选集》第 2 卷，人民出版社 1995 年版，第 613 页。
② 龚维敬：《美国垄断资本集中》，人民出版社 1986 年版，第 132—133 页。

中美洲银行、第一花旗银行、大通曼哈顿银行、制造商汉诺威信托银行、摩根保证信托银行等5家最大银行的资产和存款量，分别为3224亿美元和2464亿美元，占50家大银行总资产和总存款的比重均超过42%；而雄踞首位的美洲银行，拥有资产949亿美元和存款758亿美元，占5家最大银行资产和存款总量的30%左右。①

2007年以来，虽然受到美国金融危机的影响，但全球跨国银行规模仍在继续扩大。2007年，全球1000家大银行的总资产为90.3万亿美元，2008年，1000家大银行的总资产达到了96.4万亿美元，比上年增长了6.8%。2007年，由英国《银行家》杂志推出的“全球银行1000强”排行榜中，核心资本排名第一的美国银行达910.85亿美元，资产规模为14597.37亿美元；排名第二的花旗集团核心资本达908.99亿美元，资产规模达18825.56亿美元；排名第三的汇丰控股核心资本为878.42亿美元，资产规模为18807.58亿美元。资产规模排名第一的瑞银集团为19638.70亿美元，排名第二的巴克莱银行资产规模为19568.76亿美元，排名第三的巴黎国民银行资产规模达18969.35亿美元。2007年，全球前六大银行共计占有全球银行1000强总资本的15.0%、总资产的13.4%和总利润的16.6%，即使考虑到无数未进入全球银行1000强的中小银行所占的市场份额，全球至少也已经有1/8的银行市场份额集中在这六大银行手中。这六大银行的核心资本平均超过了850亿美元，而平均资产规模则超过了1.8万亿美元。②

跨国银行的规模在扩大的同时，金融业的结构也在发生着深刻的变化，更增强了金融资本的实力。20世纪70年代以后，发达资本主义国家金融自由化的发展，经济全球化的不断深入，市场竞争的需要，现代信息技术的广泛应用，使金融业综合经营的趋势进一步得到了深化。英国于1986年就实行了金融改革，改革了分业经营的体制，

---

① 宋则行、樊亢：《世界经济史》下卷，经济科学出版社1994年版，第77页。

② 李石凯、王晓雷：《国际金融前沿问题研究》，中国金融出版社2008年版，第40页。

促进了商业银行与投资银行的结合，促进了投资银行业务与股票经纪业务的融合。英国的汇丰集团、渣打银行、巴克莱银行集团等跨国银行集团都发展成了业务领域涵盖银行、证券、保险、信托等各个方面的金融控股集团。1998 年，花旗银行与旅行者集团宣布合并，形成了集商业银行、投资银行、资产管理、保险等金融服务为一体的金融控股集团。之后，发达资本主义国家金融业综合经营发展迅速，金融业进入了全面综合经营阶段。金融资本对产业、商业资本的控制力也在进一步增强。瑞士苏黎世联邦技术学校的专家在对逾 4.3 万家公司的数据进行分析后，认为全球近半数的财富掌控于 147 家彼此间存在着千丝万缕联系的跨国公司手中。参与研究的瑞士学者詹姆斯·格拉特费尔德指出，这相当于不到 1% 的公司控制着整个网络四成的财富。这其中大多数为金融机构，进入前 20 名榜单的就有巴克莱银行、摩根大通银行、高盛公司、美林公司、摩根士丹利、瑞士银行、德意志银行等。[①] 2008 年金融危机之后，一些投资银行为了增强自身的抗风险能力和竞争实力，纷纷向综合化经营模式发展。如摩根士丹利和高盛转型为银行控股公司，摩根大通银行收购了贝尔斯登，美国银行收购了美林公司，它们都在向金融控股集团转型。

金融业的规模在扩大，经营组织形式在不断深入发展变化，国际金融资本的实力也在不断增强，日益与实际生产生活相脱离。进入 20 世纪 90 年代以来，国际金融资本的规模和增长速度超越外国直接投资和国际贸易，成为全球化进程中最令人炫目的指标。根据麦肯锡全球研究所统计数据，全球食利性的金融资产（股票、公司债券、国债、储蓄）从 1980 年的 12 万亿美元增加至 2007 年的 196 万亿美元。金融资产占 GDP 的比例从 1980 年的 109% 上升至 2006 年的 346% 。1996—2006 年，全球金融资产平均增长率为 9.1% 。同时，全球跨境金融资本流动和交易规模增长迅猛，从 1990 年的 1 万多亿美元增加至 2006 年的 8.2 万亿美元，占全部跨国资本的比例从 80% 上升到

① 俄罗斯报纸网 10 月 20 日报道：《147 家跨国公司掌控全球半数财富》，《参考消息》2011 年 10 月 22 日。

85%。1996—2006年，股票、公司债券、国债和储蓄的增长率分别为10.4%、10.7%、6.8%和7.8%。相反，以外国直接投资为主的国际生产资本占全部跨境资本流动的比例从1990年的20%下降至2006年的15%。①

三 国际金融垄断资本主义的形成

当前，金融业已成为美国最大的产业，而且金融业内部结构也发生了巨大变化，非银行金融机构和直接金融迅猛发展，金融资本的社会资本基础增强。养老基金、互助基金、投资公司、保险基金等共同基金是美国和一些发达国家最重要的非银行金融机构。2007年美国共同基金资产12万亿美元，占全球26.2万亿美元共同基金的45.8%—46%，欧洲占34%。截至2008年10月全球对冲基金达2.7万亿美元，其中美国1.675万亿美元，欧洲5750亿美元，亚洲1760亿美元。因此，国际金融垄断资本的股权结构出现了股份占有法人化的趋势。机构法人是指以金融资产信托和代理投资服务为特征的投资机构，又称机构投资者，它包括养老基金、保险公司、投资银行（共同基金）、对冲基金和捐赠基金等。机构法人资本一方面属于社会资本的一种更高级的发展形态，它是社会资本融合生长出来的一种社会资本新形态；另一方面，它通过捆绑着中小资本和劳动者储蓄收入，从而放大了资本权力，它依然是资本利益的化身，它追求的依然是资本利益的最大化，服从于资本主义的逐利逻辑。由于机构投资者管理资产庞大、投资的公司和项目众多，它通过股东代理表决、谋求董事席位、更换经理等手段实施所有权约束的成本太高，因而机构法人追求的是尽可能的投资回报，而不是谋求对公司的长期和实际控制。这体现的是大金融资本对工业资本支配性的胜利。非金融公司利润很大部分以支付利息和分红的形式转移给了金融机构和股东，削弱了工业资本积累的独立性和垄断性，从而使工业资本在融资、信贷、投资上

① 张彤玉、崔学东、李春磊：《当代资本主义所有制结构研究》，经济科学出版社2009年版，第259页。

更加依赖资本市场。因此，在当前的背景下，国际金融垄断资本是一种全球化导向的法人资本和国际资本融合形成的国际垄断资本形态。①我国学者吴大琨等在《金融资本论》中根据战后发达资本主义国家经济中发生的一系列变化，分析了非金融业垄断和金融业垄断的新特点，即金融机构多样化和产业结构变化，也指出金融资本概念需要拓宽："现代金融资本是在战后生产和资本进一步垄断的基础上，以垄断性商业银行为中心的金融业资本与垄断工业公司为主的企业资本的融合或混合生长。金融业资本不仅包括垄断性商业银行资本，也包括垄断性保险公司，投资银行（公司）和其他垄断金融机构的资本；企业资本不仅包括垄断性工业资本，也包括垄断性交通运输，公用事业和商业等资本。"②

国际金融垄断资本主义形成的主要标志是国际金融垄断资本在整个资本主义生活中占据了主导和支配地位，从而使金融垄断资本高度国际化和全球化。国际金融垄断资本的表现形式和载体，是跨国公司或全球公司，以及各种形式的垄断公司之间的国际联盟。国际金融垄断资本主义同先前发展阶段的不同之处就在于国际金融垄断资本在形式上和某种程度上是超越国家主权的，它是资本实现增殖和扩张的一种新的形式和最高的阶段。资本的全面国际化，是国际金融垄断资本主义的实质，资本在以生产资本为主体的各种形态资本的国际化运动中，实现其价值增殖和垄断利润。国际金融垄断资本形成后，资本主义进入到国际金融垄断资本主义阶段，资本主义世界体系最终形成。20世纪80年代末90年代初，冷战结束以后，资本主义进入了国际金融垄断资本主义阶段。称之为国际金融垄断资本主义，一是因为资本主义的生产和集中冲破了民族国家的地域界线，力图在全球范围内配置资源，实现资本最大限度地增殖；二是国际金融垄断资本的形成，金融垄断资本在当前资本主义社会中居于特别重要的地位。国际垄断

---

① 张彤玉、崔学东、李春磊：《当代资本主义所有制结构研究》，经济科学出版社2009年版，第263页。

② 吴大琨：《金融资本论》，人民出版社1993年版，第57页。

资本在资本主义发展的早期就已出现了，在一般垄断资本主义阶段，大量资本输出促进了生产和资本的国际化，形成了以殖民体系为基础的国际垄断。这个时期，资本家国际同盟——国际卡特尔，是国际垄断资本的主要形式，但真正作为一个历史发展阶段，则开始于冷战结束后。此后，新科技革命的发展，全球通信信息网络和交通网络为资本的全球流动提供了必要的物质基础和技术手段；苏联、东欧剧变，一些曾经的社会主义国家、一些宣称走社会主义道路的国家彻底地走上了资本主义道路，一些曾经的社会主义措施被放弃，为资本流动提供了更加广阔的空间范围，这都推动了垄断资本的全球大扩张，形成了历史上从未有过的规模空前的统一的大市场。面对猛烈增长的社会生产力，国家垄断资本主义已经完全不能适应生产社会化程度进一步提高的要求。各种形式的跨国公司、多国公司和国家垄断同盟，才得以迅速发展，并在全球经济中形成主导和支配地位。这些国际垄断企业实行全球化的经营方针，在全世界范围内寻求技术、资源和廉价劳动力等生产要素的最佳组合。国际金融垄断资本主义作为二战后生产力高度发达、高度社会化的必然产物，是资本主义生产方式的新发展。

也正是在国际金融垄断资本主义阶段，资本主义世界体系才得以真正形成，资本主义的生产真正成为世界性的大生产。在资本主义自由竞争阶段，商业资本的国际运动是表现资本主义世界性的主要形式；在一般垄断资本主义阶段，资本输出已经具有重要意义，借贷资本的国际循环代替商业资本的国际循环成为资本国际化的主要形式；国家垄断资本主义的大发展，使资本的国际运动从流通领域加速扩展到生产领域；以产业资本的国际运动为核心的资本国际化一旦形成，国际金融垄断资本主义阶段也终于来临。资本的全面国际化，使资本主义世界体系最终形成。国际金融垄断资本主义阶段，资本主义世界体系的形成使众多资本主义国家真正连为一体，资本主义的发展超越了民族国家的界限，成为了一个大的资本国家。在国际金融垄断资本主义阶段，当今的资本主义世界体系依旧是一个不平等的层级结构。在国际金融垄断资本主义阶段，西方国家能采取较为完善的新殖民主义的方式，而不用采取赤裸裸的旧殖民方式，是因为它们拥有巨型的国际金融垄断寡头，以往用炮舰才能得到的利益，现在只用资本流动自由化即可轻松获取。当前的世界经济体系，是被国际金融垄断寡头统治的世界经济体系；当前的国际政治经济秩序，实际上是被国际金融垄断寡头所支配的少数大国所控制。国际金融垄断资本凭借强大的科技和经济实力，迫使第三世界国家不得不被动地迎接着经济全球化的浪潮，任凭利润流向发达国家。国际金融垄断资本主义的形成，使全球经济出现了全球化的趋势。资本主义生产方式覆盖到全球大部分国家和地区，北方垄断资本将世界的生产和交换活动更加紧密地连为一体。资本主义国家经济的开放度不断扩大，商品、服务、资本和技术的国际流动更加通畅。但是这种全球化只是国际金融垄断资本的全球化、流动的通畅化，是西方垄断资本主导的全球化，是片面的全球化。从总体上说，迄今为止的全球化，是资产阶级掌握历史主导权的、资本主义性质占据主导地位的全球化，亦即西方全球化或者资本主义全球化，在一定意义上，也可以称之为帝国主义全球化。[①] 从本质上说，这是指以资本主义为主导的、以实现全球少数人利益为目的的资本征服整个世界的现象和过程。[②] 这种全球化，并不是彻底的全球化。真正彻底的全球化，只有在未来社会才能实现。

同时，金融资本的控制模式也由传统的金字塔式的垂直控制格局转变为以银行资本为核心的金融资本网状联合控制的格局。金融资本通过“参与制”控制了较多的经济部门和产业部门。金融资本直接控制着母公司，通过各部门、各产业的子公司，层层参与控制更多的公司，各子公司又相互控股，从而形成了网状的格局，使公司统治权不致旁落。国际金融垄断资本家阶层仍然是高度集中化的，机构法人资本主义的发展并没有改变资本主义财富高度私人化和集中化的特点。美国学者威廉·多姆霍夫指出，（1）通过家族办公室、投资合伙人关系以及控股公司，上层阶级中许多持有股权的超级富裕家族仍

① 马也：《历史是谁的朋友》，中央民族大学出版社 2003 年版，第 532 页。

② 李慎明：《全球化与第三世界》，《中国社会科学》2000 年第 3 期。

然参与了许多重要公司的决策；（2）上层阶级的成员在大型公司董事会的比重高得不成比例，而这正是上层阶级权力在“谁治理?”这一指标上的证明；（3）无论是从社会还是从经济指标上看，中产阶级出身的职业经理人都已经被同化进了上层阶级，并且与上层阶级所有者共享相同的价值观。① 他又指出，这些累积起来的关于家族所有权、家族办公室、控股公司以及大公司中投资合伙人关系之重要性的发现证明了，仍然有为数相当可观的大型企业是由主要所有者所控制的。不过，经济体各个部门中那些最大型公司的所有权股票并不是主要掌握在个人或家族手中——不管是通过家族办公室、控股公司还是投资合伙人关系。它们最大的所有者，是银行的信托部门、投资公司、共同基金和养老基金。此外，一些访谈研究表明，银行信托部门和投资公司在影响其所投资的公司的管理层中发挥任何作用的可能性，不会比养老基金高到哪里。②

美国其他学者的研究也表明，垄断资本阶层的所有权集中程度依旧很高，即使在被认为所有权比较分散的美国。2009 年，美国学者胡德尼斯对纳斯达克、美国证交所、纽约证交所 375 家企业，以及 22 个欧洲和东亚国家中的 7842 家上市公司的所有权结构进行了实证研究。实证结果揭示了几个与传统共识相反的事实。第一，尽管许多人认为美国拥有分散的所有权，而事实相反。以持股比例超过 5% 以上为大股东标准，全部样本企业中的 96% 拥有大股东，这些大股东们平均持有企业 39% 的普通股。尽管所有权集中和企业规模成反比例关系，但即便是大公司依然出人意料地存在着所有权集中现象。例如，89% 的企业样本拥有大股东；第二，美国的所有权集中程度是否小于其他国家？尽管许多人认为美国拥有比其他国家更为分散的所有权，实证结果显示美国所有权的集中程度和世界其他国家大体相似。③

---

① ［美］威廉·多姆霍夫：《谁统治美国——权力、政治和社会变迁》，吕鹏、闻翔译，译林出版社 2009 年版，第 121—122 页。

② 同上书，第 153 页。

③ 张彤玉、崔学东、李春磊：《当代资本主义所有制结构研究》，经济科学出版社 2009 年版，第 91—92 页。

同时，金融资本的发展还造就了资本主义新的社会阶层。这个新的统治阶级主要由投资银行、养老基金、对冲基金和私人募股基金这一拥有数万亿美元产业的主管和经理构成。他们从事金融衍生品交易、并购等投机性活动。这个集团可以进一步分为三个集团，大型私募银行家和对冲基金经理、华尔街的首席执行官和大型私募基金的高级副总裁。

四　国际金融垄断资本主义阶段，一个显著的特点是“虚拟经济”的规模大大超过“实体经济”

实体经济和虚拟经济的关系，本质上是实际资本和虚拟资本的关系。要了解虚拟经济，首先得了解什么是虚拟资本。在资本主义发达的信用制度条件下，在借贷关系和金融活动的形式上，在实际资本之外产生了虚拟资本。虚拟资本，是马克思在生息资本的基础上提出的一个新的经济范畴。资本，一般总是在现实运动中进入实际生产过程，通过占有工人的剩余劳动才能增殖，从而成为资本。但是，随着资本主义经济生活中借贷关系的发展，随着利息这个经济范畴的普遍化，一切可以获得的固定收入，都被看作一定数额的资本带来的利息，即“钱能生钱”。生息资本的存在和利息范畴的独立化，是虚拟资本形成并存在的客观经济基础。

马克思认为虚拟资本是指与现实的货币资本、生产资本和商品资本相区别的想象的资本，是“现实资本的纸制复本”。[①] 虚拟资本，狭义的是指有价证券，广义的是指虚拟货币。它不是真正的资本，只是以有价证券的形式存在，并能给持有者带来一定收入，是与现实资本相对而言的想象中的资本。这种本来并不存在而是根据一定收入虚构出来的“资本”，被称为虚拟资本。狭义上的虚拟资本分为两种形式，一种是信用形式上的虚拟资本，同一笔货币被反复使用就产生了虚拟资本，主要有汇票、期票、国债券和各种形式的抵押贷款等；另一种是收入资本化形式上的虚拟资本，以资本所有权证书的形式出

① 《资本论》第3卷，人民出版社2004年版，第540页。

现，同一张所有权证书反复交易就形成纯粹的虚拟资本，主要由股票、债权等构成，这是典型的虚拟资本。它们之所以被称为虚拟资本，马克思指出，“银行家保险箱内的这些证券，即使是对收益的可靠支取凭证（例如国债券），或者是现实资本的所有权证书（例如股票），它们所代表的资本的货币价值也完全是虚拟的，是不以它们至少部分地代表的现实资本的价值为转移的；既然它们只是代表取得收益的要求权，并不是代表资本，那么，取得同一收益的要求权就会表现在不断变动的虚拟货币资本上”①。这说明，虚拟资本虽然也是资本的一种形式，可以进行买卖，也可以定期获得收益，但毕竟与现实资本不同。它们不是真实的资本，而是虚拟的、想象的资本，本身没有价值，也不能当作价值的符号。

虚拟资本的特点。一是本身无价值凝结，但有市场价值和价格，可以在市场上流通，是一种资本商品。二是虚拟性。虚拟资本的虚拟性是资本价值增殖过程的外化和独立化表现形式，它的交易量的增加并不代表实际财富的绝对增长，它的价格的涨落完全不决定于它们所代表的现实资本的价值。三是衍生性。虚拟资本的衍生性是指它可以由初级形态进一步衍生成更高级形态，具有自我繁殖能力。如股票可以衍生形成股票期货、期权，证券的重新打包业务将已有的证券重新组合加工来发行具有较高信用等级的新债券。四是高杠杆性。金融衍生品是一种金融合约，购买者只需支付一定的保证金，因而金融衍生品的交易量比实物资产所高出的倍数要多很多。五是高风险性。虚拟资本的各种资本商品在市场上流通的价格是由人们对于未来的预期收入所决定的，具有较高的风险，极易引起经济动荡和危机。六是掠夺性。资本家利用信用工具将社会上大多数财富集中到自己手中，进行投机，大肆敛财，充分体现了虚拟资本的掠夺性和剥削性。② 虚拟资本的产生，也就出现了虚拟经济的概念。虚拟经济是指相对独立于实

① 《资本论》第3卷，人民出版社2004年版，第532页。

② 张宇：《金融危机的政治经济学分析》，经济科学出版社2009年版，第277—278页。

体经济之外，以金融系统为依托的虚拟资本运动。实体经济是由商品和服务在生产、交换、分配、消费的运动过程中所形成的经济。虚拟经济是由股票、证券、金融衍生品等各种有价证券形式存在的虚拟资本在交易和流通等运动过程中所形成的经济。

虚拟资本产生并不断发展的根本原因在于资本追求剩余价值的本性。20 世纪 70 年代以来，面对以制造业为主体的实体经济的严重生产能力过剩和利润率下降，资本主义生产方式在其基本矛盾不断运动的基础上进行着不断调整。资本的逐利本性驱使其不断冲破各种限制，获得与其本性相适应的存在形式和运动形式。资本开始寻求两种出路。一种是把劳动密集型产业转移到发展中国家，但这种转移造成了全球制造业生产能力的进一步扩大，全球生产过剩的基本形势没有得到较大改观。另一种是向金融部门转移，通过对虚拟资本的经营来获取高额利润。随着金融业的发展，西方发达国家的虚拟资本有了新的发展，不但虚拟资本的规模和总量大大膨胀，而且还出现了许多新的虚拟资本形式，表现为证券化和金融衍生物的发展。除了作为初级形态（期票、汇票、股票、债券）外，还有金融期货、指数期货、期权等金融衍生品。在现代市场经济中，股指期货、外汇期货等则是由股票、外汇交易、期权交易等衍生出来的，可以说是虚拟资本的虚拟资本。复杂形态的虚拟资本（股指期货、外汇期货、指数期货、期权合约）是资产证券化和金融不断创新的产物。而货币的虚拟化与美元霸权地位的确立又大大推动了这一趋势。布雷顿森林体系崩溃之后，美元与黄金脱钩成为国际结算、支付和储备的主要货币，货币不再由具有价值的物品作为自身价值的基础，货币变成了纯粹虚拟的价值符号，这就加速了虚拟资本形式的变化和虚拟程度的提高。

随着资本主义经济全球化、经济金融化和金融全球化的发展，也出现了虚拟资本独立化的趋势。虚拟资本的活动日益脱离物质生产、交换和消费，虚拟经济的发展越来越偏离实体经济，出现独立运动的趋势。虚拟资本的发展过程是不断脱离实际生产的过程，作为虚拟的价值增殖的过程，也像虚拟的货币与商品的对立一样，它也越来越向着与整个实际生产过程相对立的方向发展。一方面，资本主义经济活动的重心从产业部门转向金融部门；另一方面，实体资本逐渐向虚拟资本转移，这表现为大量过剩资本越来越多地集中在金融市场和无数金融工具的交易上。国际金融垄断资本主义阶段，最大的特点是高度依赖虚拟资本的循环来获得利润。当代资本主义虚拟资本呈现出加快发展的态势。据 2008 年 10 月 7 日出版的《东方日报》所载之文称：美国市场的金融衍生品的总值高达 455 万亿美元，占全球金融衍生产品总值的 76%，相当于美国号称的 13 万亿美元 GDP 的 35 倍。① 马克思在论述资本循环时说，“正因为价值的货币形态是价值的独立的可以捉摸的表现形式，所以，以实在货币为起点和终点的流通形式 G…G′，最明白地表示出资本主义生产的动机就是赚钱。生产过程只是为了赚钱而不可缺少的中间环节，只是为了赚钱而必须干的倒霉事。[因此，一切资本主义生产方式的国家，都周期地患一种狂想病，企图不用生产过程作中介而赚到钱。]”② 虚拟经济的发展，使资本的增殖已经主要不通过生产过程来实现，不再仅依靠价值和使用价值的转换来实现增殖，国际金融垄断资本恢复了资本的最原始的本性，完全脱离了创造价值的实体运动，通过金融创新做起了“钱生钱”的勾当。当代资本主义，虚拟资本、虚拟经济的发展，使金融资本、金融资产对职能资本的渗透、参与和控制日益增强，利润也越来越多地来源于金融渠道，而非贸易和商品生产等实体经济部门。

20 世纪 90 年代以后，美国金融部门就成为最重要的利润来源。资本主义经济虚拟化、金融化的发展使从事金融活动的利润越来越大，经济的发展高度依赖虚拟资本的运动来创造利润。2006 年，金融服务业的产值几乎占了美国 GDP 的 1/4，利润则占美国所有企业利润总额的 44%，而美国制造业的利润仅为 10% 左右。③ 有研究表明，

---

① 何秉孟：《国际金融垄断资本与经济危机跟踪研究》，社会科学文献出版社 2010 年版，第 13 页。

② 《资本论》第 2 卷，人民出版社 2004 年版，第 67—68 页。

③ 李慎明：《美元霸权与经济危机》上册，社会科学文献出版社 2009 年版，第 116 页。

近数十年来美国金融机构利润的增速快于非金融公司的利润，但鉴于非金融公司也大量涉足资本市场和货币市场，两类利润之间并无截然分野。因此，巨额财富的积聚似乎日益与金融活动而非生产过程相关，金融部门也日益掌控着非金融公司现金流管理的速度和规则。非金融公司和金融机构已联合，使得很难依据上述现象认定资本自身出现了明显的内部分化。

大部分跨国公司也在国际金融市场直接参与外汇、期货、债券、股票等交易活动，并熟练使用各种金融衍生工具，它们的利润有很大一部分是通过企业活动的金融化实现的，虽然它们仍以工业活动为主，但实际上已经改变了资本增殖方式。例如，通用电气公司主要业务是工业设备生产，却也从事银行性的金融放贷等业务，而且其利润的很大一部分来源于此。其中通用金融占公司利润的15%，通用商业融资占公司利润的27%，2007年，通用资本的利润额占到公司净收益的45%，而通用工业却仅占公司利润的5%，而这一部分的利润主要还是在美国境外实现的。通用金融部门能获得这么高的利润，其采取的主要手段就是通用电气公司利用其企业信用，低息从银行获得贷款，然后立即转手以高息贷给那些信用评级较低，甚至无法从银行获得贷款的企业。① 虚拟资本以金融系统为主要依托，它通过渗入实体经济活动，为实体经济筹集资金，以推动实体经济运转，为实体经济服务。它一旦背离了实体经济，就会催生泡沫经济，导致金融危机，最终伤害实体经济。

第四节　国际金融垄断资本是当今条件下新的万能统治者

一　国际金融垄断资本对世界的新经济殖民化

在旧殖民主义时代，虽然当时已经形成了资本主义世界体系，但受科学技术发展水平和垄断资本规模、资本输出手段、发展中国家发

① 韩毓海：《国际金融危机与中国道路》，《国外理论动态》2010年第12期。

展水平等的限制，垄断资本输出和流动还得借助国家暴力的力量，进行赤裸裸的控制和占领，来瓜分世界投资场所和商品市场。资本主义世界旧殖民体系土崩瓦解后，在殖民撤退中，发达国家把老殖民主义向新殖民主义转化，以形成新殖民体系。新殖民主义是一种特殊形式的殖民主义。其主要特点是在被迫承认原殖民地、附属国政治独立的情况下采用比较间接的手段和隐蔽的方式实行经济扩张和利益输送。国际金融垄断资本以新殖民手段，在全球自由流动获利，企图对获得政治独立的国家继续进行控制、干涉与掠夺，使其继续充当发达资本主义国家的商品市场、原料产地和投资场所，维持旧的资本主义世界体系的国际不平等关系和国际政治经济旧秩序。

首先，发达国家通过打造以其为主导的国际经济体系制约第三世界国家的发展，对第三世界国家进行新的经济殖民。世界上三大经济机构世界银行、国际货币基金组织和世界贸易组织及其运行规则是维持当代资本主义世界体系的经济制度安排。这是以美国为首的国际金融垄断资本建立起来的一套有利于自身的“游戏规则”，往往倾斜于发达国家。利用其打造的国际经济旧制度，国际金融垄断资本可以在全球自由流动，以新殖民手段获利。例如，世界贸易组织虽然高扬“自由贸易”“公平竞争”的原则，但其制定的国际惯例和规则中包含有许多歧视、损害发展中国家利益的条款。

发达国家进行金融殖民，利用货币霸权进行金融掠夺。以美国为首的发达国家的货币获得了特权，通过这种特权，它们获得了巨额利益。在现行的国际货币体系下储备货币多元化，有美元、欧元、英镑、特别提款权等，但主要是发达资本主义国家的货币。特别是由于美国的政治经济实力，美元是世界上最重要的国际储备货币，这种地位使美国等发达国家可以用本国货币来支付国际收支差额，获得了铸币税的收益。由于发达国家的货币是国际储备货币，发达国家就由此可以占有世界各国的巨额财富。国际金融垄断资本的腐朽性决定了它不单单满足于长期投资牟利，更热衷于短期赌博投机。国际金融垄断资本不断通过操纵第三世界国家的金融市场，以发动金融战争的方式，掠夺第三世界国家的财富。国际金融垄断资本不断进行“剪羊毛”行动，制造发展中国家的金融危机。

贸易殖民，对外贸易是新殖民主义进行扩张活动的又一个重要手段。发达国家鼓吹“自由贸易”“自由市场”神话，为国际金融垄断资本流动和掠夺大开方便之门。发达国家一方面要求发展中国家降低或取消关税，实行贸易自由化；而另一方面它们却不断加强贸易保护主义，阻碍发展中国家的出口。在国际贸易领域，长期以来，整体上的格局是发达国家在交换领域凭借对工业制成品贸易的卖方垄断地位，又凭借对初级产品的买方垄断地位，长期垄断世界市场和商品价格制定权，它们以垄断高价向第三世界国家推销工业制成品，以垄断低价向第三世界国家收购初级产品，通过“一高一低”使第三世界国家蒙受极大的经济损失。当前，发达国家通过利用金融期货市场掌握着国际市场定价权，主导国际市场价格，以“兵不血刃”的方式剥夺本应属于发展中国家的利润。西方国家还通过跨国公司的内部贸易转移价格使第三世界国家蒙受了巨大经济损失。

跨国公司的产业殖民。在新国际分工体系中，第三世界国家依旧处于不利地位。当今的新国际分工体系是基于跨国公司全球生产网络的产品内分工基础上的。由于跨国公司国际生产网络的构建以及产品价值链越来越细化，使得传统的垂直分工体系向新的垂直混合分工体系转变。跨国公司通过内部分工体系，将母公司和子公司按照各自竞争优势分置于价值链的不同位置上，形成了母公司和子公司以及子公司之间的垂直或水平分工，呈现出产业间分工、产业内分工与产品内分工并存的多层次崭新型分工格局。发达国家控制着新型、高附加值产业，在产业链上，控制着资本密集型和技术密集型环节，第三世界国家不仅面临着由劳动密集型向资本、技术密集型产业的升级转换任务，还面临着产业链上由劳动密集型环节向资本密集型和技术密集型环节的升级转换任务。跨国公司还利用并购行为对第三世界国家进行产业控制。跨国公司对东道国有选择地进行投资或并购当地企业，致使第三世界国家重要工业部门被控制。总之，国际金融垄断资本以美元霸权为基础，通过与实体经济相脱离的虚拟经济主导的全球化，建立了一种新的资本积累模式，来掠夺广大第三世界国家。这样，西方国家不用采取殖民主义时代那种开枪放炮直接掠夺的方式，以此手法，便可获得比以往多得多的利益。

二 国际金融垄断资本主义阶段，以资本主义强国为依托，资本主义既有各种正式的政治、经济协调机制，也有隐形的权力协调和掌控机制，形成了立体的多层面的新型资本家垄断同盟，垄断势力渗透性强

在国家垄断资本主义阶段，国家垄断与私人垄断相比也没有本质区别，国家垄断作为垄断资产阶级的总代表，维护和巩固资本主义制度，保证着整个垄断资本的统治，保证垄断资本获取高额垄断利润。恩格斯深刻地揭示了国家垄断的本质，“无论转化为股份公司，还是转化为国家财产，都没有消除生产力的资本属性。……现代国家，不管它的形式如何，本质上都是资本主义的机器，资本家的国家，理想的总资本家。它愈是把更多的生产力据为已有，就愈是成为真正的总资本家，愈是剥削更多的公民。工人仍然是雇佣劳动者，无产者。资本关系并没有被消灭，反而被推到了顶点”①。同样，在国际金融垄断资本主义阶段，以少数资本主义强国主要是美国为依托，金融垄断资本通过掌控资本主义强国的国家政权从而保证自己在全球的垄断利益。因此，国际金融垄断资本是在资本主义强国支持下的全球霸权，金融资本使国家服从、服务于它们攫取超额垄断利润，剥夺世界的目的。国际金融垄断资本在资本主义强国内部和世界上既有着资本主义正式的政治、经济协调机制，也有隐形的权力协调和掌控机制，形成了立体的多层面的新型资本家垄断同盟，垄断势力渗透性强。

在列宁时代，所说的从经济上分割世界的资本家垄断同盟，是指资本主义各国的垄断组织根据彼此订立的协定而结成的国际性垄断集团。其主要形式有国际卡特尔、国际辛迪加、国际托拉斯等。国际垄断同盟的目的在于瓜分世界市场、制定垄断价格、控制生产

① 《马克思恩格斯全集》第20卷，人民出版社1971年版，第303页。

规模、垄断原料来源、分割投资场所，以保证高额垄断利润。随着时代的发展，国际卡特尔等垄断组织的地位下降，出现了跨国公司之间的战略联盟以及国家间的政治经济协调机制、组织等更加高级的形式，使资本主义世界的政治经济秩序趋于相对有序化、可控化。

从企业、公司层面看，当代资本家同盟的主要形式是发达国家跨国公司相互之间的战略联盟。20 世纪 80 年代以来，随着国际市场的竞争越来越激烈，跨国公司开始对企业间非此即彼的零和竞争关系进行战略性调整，开展了大规模合作竞争，建立企业间的战略联盟就是其中最主要的形式之一。跨国战略联盟是指两个以上的跨国公司在投资、科研、生产和开拓市场等方面进行密切合作，采取联合结盟的形式对付其他竞争对手的一种战略。跨国战略联盟是通过各种协议而结成的利益共享、风险共担的松散型经济体联盟。在国际层面，随着资本主义经济全球化和区域经济一体化的发展，使全球经济联系日益紧密，这也客观上要求在超越国家层面上对国际政治经济的运行进行调节。国际政治经济协调是指各国政府通过国际政治经济组织、国际会议以及建立区域政治经济组织等方式进行对话磋商，对国际政治经济关系进行联合调节。这种政治经济协调是由各国参与组成的世界政治经济组织和区域世界政治经济组织为了维持国际政治经济的稳定与发展，通过协商或协议对国际政治经济活动进行联合干预和调节的政策行为。其中，各国政府与国际政治经济组织是国际经济协调的参与主体。国际政治经济协调的范围极其广泛，层次众多，它包括有全球范围内的政治经济协调，区域政治经济协调和多边政治经济协调，世界性政治经济机构所进行的国际政治经济协调，主要国家和地区进行的国际政治经济协调等。值得注意的是这种国际政治经济协调机制，是国际金融垄断资本所推动建立的，由国际金融垄断资本主导，最有利于国际金融垄断资本的协调机制。

垄断资本、国际金融垄断资本还有着隐形的权力协调和掌控机制。经济学上一般认为，垄断势力仅指垄断资本所特有的一种经济权力，是对经济领域的控制而获得高额利润的一种经济权力。如今，这种经济权力已经深深渗透和影响到了政治和文化领域，更为明显地证明了资本主义国家是资产阶级的国家。

在政治上，发达资本主义国家资本主义民主的制度形式较为完善，从外表看来，发达资本主义国家没有一个权力中心，一切都依靠政治的制度化进行着有效有序运转，实际上并非如此。资本主义进入到垄断阶段以后，在经济生活中，出现了大的垄断资本，相应地，在政治生活中，各种政治行为主体包括政府、政党、利益集团、非政府组织等，不仅自身有集中化、大型化等趋势，而且还被大垄断资本所控制和操纵，大垄断资本在国家权力格局中居于垄断地位和核心位置。在资本主义政治生活中，无论所谓的民主制度形式多么发达，都不免成为大垄断资本进行政治统治的最好障眼法。在现代政治条件下，无论是资本主义国家还是社会主义国家，政府机构的官员都实行任期制。虽然资本主义国家政治家的任期是有限的，但是，财产私有制的存在使资本家的“任期”是无限的。即使政治家的能力平平，但由于社会的实际权力掌控在资本家手中，因此，无论政府怎么换届都不会对整个资本主义社会的运行产生实质性的影响。相反，由于资本主义这种隐形权力机制的存在，使大垄断资本能够持之以恒地实施战略谋划，维护自己的利益，并不像许多人认为的那样，西方的领导人时常轮换，因而其政策没有连续性，有些短视等。他们短视、漠视的是劳动群众的根本利益，推动社会真正健康发展的政治经济决策、政策。如美国的国家战略具有一贯性特点，从不动摇，贯彻始终，绝不因总统更迭而改变，表明美国垄断资本集团能够牢牢控制政府，将其政治意志很好地转变为国家意志，在对社会主义国家的和平演变方面就充分证明了这一点。国际大垄断资本不仅控制着传统意义上的政治组织、机构，还组成了较为隐秘的核心利益集团，形成了所谓“影子政府”，以加强加深自身的联系和领导。近年来，有关骷髅会、彼德伯格俱乐部、三边委员会、外交关系委员会等研究材料披露出存在着一个全球性资本主义核心领导组织。西方的学术和智库、基金会等所谓“公民社会”发达，有世界一流的各类专家，在国家战略决策中起着无可估量的重大作用，可谓垄断资本的“参谋部”。通过显形和隐形权力机构、机制的互动，西方能一以贯之地实施大战略，控制操纵社会和世界。

三　国际金融垄断资本有全方位主导世界的大战略，统治手法多样化，并日益模式化，力图对世界进行立体掌控

国际金融垄断资本对世界经济的垄断是全方位的垄断，也可以说是全方位操纵与控制，它能这样做和必须这样做，根源于强大的经济实力和追求垄断利益的需要。因而，国际金融垄断资本为了维护自己的经济地位和垄断优势，必然利用这种全方位垄断地位，全方面维护自己的利益，也必然有一个全方位主导的战略规划。美国的全方位主导世界的新帝国主义政策，用暴力和各种非暴力手段、直接与间接的各种方式维持美国在国内外的既得利益。这些手段和方式包括军事、政治、经济、思想文化等，全面运用、综合运用，无所不用其极。美国学者恩道尔在《霸权背后——美国全方位主导战略》一书中写道，一位美国前军事战略和哲学教授、美国陆军精英学校西点军校的毕业生对他说，西点军校的所有学员都需要深入掌握和熟知《孙子兵法》。他们从这位伟大的中国军事战略大师那里所学到的最重要的格言是："兵者，诡道。"这同样是国际金融垄断资本最信奉的格言，他们把军事上的谋略运用到各个领域，打总体战、超限战，全方位主导、全方位控制。《孙子兵法》上说"上兵伐谋，其次伐交，其次伐兵，其下攻城"，不仅仅是军事领域，"伐谋""不战而屈人之兵"是任何领域的最高境界。把国际金融垄断资本的一些政治、经济、文化行为称为战争，是指他们完全是有意识、有组织、有针对性地运用自己的力量来达到一定的目的。

在经济上，国际金融垄断资本用新殖民主义方式控制和制约第三世界国家，除了人们熟知的贸易战、金融战、产业控制战，还有能源战、资源战、粮食战等。国际金融垄断资本还有意识地进行文化战与舆论战，以进行攻心，达到不战而屈人之兵的目的。1999 年 6 月，在联合国教科文组织的一个国际讨论会上，一位学者指出，"作为一种征候，有关'全球化'的概念及其评价，一直由一个影响、权力和雄心扩及全球的小圈子所垄断。从小圈子的观念、利益和议题中，以新自由主义的意识形态为灵感源泉，产生了有关全球化的包罗万象的概念框架和模式。出于各种实际目的，这些概念框架被兜售给蒙昧无知、被动顺从的国际社会"①。这个小圈子，就是国际金融垄断资本。这个小圈子通过白宫来行使政治霸权，通过新闻、出版、教育机构、学术研究机构、智库等公民社会组织来进行布道，来进行文化战、舆论战。总之，在控制舆论、控制社会思想方面，国际金融垄断资本、美国垄断资产阶级有着极为丰富的经验。苏联解体是美国垄断资产阶级进行文化战的一个成功的例子。

政治上，当前美国国际金融垄断资本干涉他国内政的主要手法有对不听从命令的国家策动"颜色革命"，扶植自己的代理人上台；或者以某种名义进行封锁或制裁以及军事打击等。在军事打击方面，冷战结束以后，人们曾经普遍认为世界会进入一个相对和平和稳定的时期。但国际金融垄断资本得寸进尺，岂能轻易善罢甘休。近年来，美国发动了数场战争，并酝酿进行其他的军事打击。值得注意的是，这些年来，"布什主义"片面强调硬实力的侵略性单边主义战略不仅让美国实力受损严重，也使美国形象急剧下滑，美国外交政策已经到了非变不可的地步。2007 年美国前副国务卿阿米蒂奇和著名学者约瑟夫·奈发表了题为《巧实力战略》的研究报告，明确提出运用"巧实力"进行对外战略转型，帮助美国摆脱当前困境，重振全球领导地位。当前，随着世界经济危机的不断发展，美伊（伊朗）、美俄等国家关系的日趋紧张，更清晰地表明奥巴马政府的某些调整只是"巧实力"思维的体现，其资本主义霸权政治的本质决定了其在政治上对第三世界国家的控制与制约不会改变。帝国主义就意味着战争，帝国主义的经济危机就更是战争，帝国主义克服经济危机的主要手法就是用战争向第三世界国家转嫁危机。

---

① ［俄］布拉尼斯科夫·高索维奇：《全球知识霸权与国际发展议题》，《国际社会科学杂志》（中文版）2001 年第 4 期。

第五节　垄断深化与资本主义金融化的发展反映出资本主义基本矛盾日益尖锐——资本主义危机日趋尖锐

垄断深化与资本主义金融化的发展，使国际金融垄断资本以美元霸权为基础，通过与实体经济相脱离的虚拟经济主导的全球化，建立了一种新的资本积累模式，来剥削广大第三世界国家。垄断深化与金融化暂时缓和了资本主义基本矛盾，但也在更大程度上积累了矛盾。资本主义基本矛盾日益尖锐，其调整的余地越来越有限，资本主义的危机也日益尖锐。

资本主义虚拟经济全球化、金融全球化的发展，使得国际金融垄断资本也利用自己的金融优势影响和支配着第三世界国家的金融业和金融市场，进而控制着世界经济，从而改变了资本积累模式。虚拟产品生产成为资本主义经济活动的主体，霸权国家可以用虚拟产品与其他国家提供的实物产品相交换，满足国内的物质产品需求，贸易逆差可以靠输出虚拟产品来平衡。20 世纪 80 年代以后，资本主义世界虚拟经济全球化的发展，美元霸权地位的确立，使资本主义世界经济格局被称为“新布雷顿森林体系”。资本主义经济的特点是美国建立以美元主导的国际货币体系，以美元为主导的世界货币体系支撑着美国的对外债务，而美国债务规模继续推动美元发行形成了一个循环。其具体表现为：美国主要生产没有实物支持的美元货币和金融产品，其他国家特别是亚洲国家则耗费大量人力、物力生产可以用美元购买的各种物质产品；美国从其他国家特别是亚洲地区购买大量消费品，其他国家特别是亚洲国家积累了大量的外汇；其他国家把外贸盈余用于购买美国的股票、国债等有价证券，而美国则依靠世界各国提供的信贷形成虚假的需求，反过来拉动世界的消费和增长。因而，以美国为首的国际金融垄断资本建立了一种新的资本积累模式。其特征是：第一，在将一般制造业转移到新兴发展中国家的同时，通过金融资本的积累和经营来刺激消费需求，以拉动投资和大规模商品进口，维持美国和世界经济一定程度的增长，并从中获取高额金融利润与工业利润。第二，一般制造业向国外转移，不仅在国外特别是新兴发展中国家获得高额投资回报，在国内也加剧了对工人阶级的压力而有利于压低实际工资，同时通过大量进口廉价工业品而保持了国内较低的通货膨胀率。第三，对于国内制造业萎缩和大量进口工业品所造成的巨额国际收支逆差和财政赤字，借助美元霸权地位，通过发行美元来支付，再依靠大量出售国库券向国外借入美元来平衡收支。长时期的美元贬值趋势则使美国可以在实际上赖掉一部分债务。[①] 在这种新的积累模式的主导下，以美国为首的资本主义经济体似乎又重新恢复了宏观经济活力。但是，这种新的积累模式并没有改变资本主义的基本矛盾，并且它本身就包含着危机的可能性，并使危机在更大的范围内以更大的规模形成与爆发。

这个资本新积累模式又可称作是以虚拟经济全球化为主导的、以美元霸权为中心的世界经济增长模式。可以被简称为，由其他国家来制造，由美国来负债消费的世界经济增长模式，美国成为世界积累体系的“最终消费者”“最后贷款人”。这种模式越来越少地依赖生产部门和生产资本的价值创造，而越来越多地依赖金融泡沫支撑下财富效应的增长和私人负债的增长来实现价值的增殖。资本主义基本矛盾决定了资本主义会经常性爆发经济危机，经常性地陷入经济停滞状态，这是其腐朽性的体现。当前的美国资本主义资本积累模式和它引发的经济危机说明了新帝国主义的腐朽性和垂死性。美国输出纯信用货币纸美元，输入世界各国的真实财富、财物、货物与劳务，在这种以美元为中心的资本积累模式中，世界上其他国家大都采取外贸主导型的增长模式，出口的大多是些劳动密集型产品、资源消耗型产品、严重污染型产品，耗费了本国资源，污染了本国的环境，压低本国工人工资，将大量廉价商品出口到发达国家，以血汗钱获得巨额外汇储备。这种其他国家来制造，由美国和发达国家来消费推动世界经济增

① 高峰：《关于当前全球金融——经济危机的几点看法》，《经济学动态》2010 年第 2 期。

长的模式本身就是一种极为不合理的世界经济增长模式。在这种积累模式中，第三世界国家被迫生产着利润极低的低附加值产品，而且在产业链上还受控制，获取的仅是加工环节的丁点利润，积累的外汇储备要买一些有价值的技术、资源等，发达国家一是控制着不卖，二是还操纵着定价权，只能大量购买美国的垃圾债券，处于极其可悲的地位。美国一直过着过度消费、寅吃卯粮的日子，美国经济长期通过向各个国家借贷来维持本国居民的消费，维持政府财政的运转；依靠美国有限消费能力上的世界经济增长，这都是不可持续的。世界经济增长依靠美国扩张性的经济政策，这种增长伴随着美国贸易逆差和国际债务增长、国际流动性泛滥、贸易国家生产能力过度扩张等，达到一定程度，必定会引发全球经济衰退和泡沫破灭。美国靠向全世界大量发行美元和美元债券，使全世界来为美元经济体继续提供源源不绝的财富营养，并且以此进而控制世界经济和金融，美国成了世界上的寄生经济体。美元的巨大发行量，严重地透支了美国经济的未来，并且，透支了世界经济的未来，造成了世界经济的不稳定，极易诱发经济危机和金融危机。美国资本集团滥发美元和美元债券，造成世界性的通货膨胀，这不仅给世界经济发展带来严重的后果，也给美国自身的经济带来了巨大的灾难。为了充当全世界的最后消费者，美国经济已被推进了日益扩大的债务泡沫之中，由此引发了 2008 年以来的次贷危机和经济危机。而且，次贷危机不仅是美国的危机，更是一次所谓金融危机，实际上是一次体系性危机。从本质上说，次贷危机是二战之后美国主导的全球市场体系无法在深度和广度上继续扩张，从而由盛而衰的转折点。金融危机是当代帝国主义体系危机的起点，这个体系从此处于高度不稳定的解体时代。

主要参考文献

1.《马克思恩格斯全集》第 20 卷，人民出版社 1971 年版。

2.《资本论》第 2 卷，人民出版社 2004 年版。

3.《资本论》第 3 卷，人民出版社 2004 年版。

4.《列宁选集》第 2 卷，人民出版社 1995 年版。

5. 王志乐：《静悄悄的革命：从跨国公司走向全球公司》，中国经济出版社2008年版。

6. 杜奇华、白小伟：《跨国公司与跨国经营》，电子工业出版社2008年版。

7. 张宇：《金融危机的政治经济学分析》，经济科学出版社2009年版。

8. 马也：《历史是谁的朋友》，中央民族大学出版社2003年版。

9. 吴大琨：《金融资本论》，人民出版社1993年版。

10. 李石凯、王晓雷：《国际金融前沿问题研究》，中国金融出版社2008年版。

11. 宋则行、樊亢：《世界经济史》下卷，经济科学出版社1994年版。

12. 龚维敬：《美国垄断资本集中》，人民出版社1986年版。

13. 李慎明：《美元霸权与经济危机》上册，社会科学文献出版社2009年版。

14. 张彤玉、崔学东、李春磊：《当代资本主义所有制结构研究》，经济科学出版社2009年版。

15. 程恩富、冯金华、马艳：《现代政治经济学新编》，上海财经大学出版社2008年版。

16. 卢荣忠、黄建忠：《国际贸易》，高等教育出版社2010年版。

17. 张素芳：《跨国公司与跨国经营》，经济管理出版社2009年版。

18. 单宝：《跨国公司经营管理》，上海财经大学出版社2008年版。

19. 王洛林、张宇燕：《2011年世界经济形势分析与预测》，社会科学文献出版社2011年版。

20. 梁秀伶、王虹：《跨国公司管理》，清华大学出版社2010年版。

21. 何秉孟：《国际金融垄断资本与经济危机跟踪研究》，社会科学文献出版社2010年版。

22. 刘昀献：《国际垄断资本主义论》，河南人民出版社2005年版。

23. 李琮：《当代资本主义论》，社会科学文献出版社2007年版。

24. 李琮：《当代国际垄断——巨型跨国公司综论》，经济管理出版社2007年版。

25. 刘国平、范新宇：《国际垄断资本主义时代》，经济科学出版社2004年版。

26. 靳辉明、罗文东：《当代资本主义新论》，四川人民出版社2005年版。

27. 高峰：《发达资本主义经济中的垄断与竞争——垄断资本主义研究》，南开大学出版社 1996 年版。

28. 龚维敬：《当代垄断资本主义经济》，上海三联书店 1991 年版。

29. ［美］威廉·多姆霍夫：《谁统治美国——权力、政治和社会变迁》，吕鹏、闻翔译，译林出版社 2009 年版。

30. 韩毓海：《国际金融危机与中国道路》，《国外理论动态》2010 年第 12 期。

31. 李慎明：《全球化与第三世界》，《中国社会科学》2000 年第 3 期。

32. 祝晓莲：《转基因，让人欢喜让人忧》，《环球财经》2010 年第 8 期。

33. 周立：《世界粮食危机与粮食国际战略》，《求是》2010 年第 20 期。

34. 高峰：《关于当前全球金融——经济危机的几点看法》，《经济学动态》2010 年第 2 期。

第五章　实施全球金融霸权

金融霸权是指霸权国凭借其压倒优势的经济（尤其是金融）、政治、军事等综合实力，来获取用武力冒险与政治讹诈所无法获得，但是可以通过金融市场运作而轻易获得的巨大经济利益。垄断资本主义就包括“私有制的大企业在生产中占据很大比重，它们对价格形成施加影响和对广泛的经济生活进行控制”①。以全球性货币金融市场、全球流动性金融资产、全球范围内虚拟经济与真实经济相背离为显著特征的金融垄断资本主义，是当今支配人类社会的经济体系。

第一节　虚拟金融垄断资本控制全球金融市场

虚拟金融垄断资本通过控制全球金融市场实行其统治。金融在现代经济生活中处于核心和支配的地位，全球金融市场支配地位，首先依赖于经济全球化，以及市场经济全球化的大发展。20 世纪 80 年代前后兴起的经济全球化是人类社会经济发展的一个突出的基本的事实，任何人都无法摆脱。从本质上说经济全球化是市场经济的全球化。市场经济的大发展说明市场在资源配置中起决定性作用。而在全球市场体系中，金融、货币市场起主导作用。在所有市场里，全球化程度最高的就是货币市场和金融市场。全球主要金融中心或金融市场具有高度相关性，纽约、伦敦、法兰克福、巴黎、香港、东京等全球主要金融市场从交易时间、交易产品、交易工具、手段等方面实现了

① 刘诗白：《论过度金融化与美国的金融危机》，《经济学家》2010 年第 6 期。

无缝对接。

在全球化的市场体系中，生产经营活动主要依赖市场价格信号，尤其依赖金融市场的价格信号和货币信用的融通。货币和信用信号是资本主义经济运行，资本主义市场经济制度的核心内容，犹如经济体系的造血系统和血液循环系统。熊彼特曾说：货币市场是资本主义经济体系的司令部。而当今全球货币金融市场就是当今全球资本主义经济体系的司令部。

全球金融体系、全球金融市场由垄断金融资本主导，是金融垄断资本主义的全球统治，金融帝国的全球体系。金融、经济全球化是以发达资本主义强国为主导的。金融全球化首先是随着跨国资本投融资的需要而加速发展起来的。它为世界经济提供更广泛的融资渠道与更多样性的融资方式，使全球经济的资源配置效率更高。跨国生产要素流动和要素配置全球化的要求，促使资本要素全球流动的扩展，形成更大的流量和更高的水平。因此，金融全球化的产生、发展，是源于科技革命和生产力的发展以及在此基础上国际生产关系的全球扩展。生产的国际化，特别是跨国公司的迅速发展，要求在全球配置经济资源，进行资本的全球流动，因此，金融全球化是经济全球化发展的必然要求和结果，其本质是资本运动的全球化。最先洞察和深度参与全球金融市场体系的人，主要是跨国公司的高级管理人员，以及全球货币和金融市场的投资者或者投机者。他们的行动提醒人们，人类经济、金融和货币体系的基本架构和运行机制已经发生深刻变化。而全球金融系统，经济体系，金融市场由资本主义强国的垄断资本主导。

上述说明，我们今天生活的世界处于金融垄断资本主义，即金融帝国主义时代。金融帝国的统治占主导，它的基本含义，就是私有制度是它一切经济活动的基础，追求利润最大化是其生产经营的唯一目标。经济活动的协调依靠金融市场的价格信号和货币信用的融通，而金融市场的独立和运行最大限度满足垄断资本的目标，达到其统治需要。

第二节 金融市场的独立及其金融垄断资本的权力架构

在金融帝国主义时代，当今金融化发展阶段，金融市场形成了独立于实体经济的单独体系。全球金融市场，主要形成以全球金融市场价格体系为特征的权力结构，定价权力为特征的权力体系。利率、汇率、资产价格成为重要的价格信号。在《无疆界市场》这部著作中，作者指出了全球资本市场通行的“全球金融单一价格法则”，利用“汇率与利率互相纠结影响，成为塑造收益率曲线、驱动即期汇率改变的最大两股动力”。“市场将风险分化，并分别给予统一的价格标识以后，便进入套利和套汇的体系之内。”①

还有的研究成果指出了全球金融市场、金融体系的权利的五个层级结构。第一层，全球最终商品和服务的市场体系以及价格体系；第二层，全球战略资源；第三层，企业股权的市场体系以及价格体系；第四层，全球债券的市场体系以及价格体系；第五层，货币发行体系、货币市场体系和货币价格体系。②

在上述五个层级的市场体系以及价格体系里，第五层具有决定性，是全球金融市场体系、价格体系的最顶层。最顶层最具决定性的则是美元本位制度，或者美元的世界储备货币地位，以及美联储的货币政策权利。

还有报告认为，美国金融市场为典型倒金字塔结构，最下一层是次级贷款；倒数第二层是普通房贷；倒数第三层是企业债；最上层是各种金融衍生品。

上述报告充分说明金融市场的决定性作用，其统治地位，而更为重要的是，这个金融垄断的定价权掌握在极少数金融资本手中。

---

① ［美］洛威尔·布赖恩、黛安娜·法雷尔：《无疆界市场》，台北时报文化出版社1997年版，第137—138页。

② 向松祚：《新资本论》，中信出版社2015年版，第97页。

特别是形成全球货币金融体系的运行机制，以价格体系的传导机制为主要手段。正是由上述从金字塔的最上层决定开始，第一，美联储决定美元储备货币的发行量和价格，包括美元汇率水平和利率水平，国债收益率和长期通货膨胀预期。美联储的任何政策客观上都会改变美元的汇率、国债收益率和长期通货膨胀预期。第二，由于全球超过 70 个国家发行的货币汇率与美元直接挂钩，由于美元—欧元标识是全球金融市场最重要的价格信号。美联储所主导的美元价格或美元汇率水平和利率水平、国债收益率和长期通货膨胀预期，会立刻传导到全球所有金融市场，迅速改变其他国家的货币汇率、利率、债券收益率和通货膨胀预期，迅速改变或决定全球信用货币市场的价格体系。第三，汇率、利率、债券收益率等信用、金融市场的价格水平决定或者改变全球企业的股票市场的资金的流向。对股票市场最具影响力的价格信号就是利率、汇率、预期通胀率。全球企业股市的起伏涨落，基本决定力量就是全球金融市场的信用总量和信用价格。第四，货币信用市场的价格波动和少数几家最具权威的美国金融机构，共同决定了全球战略资源和其他资源生产要素的价格，即大宗商品的价格。第五，战略资源的价格和货币信用价格决定商品和服务市场的最后定价。上述运行机制充分说明当今金融为主导的经济生产方式，是头足倒置的机制。说明虚拟金融垄断资本占据统治地位。

更甚者，虚拟金融垄断资本的统治为了达到控制权利，谋取自身利益的目的，不惜操纵汇率、利率工具，打击、攻击其他国家，特别是打击发展中国家的经济、金融秩序。

被称为金融市场的幕后金主的，就是掌控着全球金融债券市场定价权的，主要是穆迪、标准普尔和惠誉三大评级机构。谁掌控了全球资本市场的定价权，谁就掌控了全球资金的流向，掌握了主权国家的货币政策和金融政策，也就掌握了主权国家的兴衰的命运。

据研究金融化与世界大宗商品价格的研究表明，金融化影响是

2000 年后国际粮价波动的新特征。[①] 就影响机理而言，金融因素不仅通过改变流动性、投机性以及市场预期等直接影响国际粮价，而且会通过国际能源价格间接影响国际粮食价格，而粮价变动又会通过大宗商品之间的比价复归或市场预期而催生能源价格变动。可以看出，以金融因素为主导、金融和能源因素相互交织为基本特征的国际粮价新机制正在形成并不断强化，而粮食也成为兼具消费品、能源品和资产品三重属性的综合性商品。

文章认为，2002 年以后的美元贬值导致了国际粮价直线上升，2008 年国际金融危机后美元走强又促使粮价短期下滑，2009 年之后由于美国采取量化宽松货币政策以及其他经济体的经济刺激计划，导致国际流动性充裕但缺少新的经济增长点，其结果必然是国际粮价重新步入新的上升通道。问题在于，进入 21 世纪以来，为何以美元为主导的国际金融市场很难保持相对稳态，以至国际粮价变动呈现出显著的金融化和能源化态势？美元作为最主要的世界货币和结算货币，其供给能否平稳或被实体经济所吸纳是决定粮价形成机理的核心要素。1961—1970 年，在布雷顿森林体系时期，美元发行由于与黄金挂钩而具有内在稳定性，这为此阶段国际粮价的相对平稳提供了货币基础。1973 年布雷顿森林体系解体，美元发行由于“脱锚”而存在“美元荒”风险，但此阶段美国快速完成了从工业经济向信息经济的转化，以计算机和互联网为主导的新技术革命成为国际流动性的“吸纳池”，因此 2000 年之前国际流动性对粮食产品属性的“改造”尚不显著。但是，2000 年互联网泡沫和 2001 年“9・11”事件之后，美国尚未出现重大集群式创新以形成对互联网经济的有效接替，世界范围内也尚未出现对美元作为世界货币的竞争性货币，据此美国就倾向于通过货币政策选择（尤其是量化宽松政策）以在金融虚拟背景下实现经济发展，这种政策选择导致国际流动性被急速扩大或突然紧缩，其结果必然是粮食等大宗商品属性日益从消费品转向投资品和能

---

① 高帆、龚芳：《国际粮食价格的波动趋势及内在机理：1961—2010 年》，《经济科学》2011 年第 5 期。

源品。2000—2010年供需国际库存等已不是影响粮价的主要因素，其解释力仅为0.27%，而能源和金融成为核心影响因素，这两者的解释力超过98%。①

据研究美国股票指数是否以及如何影响中国大宗商品现货价格波动的报告，研究认为，当前经济出现了全球化和金融化态势，产业发展日益受到要素定价的影响。考察美国金融市场对中国大宗商品现货定价的影响发现，中国商品现货价格出现了“金融化”和“美国化”问题，美国股票指数能够通过期货市场的传导作用来影响中国大宗商品现货定价。美国股票市场对中国商品现货定价的影响更广泛。美国股票市场的波动会额外影响中国工业品现货价格收益。中国商品现货市场的金融化更多的是一种被动的金融化。

美国商品期货市场期货报价早已成为现货报价的重要参考因素，而且美国纽约商品交易所及芝加哥商品交易所均是国际化的商品交易市场，对全球商品现货定价均具有引导作用。在上述传导机制中，美国商品期货价格对现货价格的决定作用更强，其引导现货市场交易者预期的能力明显。更易于将股票市场的影响传递到商品现货市场。在国际贸易中，作为原材料需求方，中国更多的是被动接受贸易价格，而美国通过华尔街和跨国公司享有多数大宗商品的定价权，由于中国对大宗商品的需求越来越依赖于进口，进一步加强了美国金融因素对中国商品现货价格收益的影响。②

另据报道，在中国经济日益融入世界之时，虽然体量很大，但在重要产品，能源等供需交易中都是受制于国际金融资本的定价机制，例如，中国对能源矿产需求增大，购买力旺盛时，这些产品的价格就涨价，中国对世界石油的需求增大，对大豆的进口需求增大，都使得国际石油产品价格和国际粮食产品价格大涨。而中国产品作为卖家时，相应产品就降价。

---

① 高帆、龚芳：《国际粮食价格的波动趋势及内在机理：1961—2010年》，《经济科学》2011年第5期。

② 田利辉、谭德凯：《大宗商品现货定价的金融化和美国化问题——股票指数与商品现货关系研究》，《中国工业经济》2014年第10期。

第三节 货币霸权是金融垄断资本主义虚拟金融资本统治的必然选择

每个时代，必定有一个或少数几个货币主导垄断国际货币体系。纵观近代资本主义经济发展的历史始终贯穿着货币霸权。以荷兰、葡萄牙、西班牙为代表的实行商业资本霸权的较早期的殖民主义，通过对广大殖民地国家的不平等贸易和掠夺，奠定了资本主义资本积累的基础。之后以工业革命为先导的大英帝国开始了其霸权的历史。在工业资本与银行资本相融合的金融资本时代，垄断资本主义形成金融霸权的发展周期。因为金融霸权与霸权国家的强盛与衰弱的走向一致。英帝国凭借历史上工业革命而形成强大的优势，成为强盛帝国，支持了英镑的国际货币地位。战后随着它的衰落以及美国的强势发展，美元作为国际储备货币取代了英镑的地位。因此，霸主国的货币的国际地位往往成为其综合国力的晴雨表，是其盛衰的晴雨表。

金融霸权是霸权国凭借其压倒优势的军事、政治、经济和金融实力在国际货币体系中占主导地位，并将自己的意志、原则或规则强制性地在整个世界体系推行，从而获得霸权利益，在世界获得最大化的经济、政治统治。以格拉斯（Glass）为首的一批美国左派经济学家提出的“金融霸权”的概念认为，所谓金融霸权是指以大银行家和大机构投资者为核心的金融寡头及其政治代表，通过控制经济活动施以重大影响并以此牟取暴利或实现其他政治、经济目的的行为。中国学者江涌认为金融霸权是指霸权国凭借其压倒优势的经济（尤其是金融）、政治、军事等综合实力，来获取用武力冒险与政治讹诈所无法获得，但是可以通过金融市场上运作而轻易获得的巨大经济利益。

从具体时间看，二战后，通过布雷顿森林体系，美国逐步建立起以美元为主导的金融霸权。美国凭借强大的经济、政治综合实力，主导了1944年的国际货币金融会议，通过美元与黄金挂钩、他国货币同美元挂钩的“双挂钩”原则，一个新的国际货币体系——布雷顿森林体系确立起来。美元确立起世界货币的地位。

布雷顿森林体系的崩溃是美元霸权的一个转折点。从市场因素看，“特里芬困境”动摇了布雷顿森林体系的根基；美日欧经济实力的变化也威胁到“双挂钩”原则的稳定。美国在1971年关闭“黄金窗口”，自此，美元摆脱了黄金官价的硬性束缚。在经历了1971—1976年布雷顿森林体系崩溃后，一个以黄金非货币化、汇率浮动合法化、国际储备多元化为特征的国际货币体系在牙买加会议上得到确认。

但是，布雷顿森林体系崩溃之后，美元在现行国际货币体系中依旧具有核心货币的地位。美国人C. 富兰德·伯格斯腾（Fred Bergsten）认为，20世纪70年代末，美元遭受国际份额的大幅下降，美元的疲软和不稳定促使为替代美元寻找新的国际货币，1979年欧洲货币体系应运而生。但1999年后美元又恢复了稳定的市场份额，并远远超过了其他国际货币。其中最首要的原因是美国经济始终保持强盛，尤其在国民生产总值、对外贸易总额及其他经济指标上超过任何发行国。美元市场份额已达到美国占世界生产总值和对外贸易额的比例的4倍。德国马克一直是二战后第二大货币，尚未达到美元份额的1/2，因为德国经济仅占美国的1/4。日本经济尽管一度是美国的一半还多，但由于其金融市场不发达，日元还是未实现其相应的市场份额。这一点可以由长达10年并且现在仍然折磨着日本经济的危机充分地给予证明。统计资料显示经济体的规模对一国货币国际竞争力的影响是何等重要。①

20世纪80年代在美国兴起的信息技术的发展，促进美国的技术创新和金融创新，由此带来美国长达10年的经济增长，这是美国经济快速发展的首要原因。也是维持美元霸主地位的基础。自从牙买加会议后，几十年来，美元在国际货币体系中实际维持着霸权地位。

20世纪七八十年代以后，是美元本位制跃升的年代。在这一时代，美元对全球经济的作用，与19世纪后期的黄金（或英镑）的作

---

①［美］C. 富兰德·伯格斯腾：《欧元挑战美元：谁主导未来金融霸权》，《国际经济与贸易情况》2003年第13期。

用非常类似，黄金是当时世界主要经济体最重要的外汇储备和本币发行的基础，美元则是当今许多国家最主要的外汇储备和本币发行的基础。美元实际上成为一种全球单一货币或全球商品交易主要的支付手段。美联储成为事实上的全球中央银行。全世界超过 70 个国家的货币汇率与美元直接挂钩，还有的国家的货币汇率与美元间接挂钩。全世界外汇交易差不多一半以美元计价交易和结算，全世界股票、债券、衍生金融产品、大宗商品、期货合约等，绝大多数以美元计价交易结算。美元事实上为全球经济提供了一个统一的基准。

从全球化的市场经济大发展的观点看，金融市场的独立运转，成为单独的体系，为全球范围的金融交易，也为投机资本提供了不经过生产过程就赚钱的场所。从货币的价值基础的观点看，美元与黄金脱钩，脱离了黄金所表现的价值基础，摆脱了黄金官价的硬约束。美元与各国货币的比价采取浮动汇率制。这些因素与金融市场的发展，金融工具、手段的创新，信息技术，互联网的广泛使用，促进了虚拟金融、虚拟经济的发展。金融从服务于产业，到与产业资本融合占据社会经济主导地位，而今，它脱离产业资本，形成自我循环、膨胀。这是美元霸权时代一个最重要的特征。

美元作为一种全球单一货币或全球交易手段，美联储是事实上的全球中央银行。这样，担负全球经济和金融协调的是一个国家的主权货币，发行和管理该储备货币的中央银行是一个主权国家的中央银行，它自然形成该国家独享的货币霸权、金融霸权的特权，以及利己的国家利益。

国际金融垄断资本主义的金融政治和金融霸权的集中表现就是利用美元霸权，利用美元作为世界结算货币和储存手段的权利，成为剥削国内外劳动者、掠夺世界其他国家财富的手段，对整个世界进行霸权统治。它靠开动印刷机印票子和举债将别国的资源和物质财富攫入自己手中。它操纵美元币值、汇率，让别国的资产缩水；通过国际投机将别国的财富纳入自己手中。通过贮藏手段，使全球资本的 2/3 注入自己囊中；通过发行国债，回收资本，再转为资本输出，获取高额利润。而当危机发生的时候，又通过操纵美元，把危机向外转嫁。这种利用货币霸权榨取财富的手段表现出了当代国际金融垄断资本主义的掠夺、投机、贪得无厌的本性，资本主义制度的腐朽没落达到了前所未有的程度。研究表明，汇率升贬在经济周期的不同阶段都具有虹吸全球财富的惊人作用。在繁荣时期，霸权国家货币汇率的同步升值不仅具有塑造“硬通货”、吸引外部资本助力的功能，还能增强本国居民的对外实际购买力；在衰退时期，霸权国家货币汇率的同步贬值意味着削减外部债务负担，提高本国产品的国际竞争力，给出口增长创造了条件。

第四节　全球虚拟经济、金融与实体经济进一步分离和分化

一　资本的积累集中在金融领域

美国等西方发达金融霸权国家成为超级金融帝国，其所谓金融创新成果的虚拟经济和金融衍生品在全球大肆泛滥。全球流动性金融资产的增长速度远远超过实体经济增长速度，是全球金融资本主义兴起的关键和秘密。以金融为主体、金融自我过度膨胀为主导的生产方式，资本的积累集中在金融领域。在美国，靠资产的增殖获取收入，成为财政收入的重要来源。这个资产增殖方式，不是建立在物质劳动的基础上，而是通过各种非物质劳动的交易行为即对各种资产的多次包装，反复进行买进卖出来获取收益。衍生性金融产品不断滋生增加了资本的虚幻性。

整个金融操作的系统使资本积累越来越不真实，与劳动和生产几乎完全脱离了关系。但是资本的积累一方面这么虚假，但另一方面又非常真实，因为这些虚幻的资本可以变成金钱，而且不断钱能生钱。这就是来自于跨国银行的神秘操作，证券、赋税、社保基金都成了金融操作的标的。

在欧洲，特别是英、法、德国同样暴露了其结构性问题。发生金融危机深刻地“暴露了资本主义制度中深层次的结构问题。资本主义所有权的集中，即垄断造成的巨大的经济和政治权力向少数庞大的公

司积聚，特别是在金融业，金融业创建了金融资产，并以越来越‘虚构’的价值进行交易；同时银行和金融机构大大地增加了对其他大多数经济部门的控制。伦敦是这种发展的中心，美国和英国强大的垄断公司从中获益。在欧元区其他国家，法国和德国的金融垄断公司控制着工业垄断公司的股权，取得了大规模的扩张”。在英国，“大银行的信贷扩张远远超过其资本基数，达到65倍，而不是属可取的10倍，因此极大地暴露在坏账的威胁下。银行贷出的数额相当于英国国内生产总值的460%，远远高于德国、法国、日本或美国的比例。偏袒金融业的政策，如伦敦的自由化、弱调控、对信贷或资本无制约、高利息率是使英国制造业处于不利地位的政策。现在，英国的制造业只占国内生产总值的11%”①。

价值增殖脱离了通过生产劳动而创造的物质财富增长的方式，而走向自我膨胀，就如马克思所指出的G—G′的资本增殖的循环。

列宁在《帝国主义是资本主义的最高阶段》中论述垄断资本主义的特征中认为，一是资本输出起主导作用，是资本统治世界的坚实基础。他说，资本输出“就是帝国主义压迫和剥削世界上大多数民族和国家的坚实基础”，就是“极少数最富国家的资本主义寄生性的坚实基础”②。二是垄断代替自由竞争，垄断资本达到巨大规模。“帝国主义最突出最本质的特征就是资本达到了巨大的规模。大规模的垄断代替了自由竞争。极少数资本家有时能把一些工业部门整个集中在自己手里；这些工业部门转到了往往是国际性的卡特尔、辛迪加、托拉斯等联合组织的手里。因此，垄断资本家不仅在个别国家内，而且在世界范围内，在金融方面、产权方面、部分地也在生产方面，控制了整个整个的工业部门。在这个基础上就形成了极少数大银行、金融大王、金融巨头的空前未有的统治，他们实际上甚至把最自由的共和国都变成了金融君主国。”③ 三是金融资本统治世界。“金融资本的密网

① ［英］罗伯特·格里菲斯：《金融危机暴露了国际资本主义制度的深层次问题》，《世界社会主义研究动态》2011年第62期。

② 《列宁全集》第27卷，人民出版社1990年版，第378页。

③ 《列宁选集》第4卷，人民出版社2012年版，第258页。

可以说确实是布满了全世界。"[①] "银行渠道的密网扩展得多么迅速，它布满全国，集中所有的资本和货币收入，把成千上万分散的经济变成一个统一的全国性的资本主义经济，并进而变成世界性的资本主义经济。"[②]

到20世纪七八十年代，特别是80年代以后信息技术的突破，使垄断资本主义在上述基础上有了更大规模的发展。垄断资本在本质上，它的资本性质没有变化；但在生产技术、经济规模、资本流动传递速度，以及在剥削程度与方式上，有了更大规模、更深程度的发展，掠夺与剥削的方式更多样。这时期，资本输出具有加剧的趋势并且形成了新的世界剥削模式。信息技术的发展创新，使垄断资本主义所控制的"金融资本的密网"在世界更自由、便捷地安置。如果说在垄断资本主义发展的较早期，与跨国公司资本流动相联系，金融资本还是与实体经济相连的话，则这时国际金融垄断资本更多的是通过金融市场进行金融产品本身的自我循环，虚拟金融资本的流转极大膨胀。

法国学者让·克洛德·德洛奈将资本主义金融化、金融虚拟化以及泡沫化视为资本主义自20世纪80年代以来最深刻的变化。认为金融及其衍生产品的发展使金融资本在时间和空间上，对全球资本主义的生产实现了全面地、不间断地、有效地控制，实现了资本利润的最大化。美国学者威廉·K. 塔布认为，经济金融化，既是经济上的，又是政治上的，集中体现在社会资本创造的利润越来越多地被金融资本所占有，因此推动金融资本，包括金融企业资本和虚拟资本相对于实体经济企业资本迅速膨胀。

与之同时，国际金融寡头垄断空前发展。例如，在最发达的资本主义国家美国，少数国际金融寡头与政府机构互相勾连，掌握政府的决策权，控制着资本的规模、结构、流向、利润率和网络舆论导向，实现对整个社会经济的统治。

---

① 《列宁选集》第2卷，人民出版社2012年版，第630页。

② 同上书，第600页。

二　全球虚拟经济与实体经济进一步分离分化，形成对世界新的剥削模式

随着全球性的资本主义经济金融化迅速崛起，成为主导人类社会经济活动的新经济形态。全球虚拟经济，虚拟金融资本膨胀，脱离实体经济。全球虚拟经济、金融与实体经济进一步分离和分化。

随着20世纪70年代布雷顿森林体系瓦解，美元本位制取代美元—黄金汇兑本位制，浮动汇率体制取代固定汇率体制，刺激全球流动性急剧扩张，以美元储备货币为核心的全球流动性空前大爆炸，是人类史无前例的货币大膨胀、大爆炸。它使资产价格和虚拟经济恶性膨胀，导致虚拟经济严重背离实体经济，而陷于自我循环追求更大的金融回报。

在全球范围，形成制造业和实体经济中心与虚拟经济和金融货币中心，两者进一步分离分化，就是以中国等新兴市场经济国家迅速崛起成为世界新的制造业大国的实体经济中心；以美国、欧洲为首的发达国家依然掌控着全球货币金融中心和定价体系。

过去40年，人类社会经济体系最深刻的变化，莫过于全球虚拟经济和金融货币中心与制造业和实体经济的进一步分离、分化。一方面，发达国家，以美国为首，出现产业空心化的趋势，金融服务业取代制造业的地位，成为经济增长的主要推动力，这一变化对产业结构，就业结构，财富分化，收入分配等，产生深远的影响。同时，发达国家通过掌握全球货币金融中心的特权，控制了全球利率、汇率，股票债券，大宗商品、粮食、石油等原材料战略资源的价格，相当程度上，通过操控价格特权，对广大的发展中国家进行掠夺。

形成对世界的新的剥削模式。从20世纪70年代起，欧美发达国家就不断把更多的工业制造业转移到国外，主要是转移到亚洲、拉美或非洲国家。这些低端行业和制造业，多是与国民日常生活有密切联系，能够吸纳大量就业的劳动密集型产业。但资本主义发达国家仍然保有核心技术以及高端科技产业。它们掌握核心知识产权和货币霸权，利用发展中国家廉价的劳动力和资源，为垄断资本带来超额利

润。又以廉价进口这些国家的日用消费品等产品，而以高价出口军工以及高技术产品，并吸引全球投资美国股市。

另一方面，尽管新发展起来新兴市场经济国家，但它们大多没有能力参与制定全球货币金融体系的规则，没有能力参与决定全球及国际金融体系的定价和资源分配权。比如，很大程度上，不能掌握其制造业和出口产品的定价权。在全球产品和资源定价体系里，这些国家依然处于被动接受的弱势地位，不得不接受财富的被掠夺，他们自身的产品，为发达国家生产的产品越多，出口越多，所受的剥削掠夺越多，尽管他们获取了微薄的制造加工费。

以美国为首的发达国家，形成负债经济，特别是贸易赤字、财政赤字债台高筑。与此相对应，发展中国家的贸易顺差，国际收支顺差，外汇储备不断增长。他们积累的巨额外汇储备，只好大量购买美国等发达国家的债务，为发达国家的贸易赤字、财政赤字、国际收支赤字埋单或融资。

三　全球经济不平衡、不平等

全球经济不平衡、不平等更表现在全球性信用货币资源的两极分化，金融虚拟经济与实体经济的分化，收入分配和财富分配的两极分化。全球性的货币信用金融资源越来越集中于极少数金融垄断头目手中。这说明国际货币体系不仅仅是一个储备货币发行体系，而是一个全球信用创造体系，全球定价体系，全球配置资源、收入分配和财富分配体系，影响全球产业分工格局的资金和信用资源配置的体系。

全球的货币和信用资源主要集中于少数发达国家，美国、欧元区和英国，它们是真正意义上的货币和金融霸权国家，特别是美国可以无限创造美元货币和信用资源来购买、分配，或者说剥削和掠夺全球的资源和财富。从全球经济体系来看，美联储、欧央行和英国，是全球最主要的金融中心，老牌的金融帝国主义，金融资本和产业资本结合的现代金融资本的发源地。英国垄断全球贸易、工业生产和金融中心近 200 年之久，到 20 世纪 60 年代，英镑仍然是世界第二位的储备货币。二战后，随着英国经济实力迅速衰落，英镑地位一落千丈。即便如此，英镑仍然是世界主要贸易和金融交易货币之一，伦敦金融交易中心的许多指标甚至超过了纽约。

在信息化、金融自由化、全球化的当代，以互联网为依托，形成遍布全球的金融交易网，金融资本可以在瞬间交易，其数额之大，速度之快历史上任何时候不可比拟，国际金融垄断资本用以对全球政治、经济实行不间断的控制。英国共产党书记罗伯特·格里菲斯这样写道："伦敦作为一个金融中心，在决定政府政策和经济发展进程中所扮演的决定性角色，构成了英国经济巨大的结构性弱点。……美国金融资本把伦敦当作一个无制约的全球性的境外银行业务中心，并通过伦敦发挥实质性的经济和政治影响。伦敦控制着欧洲债券交易的70%，金融衍生品贸易的45%，外汇交易的37%。英国及其皇家领地（其中许多是无管控的避税港）成为近25%的美国全部海外资本的投资的基地。……英国政府被美英金融资本用来促进它们在欧盟的共同利益，特别是用来打开欧洲银行业务和金融市场。英美金融资本的共同利益构成了它们在全球范围更广泛的政治、外交和军事联盟基础。"①

金融霸权国家利用掌控金融市场，金融中心的特殊地位权利，将全球资金吸引到伦敦、纽约等资本主义金融中心，为其金融业创造利润，为其国家的政府提供财政收入，为国民提供就业。

国际货币基金组织2011年的统计，储备货币中心国家的对外资产和对外负债，2010年，美国海外资产高达20315万亿美元，负债达22786万亿美元。欧元区海外资产达21971万亿美元，负债达23620万亿美元，英国海外资产14539万亿美元，负债高达148576万亿美元。三个国家和地区的资产负债清楚地表明，美国、英国、欧元区集中了世界上庞大商业银行和投资银行，是全球经济体系的资金集散地、资金配置中心、价格操纵中心。凭借储备货币和金融中心的地位，能够以极低的利率和成本吸收全球资金和存款，然后再拿到世

① ［英］罗伯特·格里菲斯：《金融危机暴露了国际资本主义制度的深层次问题》，《世界社会主义研究动态》2011年第62期。

界各地区投资高收益资产，赚取巨额利益。更为重要的，是国际货币储备中心、信用创造中心的地位，可以让美国、英国方便地为本国债务融资。以美国为例，美国可以印发钞票挽救银行，为赤字融资。将巨额资金为美国地方政府和企业融资，开支军费，海外投资和国内消费埋单。

如果美国不是世界主要货币储备国家，2008 年的危机，对大金融垄断集团影响甚大，政府几次面临关门危险。然而，美国政府却可以通过增加财政赤字，增持货币供应，大量向市场和金融集团注资来应对危机，经历几轮宽松货币政策，向外转嫁危机。美元甚至变得更加坚挺，这正是全球储备货币中心的超级金融权利的影响。

因此，本质上看，当代世界经济金融体系是掌控全球货币和信用资源的霸权国家、金融霸权垄断者对世界，特别是对新兴发展起来的国家人民的一种剥削和掠夺的体系。

从这些金融霸权大国国内的信用资源配置来看，货币信用资源则主要集中到少数大垄断集团和富裕阶层，中心企业和普通大众极难获得。而信用资源配置和收入分配、财富分配格局是一致的。货币信用资源的分化，是加剧真实收入分配两极分化，加剧虚拟经济与实体经济分化的催化剂。因为，人类经济体的少数金融垄断寡头、大金融机构、富裕阶层获得了信用资源的大部分，他们决定了投机型需求和虚拟经济的快速膨胀。

第五节　金融垄断资本超越于国家的权利，实施全球金融霸权

一　资本主义国家服从、服务于金融垄断资本

金融垄断寡头、大垄断集团与主权国家的关系是它们居于主导地位，国家主权处于服从并为其服务，被支配地位。金融市场和实施金融霸权的主体是金融帝国主义强国、金融垄断寡头、跨国公司以及遍布世界的金融交易中心。一方面，国际金融资本寡头垄断空前发展。法国学者黑弥·艾海哈（Remy Herrera）2011 年 10 月 13 日在我国台

湾成功大学演讲时说：“整个金融的操作，其数目非常庞大，手段极其复杂。而庞大的金额和操作机器，却只落在非常少数的几个人身上。有时候我们称之为‘十五人集团’。就是这些跨国银行的寡头在操控着地球。这些寡头大部分都在美国，譬如说摩根士丹利集团、高盛集团，就是这些人在玩弄整个金融体系的衍生性商品。”[①] 国际金融垄断集团的少数寡头超越于国家的力量。另一方面，与金融资本在前台操控的同时，国家机器立法设置，出人、出资、出政策、造舆论，给以支撑。实际上金融运作规则是由国家制定的，金融投机手段得到法律保障，依靠国家的支持运行。美联储是美国金融资本的总后台，也是最大的金融泡沫玩家，金融资本运行规则的决定者和操纵者。金融寡头、资本家通常也是国家政策的操纵者和制定者，他们主宰国家的政治、经济、文化和舆论。总统、总理、议员是他们的代理人，谁触犯了资本的利益，谁就站不住，就要下台。

2008 年发生严重的金融危机后资本主义国家的表现和反应，英国共产党书记罗伯特·格里菲斯说，在金融危机面前，每个资本主义国家的第一反应是接管主要由本国资本家所欠的银行债务。国家中央银行通过贷款、报单甚至部分或全部国有化的方式拯救了失败的银行，并将大量的银根注入瘫痪的金融市场，银行债务于是成了主权债务。[②] 在谈到美中央银行美联储的过失时，美国的马特·米勒（Matt Miller）认为，在于没有对银行系统进行适当监管。此外美国的银行、评级机构都有责任。而这些过失的根本原因还在于资本主义国家与大金融资本的共同利益。“那些评级机构为了获利与生存，屈从于华尔街银行。利益链条上的每个人都是贪婪的。事实上，在华尔街，太多的人发现他们可以非常轻松地‘赚大钱’，如果出了什么问题，政府会来‘救市’，他们不讲责任。他们甚至不惜摧毁美国银行体制，最

① ［法］黑弥·艾海哈：《不是金融危机，是资本主义的系统性危机》，2011 年 10 月 13 日在台湾成功大学的演讲，载于中华论坛网，《文献与研究》第 55 期，2011 年 12 月 18 日。

② ［英］罗伯特·格里菲斯：《金融危机暴露了国际资本主义制度的深层次问题》，《世界社会主义研究动态》2011 年第 62 期。

终让纳税人付出巨大的代价来埋单。”①

这充分反映了资产阶级国家是私有者利益的维护者，维护垄断金融资本家的利益。关于这一点，马克思早已指出，资产阶级国家是理想的总资本家。

二　国际金融垄断资本削弱广大发展中国家的主权

削弱发展中国家的宏观经济控制的主权和对主权货币的管理权。以美联储为核心的全球央行体制，是各国服务于美联储的政策主张的全球央行体制。美国以及金融垄断集团培植一些国家的政府机构的人员，服务、服从于他们的政策主张和对本国的宏观经济的控制。全球性经济体系尤其是全球性货币和金融体系，对各国政府的牵制力、影响力和控制力越来越大，主权国家对全球金融货币市场的控制力和影响力则越来越小，越来越弱。

20 世纪 80 年代初期的拉美债务危机、1997 年的亚洲金融危机、2007—2008 年的全球金融危机，以及其间超过百次的各种金融危机、货币危机和银行危机，越来越清晰地揭示出一个重大事实，主权国家对利率、汇率、货币供应量、物价水平等关键经济指标的影响力和控制力日益削弱。美国的赫德森曾在他的书中揭示了这一问题，赫德森在《金融帝国——美国金融霸权的来源和基础》中写到美联储与各国央行体制，其他国家的央行受制于美国以及国际货币基金组织，实施整改和调整，以维护以美元为主导的金融霸权机制。

大卫·哈维也写道：“世界各国对美国财政的支持达到令人吃惊的地步，从 2003 年初开始，平均每天有 23 亿美元流入了美国。……世界上任何其他国家都生活在由国际货币基金组织所强加的严格的经济紧缩和结构调整计划的宏观经济环境之中。”他引用比得·高恩的话：“华盛顿所拥有的操纵美元价格和利用华尔街国际金融支配权的能力，使美国政府可以不去做那些外国政府必须去做的

① ［美］马特·米勒：《资本主义缺陷困扰美国未来》，《环球时报》2011 年 12 月 1 日。

事情：观测国际收支；调整国内经济以确保高储蓄率和高投资率；观测公共和私人负债水平；建立有效的国内金融媒介体系以确保国内生产部门的强劲发展。”美国经济已经“摆脱了所有这些苦差使”。由此而产生的结果是“所有国民经济核算的正常指标已经遭到极大扭曲，并已不再稳定[①]”。

华尔街—财政部—国际货币基金组织复合体的权力与强加在各国头上的国际金融体系是一种既共生又寄生的关系，该体系建立在所谓的华盛顿共识之上，之后通过构建新的国际金融框架而得到进一步完善。大卫·哈维引用索德伯格（Soederberg）的话指出，该体系显然是“美国政府的附属物”，尽管它也为“所有跨国资产阶级”的利益服务。[②]

金融资本大国利用自己的经济、军事和政治优势将外国尤其是发展中国家的经济金融化，廉价购买这些国家的垄断地段的地产，垄断的资源公司和垄断的公共设施如交通、供水、供电等设施。通过金融化的方式，再辅以其他手段，将其他国家尤其是发展中国家的大量利润转移到国内。大卫·哈维说：对冲基金以及其他重要的金融资本机构作为掠夺性积累利刃的全部新机制已经开启。对公共资产的公司化和私有化，横扫整个世界的私有化浪潮，显示了新一波的“圈地运动”[③]。

所谓的金融开放、金融自由，是金融资本抽取别国特别是发展中国家财富的自由。要求发展中国家开放资本账户，是有利于国际金融资本攫取他国财富的政策。通过将外国特别是发展中国家的经济金融化，以私有化形式廉价购买这些国家的垄断地段、地产，垄断的资源公司和公共设施如交通、供水、供电等设施，迈克尔·赫德森也认为

---

① ［美］大卫·哈维：《新帝国主义》，初立忠、沈晓雷译，社会科学文献出版社2009年版，第60页。

② 同上书，第60—61页。

③ 同上书，第120页。

这是20世纪90年代出现的世界范围的规模最大的一次财产转移。①

2005年4月，作为《金融帝国——美国金融霸权的来源和基础》的续篇，迈克尔·赫德森出版了《全球分裂——美国统治世界的经济战略》，赫德森为新版著作写了新的长篇序言中认为，新自由主义是对20世纪70年代以前第三世界建立国际经济新秩序努力的大逆转，它的实质是，美国利用自己的金融霸权在全球以金融手段摧毁第三世界国家自主发展的能力，并以金融手段接管这些国家，从而在全球重建以美国为中心的食利者经济。作者指出，新自由主义在全球的盛行表明以美国为首的国际金融垄断资本在全球政治经济生活中已取得前所未有的统治地位。金融资本固有的特征是食利性、投机性和腐朽性，因此它大力推动的金融自由化不是为了促进真正的创新或发展，它的兴趣不在于创造新财富，而是以金融自由化的名义接收第三世界已有的人民的财富如资源、不动产或者夺取水、电、交通等公共服务业的垄断权，以牟取暴利。作者在这两部著作和他的《关于私有化的另类视角》中还指出，私有化主要是一种金融现象，私有化和经济金融化、全球化三位一体。结果是，从1980年后开始负债的第三世界政府和1991年后的苏联国家政府的公共资产被窃取。苏联主要是被西方的金融手段瓦解的，而普京政府在俄罗斯反新自由主义的关键措施之一就是国家重新控制资源和垄断租金，就是看清了新自由主义金融投机的本质。

三　利用国际组织推行霸权

大金融垄断机构还运用国际经济组织，如世界银行、国际货币基金组织为其推行霸权服务。国际货币基金组织、世界银行是国际经济旧秩序的产物，它是为国际垄断资本所掌控的。由于国际货币基金组织的大部分资金都来源于美国，所以在国际事务中它跟着美国的金融垄断资本的指挥棒转，使其按照它们的意愿运作，并通过控制借贷和

① ［美］迈克尔·赫德森：《金融帝国——美国金融霸权的来源和基础》，嵇飞、林小芳译，中央编译出版社2008年版，第410页。

经济援助，将其他国家特别是发展中国家纳入其主导的经济秩序。当某国或地区发生金融危机时，国际货币基金组织一般都会出面，但这绝不是免费的午餐。一旦一国接受了国际货币基金组织的援助，它就得接受该组织制订的一揽子经济整改计划，如实施紧缩性的财政政策、关闭金融机构、进一步开放金融市场等。

美国人迈克尔·坦泽尔（Michael Tanzel）在他著的《经济全球化：国际货币基金组织和世界银行的影响》中说："世界银行及国际货币基金组织一直是不公正的国际经济体系的奴仆，根本的出路不在于改革甚或撤销它们。我们所要的是对国际经济体系的全面彻底的改造，以人的优先取代资本优先。只有到那时我们才会看到所需要的全球金融机构。"①

国际金融资本巨头还通过控制国际信用评级机构推行霸权统治。国际信用评级机构是金融垄断资本控制世界经济的重要工具，它主要集中在美国。国际信用评级机构对全球金融市场的产品的风险做出评价，以供贷款者和投资者参考。全球投资机构对评级机构的依赖，使得具有引导资本市场服务性功能的评级机构的权力不断膨胀，几乎成了金融市场的调节大师。变相掌握着企业甚至一个国家经济的生杀大权。美国的信用评级公司每次发布调整信用等级的消息都会影响市场的投资走向，受评国的股市、汇市都会随着这些消息而升降。1997 年上半年，以穆迪为首的国际信用评级机构在危机日益加深的时刻相继调低东南亚国家与企业的债务信用评级，使原来已经风雨飘摇的亚洲金融市场陷入更大的危机中。信用评级一经降低，股市和汇市就大幅度下跌，一旦预期到风险，资本就大幅度地从这些国家抽逃。在 2008 年美国次贷危机爆发之前，评级机构给予大量次贷衍生品最高的 AAA 评级，评级虚高严重误导了投资者。

---

① 参见李其庆主编《全球化与新自由主义》，广西师范大学出版社 2003 年版，第 171 页。

第六节　实施金融霸权的影响与危害

一　破坏发展中国家经济稳定

实施金融霸权的对象主要是经济不发达的发展中国家，要求它们放开市场，实施以美国为代表的金融垄断资本主义霸权战略。金融霸权国家（或集团）利用其霸权地位对其他国家特别是发展中国家施行霸权，进行掠夺、剥削，最典型的就是通过强制推行金融自由化打开别国金融市场，利用美元等货币的特权地位，进行攻击性的金融投机和国际资本流动实现。

对发展中国家经济来说，金融霸权通过控制资本流动，可以改变和左右一国的产业结构和增长方式。国际金融资本要求发展中国家开放市场，实行金融自由的目的是为了进行无障碍的资本投机，获取金融资本的利益。通过各种形式从发展中国家抽走极为稀缺的资金。在1998年的金融危机中，东南亚国家就是由于屈服了国际压力开放了资本市场，被全球游离资本袭击，导致短短几个月内上千亿美元被席卷而去，本来可以用于工业转型和纵深开发的资金却为之一空。

国际资本对这些国家形成泡沫经济，造成宏观经济不稳定，降低经济政策的效力并影响政府的行为，扭曲发展中国家经济增长模式，使其经济与社会失衡加剧，最终导致南北国家经济差距不断扩大。

金融霸权的操纵者实施对发展中国家的投机性行为，造成广大发展中国家的经济不稳定，破坏宏观经济、金融稳定政策的实施，最严重的影响就是早在发达国家出现历史上最严重的金融危机、经济危机之前，就致使发展中一些国家及地区出现频繁的金融危机，几乎遍布于世界主要地区。

这完全是国际垄断资本的全球扩张，不断地转嫁自身的问题和危机所造成的。其采取的主要手段就是通过推行新自由主义，要求发展中国家实现完全的利率自由化，对外开放金融市场，实行外汇交易自由化等。由于不发达国家没有完善的金融风险规避机制和监管体制，加上自身金融体系和经济结构的脆弱性，相继发生了严重的金融危机。比如，1994—1995 年的墨西哥金融危机、1997—1998 年的亚洲金融危机、1998—1999 年的俄罗斯金融危机、2001 年的阿根廷金融危机等。金融危机给发展中国家带来一系列的连锁反应，往往导致经济危机甚至政治危机。

二　发达国家内部以及整个世界经济不平衡运转

以美元为主导的金融霸权发展模式也给发达国家自身，以及整个世界发展造成不平衡。

金融化和自由化形势下金融霸权的强势发展的二三十年间，发达国家，在这里主要讲美国在经济基础和经济行为上发生了相当大的变化，由过去一个积聚、生产并创造可观财富的社会，一个曾经是世界上最大的出口国，转变为如今贸易赤字和财政赤字不断上升，放弃了储蓄、从制造业退出转向服务业、高额负债与高消费并存的国家。在债务方面，不管是从国家角度还是从企业和个人角度，债务都达到了前所未有的程度。19 世纪 70 年代美国曾是世界上最大债权国，1985 年从净债权国变为债务国，到了 2004 年已经成为世界上最大的债务国。美国日益增长的贸易赤字、持续的财政赤字和屡创新高的国债规模，使其日益陷入贸易和金融失衡的泥潭之中。随着债务负担日益加重，政府不能只依靠本国的投资者，还必须求助于国际投资者、特别是机构投资者购买美国的政府债券，先后要求日本政府和中国政府大量购买美国国债。截至 2009 年 1 月，中国持有的美国国债规模已达 7396 亿美元，占美国国债规模的 24. 07%；其次是日本，持有 6348 亿美元的美国国债，占美国国债规模的 20. 66%。欧美其他的国家也要求中国购买其债务。这样，不仅发达国家自身难以摆脱困境，也束缚了其他国家的经济发展。尽管如此，美国还是逃脱不了债务危机，从 2008 年危机后，先后在 2011 年 2 月、5 月，2013 年，2014 年 2 月，多次面临美国国债触顶，政府债务违约。政府被迫多次调整债务上限。2013 年还迫使美国联邦政府 17 年来首次关门 16 天。2015 年 3 月 15 日，债务违约的倒计时再次启动，如果在 2015 年 11 月或 12 月财政部用完“非常规举措”之前不解决债务上限问题，美国将违约。

再次面临主权债务危机。

全球经济增长模式以一种不平衡的方式运转。从我们前述金融帝国主义对世界的新的剥削模式可看出，美国等发达国家的负债消费对新兴经济体国家构成强大的需求，使这些国家出口产品增加，形成强大的贸易顺差，以此形成其经济增长的拉动力量。而美国的贸易逆差则不断加大。而这些出口国家对美国的贸易顺差所形成的外汇储备又通过资本市场流回到美国，支持了美国的负债消费。

支撑这种全球经济不平衡运转的原因之一，就是以美元霸权为中心的国际货币体系。美元是全球主要的结算货币和储备货币。美国巨额的财政赤字和贸易赤字靠发行国债和利用外国资本来解决，最终是靠印钞票、美元贬值来弥补。

美元在国际货币体系中的特殊地位，使美国用金融手段（大量发行美元、美元贬值和提供金融衍生产品等）把负担和风险转嫁给其他国家。在金融自由化和所谓的金融创新加剧的同时，金融监管严重缺失和滞后，成为资产泡沫崩溃的直接诱因。这早就是一个非常重要、亟待解决的问题，2008 年严重的金融危机更加暴露了以美元为主导的金融霸权支持的全球生产的矛盾，使得以这种方式为基础的全球经济增长不可持续的问题更加凸显。

三 世界范围内贫富差距两极分化严重

推行以国际金融垄断资本主义为首的金融霸权，其结果，首先是发达国家自身的经济结构失衡、产业结构失衡；形成以金融为主导的生产方式、积累方式，使少数金融霸权者获得最大利益，从而使贫富差距越来越大。与这种生产方式相应，社会的财富越来越集中于少数人手里，贫富差距日益拉大。“在美国，30 年前，1% 富人占有的财富是国内生产总值的 10%；但是今天，这 1% 的有钱人就占了国内生产总值的 25%。30 年前，最前端的 10% 美国富人的财富是总体国家财富的 1/3，现在这 10% 有钱人所拥有的超过整个国家财富一半以上。"① 当资本积累集中于少数巨富手上，反而使真正有需求的人没有能力去消费。当穷人实际上没有能力消费，却又必须让他们买得起房子时，分期付款，借贷消费的需求就被扩大了，这样的状况是不可持续的。蔓延于全世界的2008年的金融危机就是初始于美国次级贷款危机。

其次，金融霸权的向外部扩张，广大发展中国家首当其冲遭受金融资本的掠夺、盘剥，使发展中经济体受制于金融资本的控制，使本国经济受金融危机的冲击，从而使世界范围内的贫富差距拉大。

最后，金融霸权的在全球化条件下的运行使广大的国际社会的生产、交换、消费处于一种不平衡的状态，使全球的经济、社会发展不可持续。

四　在自由化、市场化、金融化、全球化下，金融资本的统治造成全球不稳定，金融危机频繁爆发

20世纪80年代以来，欧美等西方国家纷纷推行新自由主义经济政策，实行经济自由化，取消资本管制，共同部门私有化等措施。金融机构在高额利润的驱动下不断开发高杠杆率的金融创新产品，这些产品和大规模的美国国债一起通过自由化的大门进入全球各国的金融市场，在资金源源不断流入美国，维持美国高负债、高消费的经济增长方式的同时，也为金融危机的爆发及在全球的恶性传播埋下了隐患。近30年来，自由化的金融资本嚣张于全世界，鼓吹起一个又一个金融泡沫，使世界经济进入一个个恶性循环的旋涡。一个泡沫破灭后，为避免经济恶化，或促使经济增长，另一个更大的泡沫又被吹起。泡沫的破裂必然引发危机。

以金融为主体和金融自我循环为主导的经济结构，使主要资本主义国家经济虚拟化、空心化。这种经济模式不能维持长久繁荣，全社

---

① ［法］黑弥・艾海哈：《不是金融危机，是资本主义的系统性危机》，2011年10月13日在台湾成功大学的演讲，载于中华论坛网，《文献与研究》第55期，2011年12月18日。

会资产的金融化不能违背实体经济占主导地位这个根本前提，本末倒置的比例结构必然会导致经济体的失衡。美国等发达国家经济体金融体系庞大，造成了美国经济和世界经济的虚症，随之而来的危机在所难免。理论上讲金融可以促进资金的优化配置，是为实体经济服务的。但实践中，金融经济及其衍生品日益膨胀，远离实体经济，凌驾于实体经济之上，是头足倒置的机制，其运行的结果必然触发经济、金融危机。

综上所述，金融霸权以货币为主要工具进行运行，但它不仅是一个简单的货币问题，其背后展现了与资本主义发展的历史一致性，与资本主义私有制度相融合，与金融垄断资本利益完全一致，在全球化发展趋势下，以攫取金融资本利益为目标。

第七节　反对金融帝国主义货币金融霸权的斗争任重道远

一　要求国际货币金融体系变革的呼声越来越强烈

当代国际货币金融体系以及金融霸权格局是国际经济旧秩序的产物。自从20世纪六七十年代，对于不公正的国际经济旧秩序，就曾经引起了国际社会特别是广大发展中国家的高度关注。谋求变革的声音汹涌澎湃。但是，40多年过去了，国际经济秩序不公正、不合理的现象却越来越严重。

国际经济旧秩序包括建立在不合理国际分工基础上的世界生产体系，建立在不等价交换基础上的国际贸易体系，建立在以美国为首的国际垄断资本金融霸权基础上的国际货币金融体系。在金融全球化和金融自由化的条件下，特别是在经济金融化和经济虚拟化的条件下，国际货币金融体系是整个国际经济秩序中的核心，是国际金融垄断资本主义核心利益所在。因此，改革国际经济旧秩序，关键的问题就是改革现存的国际货币金融体系。

2008年严重的国际金融危机发生后，这个变革的声音更为强烈。国际社会要求改革国际经济秩序的核心集中在改革国际货币金融体系。国际货币金融体系涉及国际金融垄断资本主义最核心的利益。金融霸权以货币这个外在的形式实施霸权，实现其对世界政治、经济等的统治。当前形势下，全世界范围的要求改革现行国际经济秩序的浪潮，要求建立新的国际经济秩序的呼声比以往任何时候都更为强烈。强烈要求改革国际经济旧秩序的国际舆论，也集中在改革以美元为主导的国际货币金融体系上。强烈要求改变国际经济旧秩序，特别是强烈要求改变以美元为主导的国际储备货币地位和国际货币金融体系，建立新的储备货币制度，成为许多国家学者、政要、商界的共同呼声。

有的西方学者明确地提出，必须给跨国界自由流动的“全球资本”这个“怪兽”套上“紧箍咒”。原来赞赏资本自由流动的日本学者中谷岩现在说：“通过此次金融危机，我们知道了对全球资本这个‘怪兽’不加约束是多么危险。……不给全球资本这个‘怪兽’套上紧箍咒，世界经济今后将陷入极度不稳定状态。”中谷岩提出：“全球资本主义……必须受到相应的国际限制。在这一点上，进行国际协调是当务之急。”①

联合国改革国际金融和经济结构委员会发表报告，敦促世界领导人同意构建替代美元的新的国际储备货币体系。联合国改革国际金融和经济结构委员会是经济学家约瑟夫·斯蒂格利茨领导的由全球18位经济学家组成的机构。该委员会敦促建立新的全球货币储备机制，取代以美元为基础的不稳定的机制：“新的全球储备系统——可以被视为扩大的特别提款权——能促进全球稳定、增强经济实力以及全球公平。”在联合国大会举行的专题研讨会上，斯蒂格利茨认为，发展中国家持有美元外汇储备，实质是对美国的外援，是对美国的净转移。他说：“发展中国家自己有着巨大需求，却以近乎零的利率把数万亿美元借给美国。这在某种程度上是一种‘净转移’，是对美国的外援。”美国道琼斯通讯社援引斯蒂格利茨的话说，“以IMF的特别

---

① 吴易风：《当前金融危机和经济危机背景下西方经济思潮的新动向》，《经济学动态》2010年第4期。

提款权替代美元是最好的途径。但我认为，从长期来看，最好应成立新的国际（储备货币）机构”①。

美国经济学家斯蒂格利茨在美国《国家利益》2009 年 11—12 月号的文章中进一步分析美元的未来，再次呼吁建立一种“全球储备体系”。文章说，“全球金融体系被称为美元储备体系，……但美元已不再是好的保值品，它没有回报，只提供风险。因此，持有大量美元的国家开始感到焦虑。它们不想看到辛苦挣得的储蓄消失于无形”。文章强调，“最重要的是一种储备体系的改革：有限分散风险。在全球化世界中，对某单一国家的货币如此依赖是非常奇怪的。现行体系是一个只产生输家的体系”。斯蒂格利茨认为，1944 年布雷顿森林会议的“凯恩斯计划”表明凯恩斯在 75 年前就看到建立全球储备货币的需要，证明离开美元储备体系的趋势是不可避免的。当时，美国“阻止了凯恩斯计划的充分履行。而今，实现这一想法的时机终于来到”。

早在斯蒂格利茨提出实现凯恩斯计划的时机终于来到之前，法国经济学家苏珊·乔治（Susan George）在法国《外交世界》2007 年 2 月 1 日发表《金融替代方案》一文，就提出“现在该是重新发现约翰·梅纳德·凯恩斯关于建立国际贸易组织的革命性思想并应用它平衡 21 世纪的世界经济的时候了”。文章详细解释了凯恩斯关于二战后建立国际贸易组织的设想和失败的原因。并依据凯恩斯的设想对目前世界贸易组织的利弊进行了透彻的分析。乔治认为，凯恩斯设计的国际贸易组织和国际清算同盟会产生一种新的国际经济秩序。在这种新的国际经济秩序下，不会出现存在巨大贸易赤字和巨大贸易盈余的国家，不会有饱受压迫的第三世界，也不会出现世界银行和国际货币基金组织现在强制发展中国家推行具有很大破坏力的“结构调整”政策。乔治设想，在凯恩斯设计的国际清算同盟和国际贸易组织所形成的体制下，各成员国的货币都与国际中央银行货币挂钩，按固定利率

① 《联合国积极响应　世界冒出更多挑战美元声音》，2009 年 3 月 30 日，《环球时报》，环球网，http：//finance. huanqiu. com/ro11/2009 -03/417978. html。

或可调整利率兑换。进出口都使用国际中央银行的货币，保持二者的平衡，使各国账户与国际贸易组织年终时既无盈余，也不亏损。①

在建立全球经济新秩序，特别是在建立全球货币金融新秩序问题上，以斯蒂格利茨为代表的一些学者和商界人士能注意到发展中国家利益，批评以美元为基础的储备体系不稳定、不平等，指出发展中国家持有美元外汇储备是对美国的颠倒的外援和净转移，主张建立新的货币储备体系取代美元储备体系，并为实现这一目标而进行不懈的努力，是有公正、正义感的。

新兴经济体和广大发展中国家迫切要求进行国际货币金融体系的改革，一些西方发达国家也不同程度地赞成这一改革，例如，法国总统萨科齐、英国首相布朗、德国财政部部长施泰因布尔都曾表示，改革全球货币体系，需要对建立新的国际储备货币的主张进行充分讨论。但是，美国及个别追随者却反对这一改革，千方百计地维护其金融霸权。美国总统奥巴马 2009 年 3 月 24 日晚在白宫新闻发布会上对以新型国际储备货币替代美元的方案表示反对，他说："没有必要"进行新的货币体制改革，强调美元依然"非常强势"。日本首相麻生太郎也支持美元核心货币体制，他说："我们应该努力维护美元核心货币体制。"② 今后，能否较快地以全球经济新秩序取代国际经济旧秩序，在很大程度上首先取决于国际货币金融体系改革的进展。

二　商讨解决国际事务的 G7—G20 新机制

改革国际货币金融体系的进展，我认为首先是形成了解决、决策国际事务的新机制：G7—G20。这两个都是联合国框架之外的机制，突破了传统的世界经济秩序和现有的国际货币体系的框架。

联合国和所属的世界银行和国际货币基金组织等机构是二战后

① ［法］苏珊·乔治：《当前国际金融贸易体制的替代方案》，田保绪译，《国外理论动态》2008 年第 4 期。

② 《日本经济新闻》2008 年 11 月 15 日。

建立的国际合作机构。由于二者没有超国家或地区的宏观经济调节功能，不能适应20世纪80年代以来经济全球化的发展要求。1985年，国际资本市场发生国际汇率剧烈波动，迫使国际货币市场上的五个主要货币国家（英、美、德、法、日）的财长和央行行长在美国纽约的广场旅馆召开紧急会议，达成广场协议。主要是让日元急剧升值，并集体干预国际汇率。世界银行和国际货币基金组织被邀列席参加。在以后的年月里，又增加了意大利和加拿大两国，7国集团的财长和央行行长多次联手，共同干预汇率市场，平抑金融震荡。

但7国集团的经济政策决策合作仍限于几个主要发达国家或限于几个主要货币国家之间。在这个以美元为主导的一强多元的传统货币体系下，货币体系完全由少数几个发达国家支配，发展中国家既无权参与也没有话语权。

随着20世纪七八十年代经济全球化的发展，成长起一些新兴经济腾飞国家和地区，它们在世界经济中所占地位日益加强，如"亚洲四小龙"的发展，以及中国、印度、巴西等国的经济现代化进程。新兴经济体国家崛起，而G7国家在许多全球问题上却显得心有余而力不足。1997年亚洲金融危机后，美国决定推动G7在布雷顿森林体系内部建立一个非正式对话机制，扩大具有体系重要性的国家之间主要经济和金融政策议题的讨论。作为G7财长和央行行长会议补充的G20财长和央行行长会议由此产生。① 这个国际经济合作论坛，于1999年12月16日在德国成立。

G20论坛由8国集团（美国、日本、德国、法国、英国、意大利、加拿大、俄罗斯）和11个重要新兴经济体国家（中国、阿根廷、澳大利亚、巴西、印度、印度尼西亚、墨西哥、沙特阿拉伯、南非、韩国和土耳其）以及欧盟组成。20国集团的GDP总量约占世界的85%，人口约40亿人。这个论坛，促进上述两类国家集团就国际经济、货币政策和金融体系的重要问题开展对话，并通过对话为有关实

① 杨洁勉：《二十国集团的转型选择和发展前景》，《国际问题研究》2011年第6期。

质问题的讨论和协商奠定广泛基础，以寻求合作并推动国际金融体制的改革，加强国际金融体系架构，促进经济的稳定和持续增长。此外，20 国集团还为处于不同发展阶段的主要国家提供了一个共商当前国际经济、金融问题的平台。

在 2008 年世界金融危机中，新兴经济体也受到了一定冲击，但仍然保持增长，率先复苏，并对世界经济复苏作出重要贡献。据 IMF《世界经济展望》的数据，以新兴经济体为主体的发展中经济体对全球经济增长的贡献，已经从这次危机前的 30%，至 2010 年已达到 70%。在全球经济总量中占比达 47.8%，成为世界经济增长的主导力量。

正是这个世界经济格局新的变化，迫使以美国为首的发达国家不得不召开 G20 会议，并做出很强的姿态，最初由美国等 7 国于 1999 年 6 月在德国提出的 G20 会议，目的是防止类似亚洲金融风暴的重演，让有关国家就国际经济、货币政策举行非正式对话，以利于国际金融和货币体系的稳定，20 国集团会议只是由各国财长或各国中央银行行长参加。自 2008 年由美国引发的全球金融危机使得金融体系成为全球的焦点问题后，开始举行 20 国集团首脑会议，扩大各个国家的发言权，这取代了之前的 8 国首脑会议或 20 国集团财长会议。

他们邀请主要发展中国家与他们进行宏观经济政策合作，支持发达国家经济复苏。还由于美国经济遭受评级降级而导致欧洲经济恶化，欧洲发达国家也要求 G20 给予支持。G20 还就国际货币基金组织增资、提高发展中国家在国际货币基金组织中地位和话语权，调整国际货币基金组织投票权结构做出决定。按照以往惯例，国际货币基金组织与世界银行列席该组织的会议。这些重大决定没有通过联合国或安理会，国际货币基金组织自身也无权决定。说明 G20 取代 G7，不仅有宏观经济政策合作，同时已经开始对旧秩序、旧体系的改革。如何进一步推动国际货币体系改革，建立一个与主权国家脱钩的新的国际货币体系，将是 G20 今后长期的历史使命。

英国《金融时报》2008 年 10 月 10 日题为《危机标志着即将出现新的地缘政治》一文说：“更重要的教训是，西方不能再认为全球秩序将根据自己的想象重新确立。两个多世纪以来，美国和欧洲轻而易举地行使经济、政治、文化霸权。那个时代正在结束。”

三　提出改革国际货币金融体系的各种提案

在G20国际经济金融峰会以及其他场合提出了不少有关国际金融、货币体系改革的重要提案。国际社会就国际金融体系改革问题提出了各种改革建议和提案，主要涉及国际货币基金组织改革和国际货币体系改革问题。

国际货币基金组织改革包括增加IMF的资金规模、增加发展中国家在IMF中的份额和投票权、废除由欧洲出任IMF总裁的惯例等。

在国际货币体系改革方面，提出重构布雷顿森林体系；改变美元霸权的现状，用多元货币体系代替一元货币体系；IMF加强对主要国际储备货币汇率的管理；确立类似于IMF特别提款权的超主权储备货币。建议建立区域性统一货币。推进人民币国际化，此为针对中国的提案。

在倡导国际储备货币体系的管理和改革方面。在2009年的伦敦峰会上，中国国家主席胡锦涛在《促进国际货币体系多元化合理化》的讲话中认为，国际货币基金组织应该加强和改善对各方特别是主要储备货币发行经济体宏观经济政策的监督，尤其应该加强对货币发行政策的监督。改进国际货币基金组织和世界银行治理结构，提高发展中国家代表性和发言权。完善国际货币体系，健全储备货币发行调控机制，保持主要储备货币汇率相对稳定，促进国际货币体系多元化、合理化。

建议建立超主权的世界货币或储备货币。一部分新兴市场经济国家针对美元贬值风险的上升，提出用超主权国际货币代替美元的提案。其中，中国央行行长周小川的提案引起了国际社会的广泛关注，其内容是用国际货币基金组织特别提款权替代美元的作用。在周小川提出这个建议之前，联合国改革国际金融和经济结构委员会、约瑟夫·斯蒂格利茨等经济专家、俄政府官员也已经提出过类似的建议，但是这些建议都没有得到国际社会足够的重视。然而，当全球第一大外汇储备国中国的央行行长提出这一建议后，全球为之震动，引起国际社会就此问题的可行性的讨论。

在国际金融、货币体系改革方面，哪些内容能够变为现实？从目前看，以上所述 G20 成为解决国际事务的决策机制的主要平台外，还有在国际金融机构的管理体制上，主要是全球金融机构最高领导人的选任制度的改革。全球两大金融机构的领导人一直以来都是由美国人和欧洲人担任，而伦敦峰会第一次明确提出国际金融机构的领导人应该通过公开、透明和择优的原则进行选择。这一声明意味着将结束由欧洲和美国分别出任 IMF 和世界银行最高领导人的惯例，表现出对世界金融机构人选制度改革的重大改变。在增加发展中国家在 IMF 和世界银行的份额和投票权方面也有一定进展，匹兹堡 G20 峰会决定提高发展中国家在国际金融机构中的地位，具体措施包括新兴市场和发展中国家在 IMF 中的份额至少提高 5%，在世界银行的投票权至少提高 3%。

四　国际货币、金融体系改革依然任重道远

在当今金融帝国主义居于统治的时代，我们要对以下几点有充分的认识。

（一）货币霸权、金融霸权等各种霸权是与资本主义私有制度相连，归根结底是资产阶级的阶级局限性的产物，是私有制度的产物。霸权与公平正义相悖，是资本主义不能按照人类社会经济发展运行的规律办事而又出于占有人类的劳动成果、掠夺世界财富的需要而建立起来的。但是，资本主义制度在当今世界应当说是占主导的制度存在形式。当今时代仍然是金融帝国主义时代，现存的国际货币金融体系，是金融垄断资本主义，金融帝国主义长期发展的体系。金融危机后美元的霸权地位受到威胁，但依然是当前坚挺的世界货币。

金融霸权是一种高度垄断化的，资本主义强国依靠自身的军事、经济、科技和金融的强势，在全世界形成的金融垄断资本的统治形式，是垄断资本主义发展所形成的国际经济旧秩序的产物，是资本主义强国全球扩张的结果。资本主义制度是产生它的根基。因此，不打

破资本主义的社会制度，在经济、军事、科技和金融的实力没有超越于这些大国，就难以打破资本主义的金融霸权。对这一点，我们应当有充分的认识。

因此，金融霸权统治根本否定劳动价值原则、商品交换的原则。它违反产品按照劳动价值定价的原则；反对货币的价值基础，超量发行货币，美元脱离黄金比例的约束，脱离价值尺度基础；制造各种金融衍生品，任意扩大信用货币量；等等。这些都表现了金融资本追求自身最大利益的资本主义制度的本质。在目前资本主义金融化发展的时期，少数金融资本垄断集团，超级富豪控制全球金融市场，垄断世界经济的运行，特别是控制定价的权利，从对金融产品，货币的垄断权，到大宗商品和最终商品、服务的定价权利，根本否认了市场经济的运行原则。所形成的对世界新的剥削模式，通过货币的霸权消费世界其他国家的商品，其他国家美元的回流为发达国家的负债、消费埋单。当发生金融危机时，发达国家又通过掌控的货币发行权增发储备货币，向外转嫁危机。

（二）而在世界市场经济体制中，存在诸多的不平等，表面的平等实际的不平等现象。例如，市场交换中等价交换的原则，即国际交换中国际价值原则。是表面的平等而实际的不平等。国际价值是表现按国际平均的劳动价值单位来进行商品的交换。其背后各个交换者生产产品的劳动生产率不同，所耗费的劳动成本不同。但他们在国际交换中都要按一个国际价值标准进行交换。劳动生产率较高的国家在交换中就占便宜。这就是国际交换等价交换的原则，表面的平等而实际的不平等。即使我们按照国际价值的市场交换原则进入世界市场流通，我们仍然有着自身劳动生产率较低，技术落后，所产生的较大成本，在国际交换中处于不利的地位，对此，经济暂时落后的国家只有通过自己付出更多的劳动，进行科技进步，提高自身的劳动生产率，从而获得跨越发展，实现较快的发展速度。几十年的发展中国家参与全球化的实践表明，在参与全球化中获得比较利益，同时提高自身的劳动生产力，是新兴经济体国家发展的经验。而在国际金融垄断资本主义占主导的世界，仍然存在着大量的不等价交换，存在着大量的不平等的国际关系。

（三）以货币金融手段救助危机中的经济依然是当今金融垄断资本主义的主要的方式。量化宽松的货币经济政策被称为“发明”。在2008年发自美国的金融危机使用这一政策之时，也早在其他资本主义国家使用过，比如日本。量化宽松（Quantitative Easing，GE）是一种货币政策，主要是指中央银行在实行零利率或近似零利率政策后，通过购买国债等中长期债券，增加基础货币供给，向市场注入大量流动性资金的干预方式，以鼓励开支和借贷，也被简化地形容为间接增印钞票。量化指的是扩大一定数量的货币发行，宽松即减少银行的资金压力。美国自2008年金融危机后，先后在2008年11月、2010年11月、2012年9月、2012年12月实施四轮量化宽松货币政策，尽管实施重点有不同，但其实质就是变相地通过印钞来解决美国相关机构的债务问题，让美元持有国共同承担美国的经济调整成本。其运作机制就是先将“私人债务国家化”，然后将“国家债务国际化”，从而稳住美国金融体系的阵脚，防止美国私人金融机构的进一步恶化。不仅如此，量化宽松政策通过向市场注入流动性，压低市场利率，有利于刺激美国实体经济的复苏。

量化宽松政策，不仅降低了银行的借贷成本，也降低了企业和个人的借贷成本。全球同此凉热，各国政府都在实行超低利率，其本意是希望经济迅速复苏。但结果事与愿违，那些本该进入实体经济的量化宽松货币，在有些国家却流入了股市，比如美国，在经济基本面根本没有利好的情况下，股市却扶摇直上，道琼斯平均工业指数一度冲破11000点，创下11143.69的高点。与此同时，许多国家的证券市场泡沫浮现。在经济合作组织统计的41个国家中，有14个国家的股票市场已经达到或者超过了危机前的高点。美国的几大指数均已超过危机前的高点，其中具有重要意义的标准普尔500指数已经超出23%，创出历史新高；纳斯达克指数更是超过了52%。金融时报100指数曾在2013年5月达到6804点，超过了危机前的高点，并逼近2000年年初的历史最高点6930。德国法兰克福指数在近期的下跌之后仍然比危机前高点高13%，而且它曾在2014年7月达到过其历史最高点10029，比危机前高点高出24%。向金融体系的大量投放资金没有带来实体经济繁荣，但确实防止了金融市场的崩溃，挽救了金融资本。但是全球经济金融环境恶化。美元贬值推高大宗商品和金融资产价格，美元流动性泛滥引发市场不稳定，蕴含着新一轮金融危机爆发，我们对此要有充分的认识。

（四）金融膨胀与世界经济长期低速增长并存，是2008年危机过后的“新常态”。“新常态”被西方媒体形容为危机之后经济恢复的缓慢而痛苦的过程。新常态是近年来国际社会描述国际金融危机后世界经济与金融状况的一个常用说法。

国际金融危机持续释放负面影响。2008年爆发的国际金融危机，引发了二战以来世界经济最严重的衰退，外部需求急剧收缩造成包括中国在内的一些国家出口下滑，工业生产大幅回落，经济增长速度放缓。

这些变化给以外需为主导的经济增长方式提出了挑战，给已经形成的世界经济循环模式提出变革的要求。如何应对这一变化，并改变自己国家的发展方式，对谋求发展的国家提出了新的课题。

对在21世纪中叶实现全面小康社会建设的中国来说，面对和应对这个挑战，是我们的艰巨的任务。以习近平同志为核心的党中央提出了深化改革，主动应对世界经济新常态，实现适合我国发展的“新常态”的要求。

2014年5月，“新常态”第一次出现在习近平总书记在河南考察时的表述中。他指出，我国发展仍处于重要战略机遇期，我们要增强信心，从当前我国经济发展的阶段性特征出发，适应新常态，保持战略上的平常心态。在战术上要高度重视和防范各种风险，早作谋划，未雨绸缪，及时采取应对措施，尽可能减少其负面影响。7月29日，习近平总书记在和党外人士的座谈会上又一次提出，要正确认识中国经济发展的阶段性特征，进一步增强信心，适应新常态。

2014年上半年，中国经济同比增长7.4%。如何看待7.4%的增速?《人民日报》在系列评论中写道，“在经济下行压力加大的背景下，上半年经济总量增长7.4%，实属不易”。《人民日报》评论指出："十八大提出到2020年实现全面小康目标，国内生产总值比2010年翻一番，按这个目标算每年7.5%左右的速度就够了。""经济增速换挡回落、从高速增长转为中高速增长。这就要求我们在宏观调控上既坚持底线思维，保持'忧患心'，又坚持战略思维，彻底摆脱'速度情结''换挡焦虑'，保持'平常心'。"

习近平总书记提出和重申适应新常态这一重大理论概念，是源于以下两种极为重要的新情况。第一种新情况就是，随着客观世界的不断发展变化情况，给社会主义现代化建设带来的新情况新变化挑战而导致的一种势必逼至此的新常态，这需要我们用平常心态去认真看待和对待。第二个情况就是，要正确认识我国经济发展的阶段性特征，进一步增强信心，适应新常态。在促进经济持续健康发展方面形成新常态。

当下中国，经济进入增长速度换挡期、结构调整阵痛期的新阶段，保持中高速增长、迈向中高端水平，使中国经济行稳致远，要成为新常态；准确把握改革发展稳定的平衡点，准确把握近期目标和长期发展的平衡点，准确把握改革发展的着力点，准确把握经济社会发展和改善人民生活的结合点，在转方式、调结构、保民生、推动可持续发展方面不断取得实实在在的新成效，正在成为新常态；坚持宏观政策要稳、微观政策要活、社会政策要托底有机统一，保持政策定力，创造良好的发展预期和透明的宏观政策环境，正在成为新常态。

"国际上从新常态到新平庸，到新现实，显然是比较悲观的。在中国则不一样，中国新常态是从很积极的角度提出来的，是我们追求的一个变化。"① 目前，中国经济发展正进入新常态，经济转型升级的紧迫性尤为突出，对改革红利的追求更为迫切。党的十八届三中全会对全面深化改革做出了战略部署。如何主动适应新常态，通过进一步深化改革创新，不断增强金融体系服务于科技创新、产业升级、消费拉动的能力，是全面深化改革的必然要求和重要组成部分。

---

① 《"金融大讲堂"解读"新常态"》，《新民晚报》2015年4月30日。

（五）当人的劳动还不是自主劳动，就不能打破追求财富以及财富化身的一切拜物教的冲动。马克思主义的经济理论揭示了商品拜物教、货币拜物教以及资本拜物教，由于在私有制度下，一切财富的堆积都集中在财富的化身——货币上，货币由简单的价值符号变为社会财富的化身，成为一切财富的表现形式，如金钱、股票、证券等。只有人类能够自主地、正确地掌握自己创造出来的社会劳动交换关系，自觉地保持社会生产所需要的各项资源的合理的比例，劳动成为人的第一需要，这种种拜物教才能消灭，这只有在消灭了私有制度的条件下才能够做到。

但在当今世界生产力发展不平衡，两种社会制度并存，两种不同社会制度的国家并存的条件下，两类国家存在着竞争与合作，斗争与博弈。社会主义在世界上生存的时间较短，经济实力处于弱势地位。正因如此，才使社会主义国家与不发达国家处于一个阵营，同处被强势金融垄断帝国的压迫境遇，才有共同为争取建立国际经济新秩序而斗争的目标。我们只有汲取人类发展生产力的一切文明成果，用以发展强大自身，建立社会主义强大的物质技术基础，才能更有助于为改变现存的国际秩序发出强有力的声音。

我们揭示资本主义金融霸权的本质、表现以及各种运行机制，是为了更深刻地认识资本主义发展变化的规律，从而更积极地参加争取建立国际经济政治新秩序的斗争，最终各种资本主义的霸权必将随着历史的进步和发展而失去它们的霸权地位。

主要参考文献

1. 刘诗白：《论过度金融化与美国的金融危机》，《经济学家》2010 年第 6 期。

2. ［美］洛威尔·布赖恩、黛安娜·法雷尔：《无疆界市场》，台北时报文化出版社 1997 年版。

3. 向松祚：《新资本论》，中信出版社 2015 年版。

4. 高帆、龚芳：《国际粮食价格的波动趋势及内在机理：1961—2010 年》，《经济科学》2011 年第 5 期。

5. 田利辉、谭德凯：《大宗商品现货定价的金融化和美国化问题——股票指数与商品现货关系研究》，《中国工业经济》2014 年第 10 期。

6. ［美］C. 富兰德·伯格斯腾：《欧元挑战美元：谁主导未来金融霸权》，《国际经济与贸易情况》2003 年第 13 期。

7. ［英］罗伯特·格里菲斯：《金融危机暴露了国际资本主义制度的深层次问题》，《世界社会主义研究动态》2011 年第 62 期。

8. ［法］黑弥·艾海哈：《不是金融危机，是资本主义的系统性危机》，2011 年 10 月 13 日在台湾成功大学的演讲，载于中华论坛网，《文献与研究》第 55 期，2011 年 12 月 18 日。

9. ［美］马特·米勒：《资本主义缺陷困扰美国未来》，《环球时报》2011 年 12 月 1 日。

10. ［美］大卫·哈维：《新帝国主义》，初立忠、沈晓雷译，社会科学文献出版社 2009 年版。

11. 李其庆主编：《全球化与新自由主义》，广西师范大学出版社 2003 年版。

12. 吴易风：《当前金融危机和经济危机背景下西方经济思潮的新动向》，《经济学动态》2010 年第 4 期。

13. ［法］苏珊·乔治：《当前国际金融贸易体制的替代方案》，田保绪译，《国外理论动态》2008 年第 4 期。

14. 杨洁勉：《二十国集团的转型选择和发展前景》，《国际问题研究》2011 年第 6 期。

15. 《“金融大讲堂”解读“新常态”》，《新民晚报》2015 年 4 月 30 日。

16. 霍学文：《金融帝国：21 世纪产业资本与金融资本的融合》，中国金融出版社 1999 年版。

17. 张凯：《崩溃的帝国：催化世界经济权力交接的新进程》，南京大学出版社 2009 年版。

18. 张幼文等：《金融危机冲击下的世界经济格局》，上海社会科学院出版社 2010 年版。

19. 王广谦主编：《经济全球化进程中的中国经济与金融发展》，经济科学出版社 2005 年版。

20. 何秉孟主编：《新自由主义评析》，社会科学文献出版社 2004 年版。

21. ［美］罗玛·V. 范：《美元霸权与全球资本循环》，刘凤义、夏峥译，《国外理论动态》2009 年第 12 期。

22. 江涌：《论美国的新金融霸权与经济繁荣》，《经济评论》2002 年第 3 期。

23. 宗寒：《美国金融危机蔓延所告诉我们的》，中国社会科学网《经济研究》网络期刊，2012 年 3 月。

24. 彭升庭、荣先恒：《关于经济全球化的再思考》，《华东经济管理》2004 年第 3 期。

25. 李慎明：《当今资本主义经济危机的成因及应对》，《红旗文稿》2009 年第 12 期。

26. 李慎明主编：《世界在反思：国际金融危机与新自由主义全球观点扫描》，社会科学文献出版社 2010 年版。

27. 周小川：《国际金融危机：观察、分析与应对》，中国金融出版社 2012 年版。

第六章　金融资本的形态变化及其金融危机

——美国经济金融化与金融危机的观察与思考①

20 世纪七八十年代以来，资本主义经济金融化加速发展，整个社会经济进入金融垄断特别是虚拟金融资本垄断占据主导地位，垄断资本主义发展发生阶段性变化。当今最强大的帝国主义国家——美国，是资本主义经济金融化变化的典型代表。

本书认为，科技进步与金融创新促进了生产力飞跃，是美国经济金融化的物质技术基础。突破传统的工业资本与金融资本的融合形成的金融资本，形成掌控新技术产业和金融业，三位一体或多位一体的新的金融资本形态，由此形成的大金融垄断集团是美国经济金融化的经济社会基础，也是其政治基础。全社会发生经济、政治、社会全面的金融化转型。

资本主义固有问题——经济危机，有了新的表现、深化。虽然美国在 2008 年国际金融危机之后进行了一些调整、改革，但由于资本主义制度没有改变，各种形成危机的因素没有改变，发生新的更大的危机仍然有其必然性。

---

① 2015 年 1 月 16—31 日，作者应美国共产党经济委员会瓦迪·哈拉比的邀请赴美国波士顿、纽约进行调研。在本报告完成之际，谨向他和马萨诸塞州马克思教育中心周到热情的安排表示感谢。同时感谢中国社会科学院马克思主义研究院的刘子旭博士，浙江海洋大学骆小平博士对此次访问所提供的帮助。

第一节　金融资本形态变化与虚拟金融垄断资本的统治

一　金融化变化的物质技术基础

第三次产业革命的成果与金融创新是美国金融化变化的物质基础。美国经济金融化得益于第三次产业革命所带来的信息技术创新，金融手段对技术创新起到很大的促进作用。20 世纪八九十年代的电子计算机广泛应用为标志的第三次新技术革命，使人类进入信息社会。社会生产力的革命性飞跃是社会历史发展，社会经济形态递进的根本动因，是其物质技术的保证。这个生产力的进步首先在美国发展起来，以“信息高速公路建设”的发展，带动了高科技产业勃然兴起，形成所谓“新经济”。

新的技术、新生产力进步对金融业提出了挑战，而金融创新很快应对这种挑战，它与科技进步成果相结合，推动新技术产业化，成为促进技术进步的推动者，金融业自身也得到空前的发展。突出表现就是风险投资（创业资本）对高新技术研发和产业化重要的促进作用。风险投资对美国经济发展的作用，不仅表现在它对高科技创业企业的支持，更因为它发展了一套高效的资金配置、运作、监管的机制，把金融资源、技术资源、人力资源结合起来，最大限度地发挥效力。美国还进行旨在稳定金融秩序、增强金融业的竞争力以及激活资本市场，稳固国际金融中心的地位等金融改革措施提高金融业实力，“从 70 年代到 80 年代，在美国经济衰退当中，美国的金融界发生了革命性的变化，在 90 年代这种变化的效果显露出来，确立了美国的世界最强国地位”①。

技术创新和金融创新，使金融资产配置资源的能力超越时间和空间，金融作为生产的第一动力的作用最大限度地发挥出来。美国能够

---

① ［日］竹内宏：《日本金融败战》，彭晋璋译，中国发展出版社 1999 年版，第 43 页。

保持持续的经济增长，发达的科技创新能力非常关键，而这一创新能力的形成又直接得益于美国发达的资本市场体系。由于拥有健全、多层次的资本市场，美国的高新科技企业能够及时获得资金支持，尤其是纳斯达克市场组建后，对新兴科技企业的支持更加明显，孕育了苹果、微软等一系列现代商业巨擘。

列宁早已指出，资本主义已成为少数"先进"国对世界上大多数居民施行殖民压迫和金融扼制的世界体系。并指出，这个世界体系，在物质上是由铁路、轮船、电报、电话为基础的；在经济上是由金融密网为经纬的。今天，金融帝国主义的全球体系，在物质上又有了互联网、信息技术，以及由网络技术武装起来的金融市场的全球金融资本主义体系。

从时间顺序看，战后直到20世纪60年代末，是美国发展的鼎盛时期，原子能技术、宇航技术、电子计算机技术相继展开，成为高度现代化的超级大国。70年代以后，继续延续超级大国地位，特别是80年代末成为唯一的超级大国，在资本主义世界中整体实力超强。即使在1979—1982年滞胀时期，美国经济依然发展。信息技术革命成果为它带来了少有的新经济发展时期。"促使美国经济复兴的最重要因素或许是，新计算机和通信技术的增长，这些领域由微软和英特尔这样的美国公司占据着主导地位。"①

二　金融资本新形态与虚拟金融垄断资本的全面统治

在资本主义社会制度下，生产力发展的成果具有被金融资本所掌握，用于实现资本主义生产关系再生产的属性。马克思主义政治经济学的基本原理告诉我们：在资本主义条件下，生产力成为资本的生产力，成为资本支配、统治雇佣劳动者的手段。劳动者自己创造的生产力异化为与劳动者对立的力量。在资本主义体系内部，发展生产的手段变成统治和剥削生产者的手段。这是生产力与生产关系在资本主义

① ［美］马丁等：《美国史》，范道丰等译，商务印书馆2012年版，第1427页。

经济制度下相互作用的具体形式。[①] 例如，金融和高技术领域成为美国摆脱滞胀危机的手段。垄断资本主义在20世纪70年代经过发展的“黄金时期”后陷入停滞，美国经济陷入“滞胀”。而新的生产力的进步和金融创新就被垄断资本用来获取利润和高额垄断利润的新的手段，它们大力向金融领域、高新技术领域渗透和扩张，在垄断资本主义高度发展的资本主义国家美国，全面的金融化本质上首先是形成垄断资本的金融化。为了化解滞胀危机，资本在实体经济没有更多的利润空间的情况下，进而把剩余资本转向金融领域。[②]

垄断资本为获取高额垄断利润逐渐由传统的以工业为主的产业向高技术领域和金融领域扩张；由实体资本向虚拟资本转换。垄断资本金融化中金融资本形态新变化可从垄断资本向金融领域转移和金融垄断资本虚拟化、杠杆化两个方面来看。

第一，突破传统的工业资本与金融资本的融合形成的金融资本，形成掌控新技术产业和金融业的，三位一体或多位一体的新的金融资本形态。

第二，工业垄断资本向金融领域转移。垄断资本大举进入金融业，使金融业与工商业的关系发生了变化，形成金融为主导的经济结构。从二战后到20世纪80年代前后，垄断组织多以工业为后盾，逐渐将重点转向金融领域，再以金融资本控制工业资本。美国十大财团大都拥有强大的金融实力。例如，以石油垄断为基础的洛克菲勒财团，以大通曼哈顿银行为核心，下有纽约化学银行、大都会人寿保险公司，以及公平人寿保险公司等百余家金融机构。通过这些金融机构在冶金、化学、橡胶、汽车、食品、航空运输、电信甚至军火工业控制了许多企业，成为金融资本控制工业资本的典型。

第三，金融垄断资本虚拟化、杠杆化。不仅金融在社会经济中由配角转变成为主角，而且脱离实体经济在虚拟经济领域空转，攫取暴

---

① 《马克思主义政治经济学概论》编写组：《马克思主义政治经济学概论》，人民出版社、高等教育出版社2011年版，第126页。

② 美国著名左翼学者斯威齐、福斯特、马格诺夫等《每月评论》派学者，研究垄断资本主义发展新阶段变化的代表性观点。

利。一方面，社会资本过多流入和集中于金融领域，银行和金融事业机构过度发展；另一方面，在金融自我循环中，劣质金融工具的使用和多次使用，即杠杆率过度增大。这意味着国民经济活动中超出实体经济发展需要的货币信用交易活动量的过度增大，特别是金融虚拟资产交易量的过度扩大。美国房地产次级贷款业务正是在这样的背景下产生和发展的。“在 20 世纪中叶之后特别是 80 年代以来，美国已经成为国际超级金融垄断资本主义，把金融与工业的结合蜕变为脱离并统治实体经济的虚拟经济，而与高科技结合，进一步引发由经济泡沫酿成泡沫经济，彰显了美国为首的现代资本主义的新特征和新手段。”①

美国新的金融帝国的经济基础和主要的社会基础，就是形成上述这些超级大的新的金融垄断集团，它们也是金融垄断资本主义统治的政治基础。一是拥有传统的工业垄断，同现代知识资本、高新科技产业结合，用现代金融武装起来的资本巨擘。再就是在市场经济大发展、金融市场独立运行条件下的脱离实际生产领域的虚拟金融资本机构。例如，华尔街的大老板和金融家，手上操纵着巨额资本或管理着经营着千百个基金，从国内外汇集来的社会资本，通过他们设计和营造的金融机器而发财，实现着对剩余价值、利润的大肆掠夺。他们是占全部人口 1% 的大富豪，统治了占人口 99% 的民众。新金融资本成为经济乃至政治的主宰。美国著名左翼学者威廉·K. 塔布（William K. Tabou）说，资本主义金融化既是经济上的，又是政治上的。

特别一提的是，金融寡头有一个分享国家权力的特殊机购，这就是美国联邦储备银行，然而我国有学者说，美国联邦储备银行“既不是联邦，又没有储备，也不是银行”。美联储名义上是美国的中央银行，实际上是一类特殊的私人银行；在私人银行股份安排上，名义上有 12 家储备银行，实际控制者则是美联储纽约银行，而美联储纽约银行是由花旗银行、大通曼哈顿、摩根信托、汉诺威、汉化银行 5 家

① 杨承训：《论当代资本主义矛盾的阶段性特征——国际金融危机的深层根源及其启示》，《毛泽东邓小平理论研究》2009 年第 1 期。

机构所控制。美国的中央银行——美联储实际是金融寡头直接控制、借以对美国实施金融资本统治的平台与工具。① 追溯起来，美联储1913年成立后，逐步拓展自己的权力，其中最为关键的：一是取得了美国货币（美元）发行权——最重要的一类经济主权。美国政府要想得到美元，就必须将美国国民的未来税收（国债），抵押给美联储，由美联储来发行“美联储券”——美元；二是取得了美国政府的经济治权——货币政策制定与实施权。金融寡头与它掌握的美联储成为美国经济的中枢，实际掌控了美国的经济命脉。有了美联储这一工具与平台的存在与运行，代表金融寡头利益的经济金融化政策，在几十年间，就全面地刷新了美国经济社会。

三　国家政治、经济、社会全面向金融化转型

（一）经济运行方式、增长方式发生根本性变化，增长来源越来越倚重金融运作。随着产业垄断资本向金融领域的转移，金融业“创造”的“产值”增速大大超过制造业，在GDP中的比重也不断上升。1998—2007年，美国国内生产总值从87934.95亿美元，增加至140286.75亿美元，增长了28.5%。制造业增加值占GDP的比重从15.1%下降至12.1%，而金融（和保险）业增加值则从6346.98亿美元增加至10800.04亿美元，增长了49.6%，占GDP的比重从7.2%上升至7.9%。短短几年，金融业增加值与制造业的增加值之比就从1∶2.09上升至1∶1.50。“20世纪70年代以前美国的三大支柱产业——汽车、钢铁、建筑，已经让位于新的三大支柱产业——金融（和保险）、房地产和职业服务（高端服务业）。它们与制造业不同，它们不是由自然资源和技术进步来支撑的行业，而是靠流入的货币资金量、创造金融资产的过程以及‘金融创新’技术支撑的行业。这就是美国经济运行方式和GDP增长方式的根本性变化。”②

① 江涌：《金融化祸害美国等西方国家》，《国有资产管理》2015年第4期。

② 刘骏民：《经济增长、货币中性与资源配置理论的困惑》，《政治经济学评论》2011年第4期。

（二）实体经济逐步萎缩、国民经济空心化。美国制造业1998—2007年产值不断下滑，制造业就业占总就业的比重50年代为50%，1998年下降至15%，2008年下降至10%以下。大量就业转移到金融以及商业零售、旅游、物流等服务业。可见，美国经济出现了超过实体经济需要与承载能力的经济过度金融化和虚拟经济过度发展。这种过度金融化、虚拟化和去工业化，造成美国实体经济发展严重萎缩。从而美国经济对外交流的方式也随之发生了根本性变化，19世纪70年代以前，美国经常项目的国际收支一直是顺差，金融收支项目的国际收支一直是逆差，而从1982年开始，转变为经常项目的国际收支持续逆差，金融项目的国际收支持续顺差。

（三）实行金融自由化政策。20世纪80年代以来，美国主流经济学离弃了凯恩斯的有政府调节的市场经济论。弗里德曼等宣扬自由竞争和市场价格机制能使企业“自我约束”，使它们从事的金融风险业务与它们自身的风险承担能力相当。格林斯潘赞扬自由市场制度的优越性，宣称自由市场制度拥有强大的自我调适功能。经济自由主义主张实行自由放任，认为放手听任市场机制自发调节，就能使资源配置达到均衡点，从而实现经济稳定增长并“自动熨平”周期波动。

经济自由主义主张成为美国政府制定经济政策的理论基础。1980年里根主政，采取自由主义政策，实行放宽管制，听任市场自由活动，人们称之为里根主义。1971年尼克松政府中止美元与黄金挂钩制度。由于货币与黄金脱钩，一方面黄金调节货币供求功能丧失，另一方面货币信用的扩张更加容易。政府采取听任金融自由创新的政策，成为放弃和疏于监管的根本原因。

在经济自由主义旗号下，金融大鳄在市场上进行金融扩张和各种非自律性的冒险行为。在当代金融资本垄断条件下，充分的、平等的竞争实际上不存在，而缺乏政府的规制和调节，大企业就利用其垄断地位和政府的隐性支持，做出许多非自律的行为，包括将“有毒的”金融产品肆意批量推向市场。20世纪七八十年代后，美国国会通过相关法规放松了对金融部门的监管，使金融垄断资本流动自由化、虚拟化、杠杆化。

（四）美国经济乃至国家运行的基础债务化。在美国国际金融垄断资本集团的主导、推动之下，在美国逐步形成了一种“负债经济模式”：普通民众靠借贷维持日常消费、企业欠债以及联邦政府和各地方政府负债运行。特别是联邦政府债务，“在美国货币银行体系的结构和运作机制中，联邦政府的公共债务扮演者重要角色。银行、其他金融机构、企业和家庭持有各种各样的联邦债务。就联邦债务持有量的变动而言，由于它时常是联邦储备资产有意引导的结果，因此具有重大的货币和宏观经济意义”。并且，战后联邦政府债务的规模相对于经济规模很大，取代之前的私人债务工具。①

（五）形成金融资本主导的社会政治生态。以美国为代表的金融垄断资本主义的金融化的变化说明了在一定社会制度下，技术与制度的关系上，制度大于技术，资本决定制度这一客观真理。资本主义金融化与虚拟金融资本统治从经济方面开始，在社会、政治、军事都发生金融为主导的转变。

在政治上，金融资本对国家机器具有重大作用。金融部门的巨额财富让华尔街的金融家们拥有了巨大的政治影响力。美国政治学家托马斯·戴伊早在《谁掌管美国》一书中说：“在美国，有这样一个权势集团，它仅占美国人口的百万分之二，却拥有全国半数的工业资产，五分之四的银行资产，一半以上的交通运输业与公共事业资产和三分之二的保险业资产。由于这个集团的存在，美国国家的政治权力形成了双层结构，即掌握最高权力的权势集团和政府、国会、联邦法院等‘直接决策者’，而直接决策者的行动仅仅是制定国家政策这个远为复杂的程序的最后阶段。”金融垄断集团巨额的资本流转对国家经济具有决定性影响，通过其巨大的资本运作对国家政权施以影响。庞大的金融机构与资本流动对维护美国在全球的地位同样至关重要。

金融成为美国政治选举中最大的砝码，使政府的决策和法律倾向于有利于金融业。而金融资本集团还利用安插政府部门官员，或金融

---

① ［美］托宾·J、戈卢布·S. S.：《货币、信贷与资本》，张杰、陈未译，中国人民大学出版社 2014 年版，第 231 页。

监管、政府、金融业的相互联姻加强政治统治。金融资本在美国经济中占支配地位的一个重要表现就是金融机构的“大到不能倒”，即金融机构规模过大，彼此之间密切相连，它们的倒闭会给整个国家甚至全球经济造成灾难，因此，在这些金融机构陷入困境时，政府必须进行救援，以防止它们倒闭。从 1984 年，美国第六大商业银行大陆伊利诺伊银行倒闭。此后，金融机构“大到不能倒”的问题一再发生。

大的垄断集团的资本运作对于国家机器的运行是至关重要的。金融垄断集团对国家政权和政府的决策施以影响。如在政府中安插一大批代理人，左右着美国政府的内政外交政策。金融资本对美国政治的巨大影响的一个体现就是华盛顿（美国政府、金融监管部门）与华尔街金融机构之间的“旋转门”，即华尔街金融机构的高管们进入美国政府与金融监管机构担任官员，卸任后返回华尔街担任高管。这一现象在高盛尤其突出。高盛公司与美国政府的相互渗透远远超过了传统大财团。高盛一家公司的高管几乎囊括了美国历届政府的经济要职，如克林顿政府的财长罗伯特·鲁宾曾在高盛工作 36 年，布什政府的财长亨利·保尔森也曾担任高盛公司前总裁。高盛公司的前高管还担任了世界银行的高管、纽约证券交易所的主管、美联储两位主席。

在军事方面，有些金融资本本身就是巨大的军工财团，美国的一些大型跨国公司本身就从事军事研发和生产，高科技跨国公司则与美国军方保持着密切合作。这方面的典型是被称为美国“八大金刚”的思科、IBM、谷歌、高通、英特尔、苹果、甲骨文、微软。除高通外，其他 7 家企业均进入了世界 500 强。

在社会方面的社会保障的私有化改革，就是由私人金融集团、保险公司实行社会保障包括医疗、养老等社会保障职能，对工人的个人收入等实施的金融化。

总之，金融经济与资本主义生产关系结合，资本主义经济金融化首先从经济领域再扩展至其他社会领域实现其金融资本的在新的历史条件下的统治。形成虚拟金融资本主导的资本主义新的社会经济形态。它从美国开始，而后在主要资本主义国家随着全球化在世界蔓延。而资本形态变化是我们理解资本主义社会经济形态变化的主要因素，这也是为什么国家垄断资本主义转变为国际金融垄断资本主义的主要因素。

第二节　美国借全球化推行其货币金融霸权

一　美国的强势地位

美国作为世界头号资本主义大国，20 世纪 50 年代以来处于垄断资本主义不断上升的地位。美元的世界储备货币地位，信息技术的全球辐射，20 世纪 80 年代的全球市场经济大发展，资本自由流动，全球化与信息化，使美国经济金融化向全球发展，是其他资本主义国家不可比拟的。美元的世界货币地位使美国是一定意义上食利国家。

信息产业革命性进步与市场经济的全球发展是全球化的条件，从信息化与金融化的发展看，信息技术革命的深刻变化，使人类社会生产的时间、空间概念大为改观，金融资本能够在全球借助全球金融网络平台 24 小时不间断运行。当代的全球市场，技术条件是以因特网为基础的知识信息流，以高科技和电子商务为基础的物流，以电子技术为基础的资金流的现代市场体系。金融资本控制全球的生产、流通，实现虚拟金融资本的统治。美国实现了信息技术革命与现代金融制度创新的结合，因而实现了生产力的跨越，使它在世界市场经济竞争中占据优势和强势地位，取得了支配世界生产、贸易，以及金融体系的强权。

从市场化与金融化来看，20 世纪 80 年代以来，全球化是世界发展的一大趋势，全球化是市场经济的全球化，市场经济运行要求以市场为基础配置全球资源。在发达的市场经济条件下，各个要素市场充分发展，在全球市场体系中独立运行，而金融市场正是在市场经济大发展的大潮中产生和成长起来的。这是社会经济进步，生产力发展的必然要求。由于金融市场的独立运行，金融资本所持有的货币资本运动实现了 G—G′的运动，这是资本主义经济金融化时期，资本运动的一个典型形态。

市场竞争规律是优胜劣汰、弱肉强食，以美国为代表的金融垄断资本主义强大集团在全球化中处在强势地位。而且，美国拥有最发达的资本市场。大型的金融垄断公司和集团同时也是跨国性的、国际性的跨国公司，是全球化市场经济的主体。在金融市场吸收国内外的货币资本。资金在全球流动、聚集和分配的现代金融体系和全球金融市场，借助于电子计算机和网络技术，创新出各种金融工具和金融业务，把触角伸向世界各个角落，吸纳一切可以吸纳的机构和居民的货币资金，用最有利的形式投向可以赚取利润的地方。现代金融体系可以在24小时不间断地，把数以万亿、百万亿元的巨额资金调到金融市场。这为美国金融霸权利用各国之间利率、汇率、税率、价格差异进行投机的金融资本投机，获取巨额利润提供了极大的便利。

美国是金融实力最强，金融市场最发达，金融工具创新最多，金融机制及游戏规则在全球使用最广的国家。是20世纪90年代以后世界唯一的超级大国。美国同时也是国际组织的操纵者，例如，国际货币基金组织、世界银行。美国在国际规则的制定上，享有更多话语权。

二　美元的世界货币地位

美元的世界储备货币地位是美国经济金融化、推行经济全球化的货币条件。20世纪40年代形成的布雷顿森林体系确定了国际货币制度，确立美元的世界货币地位。但是，布雷顿森林体系崩溃后，由于美国强大的经济等实力，特别是20世纪八九十年代以后的科技进步所带动的强大发展，实际上，美元依然维持世界主要货币地位，其他如欧元、日元、英镑、德国马克仍不能代替美元的地位。美国能够通过操控美元价值，升值或贬值，调整美元利率、汇率、制定货币政策主导国际资本的流动，把全球经济引入美国的利益框架，为美国的利益牟利。美国在全球实行各国央行体制，美联储实际上成为世界的中央银行。

三　美国在全球化中推行美国化

由于美国上述的优势地位，它在全球化中推行美国化。有的观点认为，全球化在一定意义上是美国化，是美国向全球抛售美国的价值观念，推行其金融垄断资本主义全球统治的组成部分。从美国金融资本在全球的统治来看，它也是把全世界当作一个扩大的美国。美国人自己也认为，全球化是美国化。20 世纪 90 年代，在世界其他地区频频爆发金融危机之时，美国却经历了长达 10 年之久的经济繁荣，实现了“美国经济和世界经济在更深层次上的融合”，在 2001 年总统经济报告中，美国总统克林顿（Clinton）说：“事实是，新经济在美国出现之日，正是美国参与经济全球化的程度达到历史新高之时。”美国总统克林顿还强调：“在过去 8 年中，推动全球化并实现其各种利益，一直是我们政策所关注的重点之一。”①

所以，离开全球化来讲述美国的经济金融化是不完整的。前述在美国经济金融化，形成新型金融资本巨头，是美国经济金融化变化的经济、社会、政治基础，同时它们也是国际性的资本巨头，不仅是美国金融化社会的基础，也是以金融垄断资本为主导的世界经济全球化、金融化的主体。大型的金融垄断公司、集团同时也是跨国性的大财团。它们更有能力利用汇率、税率、利率、价格杠杆等时间空间的差异和变化，在“收益—风险”中占据优势地位。据统计，到 2000 年，也就是 20 世纪末 21 世纪开始时，全球跨国企业达到 6.1 万家，其中大多是美国资本或以美国为母国。美国同时也是国际组织的操控者，比如，利用国际货币基金组织、世界银行等为自己的利益服务。美国在国际规则的制定上，享有更多话语权。

美国大金融垄断集团在全球实施金融霸权形成不平衡的世界生产。从生产领域来看，美国在实施金融化中实行产业空心化，把一些劳动密集型产业如消费品生产、制造业转移到国外，但是它仍保有核心技术，研发等高附加值的活动。决定生产什么、由谁生产、为谁生

① 《美国总统经济报告：2001 年》，中国财政经济出版社 2003 年版，第 194 页。

产、用什么方法生产等所有安排的权利。跨国公司的实力、技术研发的水平和制造业的附加值为美国制造业带来了高附加值。为提升利润空间，美国跨国公司将产品设计和研发这些附加值高的活动留在国内，把附加值稍低的零部件生产外包给其他发达国家、附加值更低的加工组装外包给发展中国家或地区。以苹果公司的 iPhone 手机为例，除软件和产品设计外，iPhone 的零部件主要由日本、韩国、德国和美国的公司生产，富士康在中国深圳的公司负责最后的组装和出口。在 2009 年中国出口到美国的价值 20 亿美元的 iPhone 手机中，中国工人得到的附加值仅占 3.6%，其余 96.4% 由各国零部件生产商获得。

美国以这种方式首先获得了高于国内生产的高额利润，并以低价大量进口世界其他国家的产品以及消费品，形成全球经济不平衡运转。

我们走在美国纽约最繁华的第五大道上，随意进入几家商店，就可看到中国制造、印度制造的商品，中国制造的商品最多，从旅游纪念品到奢侈品珠宝首饰、服装等。而且比较其他城市比如波士顿的商品价格这里更低廉，据商店店员和出租车司机介绍，纽约除了地价贵，其他商品都很便宜，从三十几街到五六十几街，商品档次从低到高，价格也是从低到高，但是比较国外，如中国国内的同样品牌的商品，这里要便宜，最繁华的地区商品最便宜。

从贸易方面来看，美国垄断着国际贸易规则的话语权甚至能将本国贸易法凌驾于国际法之上，因而贸易条件对美国更为有利。

美国利用美元的世界货币地位，购买世界其他国家的消费品，长期以来贸易赤字。1948—2012 年，美国商品出口的世界占比一路下跌，从 21.7% 降至 8.4%；而同期内，美国的商品进口相对平稳，从 13.0% 微降至 12.6%。向美国出口低端价值商品的国家获得的美元，又以外汇储备和美元资产的形式回流到美国，支持美国对外输出美元，以及活跃金融市场。

美国经济的“双循环”使它获得了很大的利益。可以向使用美元者征收铸币税。作为国际货币体系的中心国家，美国获得大量实体商品与资源的注入。国际货币体系的外围国家得到的出口收入，又以外汇储备的形式储存到美国银行，或者通过购买美元资产（主要是美国国债）的方式回流美国。所以，在第一重循环里，美国用美元换来实体商品与资源；在第二重循环里，美国用美元金融资产换回美元。世界在进行一种不平衡运转。

美元的国际地位和美国金融市场的发达程度，首先体现在美元是主导性国际货币：（1）在世界经济运行中执行价值尺度的值能。测度和表现各类商品与服务的价值含量，还测定各国货币的价格（比价）。在世界金融市场，美元在金融衍生品交易，以及外汇市场交易中起着重要作用；（2）美元作为购买手段是国际贸易、国际投资的价值结算工具；（3）美元是储藏手段，是各国认可的财富的化身，各国的中央银行的储备金中有相当比例是美元储备；（4）美元是主要的“锚”货币。世界上大多数国家采取盯住美元的汇率制度；（5）美国的金融市场具备调控全球金融资源、制定相应的市场规则的能力。

这种以美国货币兼任世界货币的作用，使美国获得特权，它们对美国霸权的意义在于，生产、贸易和金融三大结构之间相互支持、相互强化。特别是美国在核心技术和金融结构上的优势和权利维护了它在生产和贸易结构方面的强势。美元的国际地位和美国金融市场的广度、深度，为美国跨国公司的技术研发和海外直接投资提供了大量和廉价的资金；美国政府可左右美元汇率，为本国跨国公司的海外并购或其他形式的直接投资提供支援。

美国货币兼任世界货币的特权，使美联储以及美国政府可以通过操控美元流通量和利率、汇率等手段，推行符合美国利益和需要的货币政策，造成美元和美元金融资产泡沫在美国国内和世界泛滥。这是造成世界金融危机的重要原因。

第三节　经济金融化条件下的经济与金融危机

资本主义经济危机作为资本主义固有的现象，从工业革命以来不断发生，主要表现为生产过剩的危机，劳动人民消费有限与资本生产过剩的矛盾爆发。而在金融化条件下，在新的国际金融垄断资本主义社会条件下，在美元霸权一超独大条件下，经济危机、金融危机、货币危机有新的表现，资本主义社会基本矛盾更趋严重、深化。

一　金融膨胀以及金融风险成为引发金融危机的导火索

经济金融化所带来的整个社会经济结构的变化——金融膨胀，首先产生了金融系统风险，以及全球性金融风险，从而成为引发金融危机的导火索。金融化在给美国资本主义经济运行注入新的活力，延长资本主义的周期性运动的同时，也造成了资本主义自身更加深刻的矛盾，整个经济体系越来越依赖于膨胀的信贷债务体系。金融化成为弥补经济停滞的一种手段，然而，它只会吹大金融泡沫直至其破灭。金融化的发展加速资本的过度积累，主要是虚拟金融资本的过度积累趋势。

英国共产党总书记罗伯特·格里菲斯指出："我们需要明确'虚拟资本'在造成最近的银行和金融危机中所起的作用。'虚拟资本'主要体现在股票、股份、商品以及所有金融衍生品的膨胀的价值中，迫于垄断的压力以及投机行为，据国际清算银行报告，世界市场上所有金融衍生品的价值已经达到651兆英镑，而世界各国每年的国内生产总值是61兆英镑。这些用于赌博的'虚拟资本'的价值是全世界商品和服务价值总和的十倍。由于人们都想从'虚拟资本'中牟利，因此它的价值总有一天会暴跌。"

美国共产党原主席萨姆·韦伯（Sam Webb）在《金融与当前危机——危机的成因及其出路》一文中，阐述了在新自由主义政策推动下虚拟资本恶性膨胀，并最终引发资本主义金融危机爆发的具体过程。他指出，金融化利弊参半，它在给美国资本主义经济运行注入新的活力，延长资本主义的周期性运动的同时，也造成了资本主义自身更加深刻的矛盾，使经济跌入了一个硬着陆阶段，并最终演变成一场深刻的危机。

美国左翼学者福斯特在《金融内爆与停滞趋势》《垄断金融资本的时代》等文章中认为，当前整个经济体系已变得越来越依赖于膨胀的信贷债务体系，金融化已成为弥补经济停滞的一种有效手段。然而，对于当今疲软的经济来讲，再有吸引力的金融工具也无济于事，它只会吹大金融泡沫直至其破灭为止，金融化的发展不但不会消除这一障碍反而会加速资本的过度积累趋势。

本书认为，这是资本主义经济危机在金融化条件下新的表现形式：金融产品的过剩。越来越多的金融衍生品脱离实际的经济生产过程投入金融运作，以期获得高额的利润回报。在这种生产方式下，脱离实体生产的资本运动使 G—G′的运行成为现实。G—G′的运动这本身就包含了危机的可能性与现实性，它与现实生产过程是断裂的。经过打包和多次打包的金融衍生产品，脱离实际生产过程的价值生产，暴露了资本追求自身利益的贪婪。虚拟经济离开实体经济支撑，金融和借贷业务超出物质产品价值的总值，危机就不可避免。

经济金融化导致美国国内生产以及世界生产的不平衡：美元和美元金融资产泡沫的泛滥，是导致国际金融危机的重要原因。美元的世界货币的作用，使美联储以及美国政府可以通过操控美元流通量和利率、汇率等手段，推行符合美国利益的和需要的货币政策，造成流动性泛滥。美国政府大量发行货币，导致流动性泛滥。美政府通过“支付贸易逆差”的方式越来越大规模地向世界输出美元，获取铸币税收益；又通过财政赤字的方式源源不断地向国内输入美元。1971—2007年，美国经常收支逆差累计为 67841 亿美元，而其中 2001—2007 年为 47748 亿美元，占 70.4%。“9·11”事件后，美国因军费扩张而不断增加财政支出，财政赤字急剧上升，2004 年和 2005 年财政赤字连续 2 年超过 4000 亿美元。美联储公布的数据显示，2001—2007 年，美国的广义货币供给量环比增长 11%，远超过 GDP 增速。

同时，美国通过促进金融机构提供高度衍生化的金融产品推动了全球金融市场的流动性泛滥，并导致了资产价格泡沫的急剧膨胀，造成泛滥的美元和美元金融资产。美国共产党经济委员会瓦迪·哈拉比（Wadi’h Halabi）指出：“随着每一次生产和销售的循环，资本主义经济的不平衡一直在加深。政府和家庭的债务负担不断在加重。老百姓们艰难地支付各种生活必需品——食物、燃料、住房、交通运输、卫生保健和所有的债务，另一方面，资本家们不断地遭受着资本‘太多’的痛苦，通过日渐猖獗的投机活动和不平等交换彼此厮杀，同时使越来越多的资本家负债。最大的资本家再三地包装那些可疑的金融投机工具——债务抵押债券（CDOs）和结构性投资工具（SIVs）等等——让信用评级机构给它们评定上虚假的‘投资等级’，然后卖掉它们，转售给小资本家、养老基金，而他们之间再相互买卖。”① 对于金融自由化，高杠杆运作所推高的虚假需求，美国都可靠印美元来支付；美国内、外部的资产泛滥最终是由于美国的货币政策所致。使国内经济不平衡运转，连带世界的不平衡运转。

由于金融价值链的相互连接作用，金融危机很快转变成整个社会生产的系统性危机。一个国家的危机很快转化成为世界性的经济危机。正如萨姆·韦伯分析美国经济危机与世界经济危机的关联时指出的：“美国消费者的购买力是由债务驱动的，它在支撑全球需求的同时，也将世界经济同美国经济的高度金融化、债务及其不稳定性捆绑在一起。这样，美国的经济危机也就必然发展成为世界性的经济危机。”

二　金融危机产生的根本原因是生产过剩与需求不足的矛盾

美国2008年的金融危机，是其金融体系内在矛盾激化的直接产物，而最深刻的根源仍然是资本主义社会基本矛盾，是资本不断追求剩余价值的生产与最广大的民众需求不足的矛盾作用的结果，是资本主义社会固有的矛盾在金融化条件下作用的结果。

正如本章前述，美国从20世纪80年代以来，科技革命与新经济的发展，一方面大大提高了劳动生产率，促进了生产力的进步，必然出现生产力的发展和财富的涌流，扩大了全社会的总供给。另一方面，资本主义所有制结构下的国民财富分配机制，由私有制的私有者

---

① ［美］瓦迪·哈拉比：《当前世界金融危机的政治经济学分析》，选自2007年12月30日美共经济委员会主任瓦迪·哈拉比在美共网站上发表的题为《两大世界经济体制的激烈斗争》文章。

决定分配的流向，是由少数人占有。这必然产生贫富悬殊重大差别，两极分化越发突出。这个矛盾决定了居民购买力需求的增长落后于生产能力的扩张。

在有效需求与供给能力的制度性失衡的情况下，政府使用金融化手段，借助于信用扩张（如消费信贷、房贷）来刺激民众消费，扩大需求，超前消费。例如，为使房地产拉动经济增长，2001 年以来美联储一直以低利率来维持和扩大房贷。廉价的房贷，扩大了对住房的需求，也使房价不断攀升，由此进一步推动了住房投资和促使住房生产能力扩大，出现房地产泡沫，酿成次贷危机。

美国的次贷危机，其深层原因仍然是生产能力过剩与需求不足的矛盾。在有效需求不足的情况下，货币信用的扩大固然能够在短时期内扩大需求，甚至能带来短期经济增长，但是终究不能消除生产能力扩张与有效需求不足的矛盾。持续的货币信用扩张滋长了过度金融化、虚拟化的畸化经济结构，由此导致了金融、经济危机的爆发。

三 资本的社会化与资本的最终使用、收益权私有化的矛盾不断加重贫富分化

例如，美国实行的个人收入金融化，工人、劳动者的工资收入再投入医疗保险等私人金融机构保险公司。随着美国从 20 世纪 80 年代以后取消了政府对收入政策的调节，由金融机构执行医疗保险的部分职能，以及其他保障。工人为了基本生活的需要，包括住房、消费、教育、医疗以及养老的保障资金，而日益被吸收进私人金融机构中去，人们投入金融机构的资金被金融集团用于金融运作，获取巨额利润。

工人的收入是被资本家扣除了剩余价值后的所得，而又被金融机构用来运作获得利润。它造成劳动者收入的再次被扣除。这必然使贫富分化加重，是资本主义社会基本矛盾深化的表现。从资本主义经济危机源于其社会基本矛盾的观点看，矛盾的加重必然孕育着新的危机。

工人虽然也被承诺获得一定的保障，但我们知道，最后的使用

权、收益权不是由购买保险的人们决定，而是由掌握了资本使用权的大资本决定。

1997—2007年美国消费信贷与抵押贷款占银行总贷款的比例，呈逐年上升的趋势。英国学者考斯达斯·拉帕维查斯从1973—2007年美国家庭负债占美国GDP的比例逐年上升的趋势，分析了将工人的收入作为金融资本的利润来源，认为这一根本性趋势以工人在更大程度上参与了金融机制为前提。银行从工资和薪金中直接抽取可观的利润。在这方面，工人个人收入的金融化程度的增强是十分明显的。工人被广泛卷入金融机制中，这是金融掠夺的基础。①

四　攻击性金融投机资本造成世界一些国家、地区金融危机频发

国际（投机）资本流动，追逐超额利润，对发展中国家造成金融动荡，引发金融危机、经济危机。早在2008年美国发生金融危机之前，就已经在世界其他地区、国家造成金融动荡。

美国的金融资本，要求发展中国家开放金融市场，实现包括资本项目可兑换在内的金融自由化，以使其资金自由进出这些国家。美元资本流入这些国家的股市、汇市等短期资本市场，吹起一个个经济泡沫，制造出虚假繁荣，然后又将资本回收，带回丰厚的利润。这些资本简单的一进一出，给美国带来的是经济增长，给发展中国家带来的却是金融动荡和经济危机。美国数以万计的共同基金、对冲基金拥有的亿万美元资产，无疑是进行攻击性金融投机的先锋，尤其是索罗斯及其量子基金。这些共同基金、对冲基金动用几十亿、上百亿美元在美国股市不一定有什么作为，但到了泰国、马来西亚甚至中国香港、新加坡的股市，都足以掀起惊涛骇浪。调度巨额投机资本，利用衍生金融工具等策略，获取惊人的投机利润。当发展中国家经济动荡，金融垄断资本又反过来低价收购发展中国家金融机构、地产等，进行金融侵略和剥削。

① ［英］考斯达斯·拉帕维查斯：《金融化了的资本主义：危机和金融掠夺》，李安译，《政治经济学评论》2009年第1期。

五　金融化所形成的负债经济模式潜伏着债务危机危险，特别是主权债务危机

从政府到企业经营，再到个人消费的债务经济模式本身就存在着危机的风险。2008 年金融危机爆发后，美欧各国政府纷纷注资“救市”，其实质是利用公共财政资金挽救以巨型金融资本为首的国际垄断资本。这些措施避免了国际金融体系的崩溃，但同时却把西方主要国家的公共债务水平从一个高位推高到了一个无法持续的水平，从而爆发了主权债务危机。这是一国的主权信用危机。

美国在危机后的 2011 年 2 月、2011 年 5 月、2013 年、2014 年 2 月，多次面临美国国债触顶，政府债务违约。政府被迫多次调整债务上限。

美国截至 2010 年 9 月 30 日，美国联邦政府债务余额为 13.58 万亿美元，GDP 占比约为 94%，同年年底一举突破 14 万亿美元。2011 年 2 月 22 日，在可供发债余额仅剩 2180 亿美元的时候，美国国会未就提高上限达成一致。终于在 2011 年 5 月，美国国债触顶，开创了 14.29 万亿美元的历史新高。

时任美国财长盖特纳表示，由于采取了一些紧急措施以维持借债能力，美国政府支付开支最多能延迟到 8 月 2 日。到时政府若不提高债务上限或削减开支，就会开始债务违约。债务上限危机在 2011 年导致美国政府濒临违约，同年标普因此风险首次下调美国的 3A 评级。此后美国政府的债务违约几次爆发，政府被迫多次调整债务上限。2013 年还迫使美国联邦政府 17 年来首次关门 16 天。

2014 年 2 月，美国总统奥巴马签署提高债务上限法案，授权财政部在当时约 17.2 万亿美元债务规模的基础上继续发债，直到 2015 年 3 月 15 日。如今，债务违约的倒计时再次启动，如果在 2015 年 11 月或 12 月财政部用完“非常规举措”之前不解决债务上限问题，美国将违约。因此，2015 年美国债务上限危机重来，政府再临关门。2015 年 3 月 14 日美国财长杰克·卢（Jack Lew）致信警告国会，不要将国家信誉作为政治筹码，在下周一达到借款上限

后，财政部将采取中止某些发债融资等“非常规措施”避免政府违约。卢在信中写道，美国政府债务已经达到18万亿美元的上限，下周一就会恢复举债限制。财政部将以“非常规措施”维持政府必要支出。包括中止以此方式扶持地方政府执行税收规定和推行公民养老金的相关措施。

金融危机后，为了尽快走上复苏通道，美国先后推出三轮量化宽松货币计划，据统计，美国联邦基金利率从1980年的13%大幅降至2015年9月的0.13%，接近零利率。存款利率也在不断下降，联邦存款保险公司（FDIC）的银行平均存款成本率从1980年的11%降至2014年的0.3%。尽管2015年12月17日美国联邦储备委员会宣布将联邦基金基准利率上调25个基点，不过美国联邦基金利率仍处在0.25%至0.5%的低位。美国哈佛大学经济系教授曼昆认为，尽管危机后情况有所好转，贸易逆差有所降低、居民储蓄率回升，但不足以扭转大趋势。费尔德斯坦和利普曼等教授则从政府债务角度表示了担心，因为美国联邦政府的债务自21世纪以来一直处于不断上升状态。2008年金融危机的发生引致了政府的大规模财政刺激计划，结果使政府债务急剧增加。金融危机之前的2005年，联邦政府债务占GDP的比例为35.6%，而2015年已经达到73.6%。[①]

债务上限危机由于与2016年的总统大选联系紧密，在提高债务上限的同时，美国两党之间必须就如何调整财政开支达成协议。美国债务上限的危机很难以某种永久性的安排而结束，这就像一个无底洞，意味着债务到达上限以及由此引发的国内政治危机像“定时炸弹”一样在美国爆发。而美国无限借贷以维持经济运行的模式本身已经饱受诟病。这是在金融化条件下形成的国家运行的基础债务化的必然结果。

① 田杰棠：《旁观美国经济的问题和前景》，《中国经济时报》2016年4月14日第5版。

第四节 如何看2008年危机后美国经济复苏

2007—2008年由次贷危机所引发的金融危机在美国爆发，进而演变成世界性经济危机。对美国以及世界带来巨大损害。而美国的霸权地位也遭到了20世纪70年代以来最为严峻的挑战。为此，奥巴马政府采取了一系列的措施进行调整、改革。在全球层面支持建立具有包容性的经济治理，包括G20会议等多边合作，寻求特别是借助新兴国家的力量，共同稳定全球经济。美国还在单边层面借助货币政策、贸易政策、投资政策，帮助美国经济渡过难关。此外政府还注巨资救助危机中的银行金融系统等。从美国政府部门经济统计看，从2010年起，美国经济停止下降，出现回升，2014年更是出现了较大增长。据美国政府部门的统计数据，2014年是2008年国际金融危机以来经济复苏较好的一年，实际增长率为2.4%。如何看美国的经济复苏，经济增长的来源在哪里？其中显现了哪些问题？我们也询问了一些学者、工人和普通市民。

一 金融垄断集团加强了其统治，金融垄断集团对国家政府部门的渗透和控制以及相互支持不断增强

除了上面提到的美国政府各项政策措施的实施，我们的感受，首先就是作为美国金融垄断资本主义社会基础的大金融垄断资本集团，在危机中加强了其统治，它们的力量反而更大更强了。大金融垄断资本集团得到国家的支持，国家的救助大都流入这些垄断集团。同时，它们加强了对国内外劳动者的剥削。对中小企业的兼并也是它们变得更大更强的重要因素。

据美国共产党经济委员会主任瓦迪·哈拉比说，2008年国际金融危机后，大的垄断财团加强了自身的力量，主要是对政府进行控制的力量。而国家的资金大都支持了这些大的集团。2008年国际金融危机后，国家作为最后贷款人出资对金融垄断集团，包括对金融机构、一些大的垄断财团、大公司进行支持。现在最强势的就是洛克菲

勒集团，它可以控制联邦政府的政策决策，把资本的意志转变为国家、政府的意志。洛克菲勒集团加强了对国家的工业、财政、金融的控制。奥巴马是这个集团的代言人。

金融垄断集团对国家政府部门的渗透和控制以及相互支持不断增强。资本主义制度统治的基础是私有制，以及私有制下的大的金融垄断财团。在资本主义金融化的今天，金融资本主导社会政治经济，对政治与社会发展产生深刻影响。还有的美国经济学家认为，2008 年金融危机的爆发暴露了很多金融资本主义的问题。对于美国来说，最值得警惕的是金融巨头俘获了美国政府。历史上摩根、洛克菲勒、花旗银行等几大财团紧密操控美国政府。今天这种相互渗透、勾结又有了令人惊讶的发展。

在金融危机后的今天，巨大的金融垄断财团对国家政治、经济的控制，对金融部门、对实体经济的公司的控制更强。同时，大的垄断财团对国家军事的渗透也在加强，在财力上支持武器的研发，支持国家的武装力量装备，支持军费开支。而国家机器与这些大的垄断集团是紧密联系在一起的。危机后国家支持的资金大部分都流到这些大的垄断集团来了。危机后，巨大的金融垄断财团比如洛克菲勒反而变得更大、变得更强了。

二　大金融垄断集团加强对劳动者的剥削和对中小企业的吞并

历史上，资本主义经济危机使大型资本集团借机扩张自己的事实屡见不鲜，它们反而变得更强了。危机后的 2008—2012 年，洛克菲洛集团的利润增长 817%、2013 年增长 30%。美国的金融垄断集团的强大终究要通过加大剥削率，获取剩余价值体现，在这方面，垄断集团的利润反而在危机后获得增长。

随着中小企业经受不住危机的打击，破产和倒闭，大垄断集团加强对中小企业破产的收购、兼并，这也增强了大的垄断财团的力量。2008—2012 年美国中小企业破产达到 300%。

三　政府的经济政策带有明显的利己主义，对外转嫁危机

美国政府从2008年开始实施了三轮量化宽松政策，使美国联邦储备银行的资产负债表规模成倍扩大。量化宽松政策降低了企业和消费者借贷成本，减少了利息支出，压低了长期利率，推高了股市、房市等资产价格，扩大了消费，对美国经济带来扩张趋势。量化宽松政策包括大规模的债券购买，为美联储带来了巨额的收益。美联储将部分收益作为利润上缴美国财政部。

美国借助美元作为国际主导货币之利，对外转嫁危机。2008年11月25日，在布什即将离任之际，美联储宣布，将购买房利美、房地美等政府支持企业的直接债务及其他抵押债券，这标志着美国首轮量化宽松政策的开始。在此后4年时间里，美国先后出台三轮量化宽松货币政策。

尽管量化宽松政策的具体内容各不相同，但其实质就是变相地通过印钞来解决美国相关机构的债务问题。由于美元的世界货币地位，新增的美钞只有约三成流通于美国市场内部，其余约七成将流通于国际市场，它是一种具有国际影响的单边经济政策。美国的量化宽松政策推高了以美元计价的大宗商品（包括黄金、原油、成品油、白银、铜）的价格，还推高世界的通货膨胀，尤其对新兴国家经济负面影响甚大。2014年1月，印度央行行长 Rajan 指责美国和其他发达国家在本国经济复苏时，采取了自私的经济政策，导致新兴市场动荡。

对美国而言，量化宽松政策实际上使美元储备持有国的资产缩水，是一种变相的财富转移。美国政府的债务已经非常严重，但却没有发生欧洲那样严重的债务危机，一个重要原因就是美国采取通货膨胀和美元贬值的方式，转嫁了一部分债务危机风险。事实上，量化宽松的最大作用就是稀释美国真实的经济负债，让美元持有国共同承担美国的经济调整成本。将国家债务国际化，从而稳住美国金融体系的阵脚，防止美国私人金融机构的进一步恶化。量化宽松政策通过向市场注入流动性，压低市场利率，有利于刺激美国实体经济的复苏。

在贸易政策方面，美国频繁打着“公平贸易”的旗号来实施

“双反”（反倾销、反补贴）措施，通过打击进口来复兴制造业；同时，实施“出口倍增”计划，助推美国制造业复兴。

四　经济增速回升幅度相对较小、持续时间短，难以形成强劲增长

2008 年金融危机爆发后，美国经济陷入衰退，国际货币基金组织统计数据表明，2008 年和 2009 年的实际 GDP 增长分别是 -0.3% 和 -2.8%。在奥巴马政府和美联储的强力干预下，美国经济于 2009 年第二季度触底反弹，此后重新增长。2010—2014 年实际 GDP 增速分别为 2.5%、1.6%、2.2%、1.5% 和 2.4%。据国际货币基金组织 2016 年的报告，美国的增长率（季节调整年率）在 2015 年第四季度下降到 1.4%。其中的一些原因（包括出口十分疲软）可能是暂时的，但最终国内需求也减弱，非住宅投资下降，包括能源部门以外的投资。2015 年经济增长为 1.9%。

美国经济自 2009 年第三季度起从衰退中复苏，但总体而言复苏力度比较温和。经济增速回升幅度相对较小、持续时间短，GDP 年度增长率在 2.0% 左右徘徊，明显低于 20 世纪 80 年代以来美国数次危机后 GDP 的年度增长率。不仅显著低于危机前 3%～4% 的增长水平，而且一直未出现经济周期复苏中的强劲增长。

第一，经济结构调整难实现。2008 年金融危机充分暴露了美国经济过度金融化存在的严重弊病，为了给经济结构纠偏，美国政府声称大力推进“制造业振兴战略”。然而，历经多年的复苏，美国经济结构较危机前并未出现明显改变。私人部门在美国经济中最重要的前五大子行业依次是金融保险房地产及租赁业、制造业、专业与商业服务、批发和零售贸易及教育医疗和社会救助。不仅服务业和制造业的相对地位几乎没有变化，五大子行业在美国经济中的相对地位也几乎没有变化。得益于美联储量化宽松政策，美国资本市场进入了长达 7 年的大牛市，房地产市场也实现了与经济的同步复苏，截至 2015 年 6 月，金融保险房地产及租赁业在经济总量中的占比较危机前还高出

0.3 个百分点，制造业占比却减少 0.9 个百分点。①

近 30 年来，美国发达的金融体系使消费者可以以很高的杠杆率来放大自己的消费能力，尤其是通过将未来的收入和可能财富变现，来放大当前的消费能力。同时，拥有作为国际货币的美元发行权，帮助美国在全球举债，维持本国在生产能力小于消费能力，即持续逆差的情况下依然保持目前的消费水平。这在一定程度上透支未来、透支他国。美国哈佛大学的费尔德斯坦教授认为，2008 年以来，美国采取了“非常规”（unconventional）的货币政策，其目的不是稳定通胀率或刺激投资，而是稳定房地产等资产价格。表面上看美国已经实现了扭转危机带来的经济下滑，但是它并没有从根本上解决内在的结构性失衡问题。还因为财政刺激力度的加大而不可避免地加重了政府的债务负担。

由于失业率居高不下、信贷规模收缩、居民收入低速增长，美国私人消费持续低速增长，对经济增长的拉动作用也明显下降。

其次，缺乏促进经济增长的新增长点。本次金融危机来势凶猛，对美国经济造成的冲击远大于 1979 年和 1989 年两次危机的影响。且美国经济自身缺乏类似 20 世纪 90 年代 IT 产业的新增长点，导致复苏反弹持续时间短、幅度小。之前历次危机之后，美国经济增速都会在迅速反弹后再次回调，经过二次回调后逐步恢复正常的经济增长，如 1979 年美国房地产泡沫破裂引发的金融危机，储贷机构大量破产倒闭，美国 GDP 增速在 1982 年第三季度曾深度下滑到 -2.72%，1982 年第四季度以后 GDP 增速迅速回升，到 1984 年第一季度提高到 8.48%。而本次金融危机对美国经济造成的冲击远大于 1979 年和 1989 年两次危机的影响，且 2009 年第三季度以来的经济复苏主要是在持续的扩张性财政政策和量化宽松政策刺激下实现的，经济自身缺乏类似 20 世纪 90 年代 IT 产业的新增长点。

① 王婕：《全球金融危机后美国经济复苏的特点、动因及启示》，《新金融》2016 年第 4 期。

五　美国经济复苏的受益者是少数大金融垄断资本

对于美国经济复苏，被访问的马萨诸塞州马克思教育中心的工人们提出，谁的复苏？真正复苏的是谁？得到更大利益的人是少数人，而大多数的人们，包括广大的中产阶级人士，生活更为艰难。对于这个说法，我们表示认可。

（一）美国经济金融化发展到今天，贫富差距一直在扩大。美国金融化的大发展的同时，财富分配不均使社会两极分化日益严重。随着金融化的不断发展，大量的社会财富不断涌入投机领域。而投机利益的最终来源是实体经济领域劳动者的劳动。为此资本主义只有提高剥削水平，加剧社会收入及财富分配的不均。保证垄断金融资本主义获取更多的高额利润。

所以，与美国的金融化发展相伴随的是收入差距的不断扩大。在有关美国经济金融化对收入不平等的影响研究引用的资料显示：1970—2012 年个人消费贷款增长了 21 倍。1970 年以来，美国家庭的基尼系数增长了 21%，财富也越来越聚集于少数富裕家庭。菲利普斯（Phillips）早在 2002 年出版的《财富与民主》（*Wealth and Democracy*）一书中认为，美国经济的金融化所造成的财富和收入的极端两极分化，正在腐蚀着美国民主的社会基础。英国金融时报网 2015 年 1 月 20 日发表作家约翰·凯撰写的题为《经济金融化加剧不平等》的文章。文章说，1920 年发达国家中收入最高的 1% 人口占了全部总收入的 15%—20%。在这之后的 50 年，这 1% 人口所占财富比例几乎在所有地方都下降了约一半，至总收入的 7%—10%。1970 年之后，平等主义的势头在各国都走到终点。收入最高的 1% 和 0.1% 人口占有财富的比例，在美国，这一比例已经骤升。美国的一项调查显示，这 1% 人口中约 1/3 是企业高管，而且这些人在收入最高的 0.1% 人口中占比更大。20 世纪 70 年代以来，最大变化当然体现于金融专业人士的比例，他们在 1% 人口中的比例已从 8% 上升至 14%；而且，在收入最高的 0.1% 人口中，从 11% 升至 18%。

法国学者托马斯·皮凯蒂（Thomas Piketty）认为，1980 年以来，美国的收入不平等就开始快速度扩大。最富的 10% 人群的收入占国民收入比重从 20 世纪 70 年代的 30%—35%，上涨至 21 世纪头十年的 45%—50%。[①] 通过考察不含资本收益的数据序列，可以更清晰地识别美国不平等扩大的结构性特征。从 20 世纪 70 年代末到 2010 年，前 10% 人群的收入比重（不含资本收益）的上涨表现得相对稳定乃至恒定，20 世纪 80 年代大致在 35% 的水平，到 90 年代达到 40%，到 21 世纪达到 45%。更引人注目的是，2010 年的水平（前 10% 人群的收入占国民收入的比重已超过 46%，当然这剔除了资本收益）已经明显高于 2007 年即金融危机前夕的水平了，而且 2011—2012 年的早期数据显示，这种增长仍在继续。[②]

（二）失业在平时就存在，而在危机中更为严重。失业问题是我们访问中人们反映最强烈的问题。不论是工人，还是中产阶级人士，还是学者，旅馆的服务人员都是如此。当被问及金融危机对您的生活有怎样的影响？他们的回答是同样的：找工作很难，很多人到现在找不到工作。而也有些人的生活越来越丰富。被访者中一位建筑业工人说，2008 年以来，他们的失业一直很严重，而就业的人们工作量不满，失业和隐性失业使他们的社会保障包括医疗、健康保险、养老保险都受到损失。

被访问的旅馆工作人员还说，失业问题不是金融危机爆发以后的问题，平时在危机爆发之前就存在。普通白领，新毕业的高等技术人员，找不到工作是很平常的事，但她认为美国有一点优点，就是如果到政府部门登记可以领到一份救济。在金融危机以后，失业问题就更严重，找工作更难了。

说明美国的经济结构问题是造成失业人口多的重要原因。金融化条件下，金融业、高技术信息产业是技术密集型产业，并不是劳动密集型产业。但 2008 年的金融危机很严重，波及社会各个方面，致使本已存在的失业问题更加严重。

① ［法］托马斯·皮凯蒂：《21 世纪资本论》，中信出版社 2014 年版，第 300—331 页。

② 同上书，第 301 页。

而据有关文章介绍，美国经济复苏是“无就业”复苏。认为失业率这个指标本身是有偏的，因为作为失业率分母的劳动人口中不包括自愿失业者。从劳动参与率的统计看也的确如此。在本轮金融危机爆发以前的2007年1月，美国的劳动参与率为66.4%，而到了2012年8月仅为63.5%。而我们认为，这从另一个角度，说明经济复苏与广大的就业人口的相关性不是很大。

而据美国劳工部门的统计，美国从2009年到目前，就业率一直在上升，失业率下降。被访者中也有人对美国官方统计数据缺乏信任，认为失业的统计数据不真实。有一位女工说，失业统计数字，在政府来说是喜剧、是骗局。看起来不是很多失业，6%、5.8%左右的失业率。但一年内找不到工作的人，一年后就取消了他的失业资格，不在统计范围。失业的时长持续，在平均失业持续时间方面远远超过了此前的历史纪录。从2010年8月到2011年8月，平均失业时间从33.6周上升至40.3周。由于长时间不好找工作，第二个工作肯定不好。她说，有三个词是意义相同的，lies、domnedlies、statistics（谎言、该死的谎言、统计数字）。她的意思是讽刺失业统计数字。这是一个俗语，意思是谎言分三类：谎言、该死的谎言、统计数字，主要是因为老有人打着统计数据的幌子贩卖不实信息，而有数据支持的谎言尤其难以被大众所识破，所以列为最高级的谎言。

（三）危机后频繁爆发各种占领、抗议活动。从危机后一直到目前，频繁爆发“占领华尔街”等各种占领、抗议运动。仅就民众抗议美国警员枪杀黑人事件就在纽约、波士顿爆发了多次，人们以这种方式表达对政府、对金融资本统治的愤怒。

随着美国金融危机及其影响的持续扩张，以民众反对华尔街金融资本和金钱与政治联姻的“占领华尔街”运动发生。运动的首要诉求是要求解决美国高失业率的问题；其次要求金钱与政治分离，减少金融大资本家对政治的干预。“占领华尔街”运动发生在以美国次贷危机而波及全球的大背景下，是美国自20世纪六七十年代以来最大的群众运动，打破了美国自那时以来没有广泛的群众性运动的历史。运动具有快速扩展性——参加者数量迅速增长、波及城市快速增加、并且向全球蔓延。运动的主要参加者的就是劳工阶级和中产阶级人士。在占领华尔街运动中，鲜明地提出我们是99%，表明大多数的民众与1%金融资本寡头的对立，斗争直指极少数金融寡头。

在我们接触的人们当中就有参加占领运动的工人。并在作者访问波士顿的这几天（2015 年 1 月 16—21 日），就爆发了抗议美国警员枪杀黑人事件的抗议活动。他们参加了这个抗议，并给我们观看他们用手机拍摄的记录抗议活动的视频。

综上所述，以美国为代表的金融垄断资本主义金融化变化，美元霸权以及虚拟金融垄断资本的统治，是近三四十年资本主义发展最鲜明的特征。造成金融虚拟经济与实体经济的极大不平衡，及世界发展的不平衡，形成极少数统治者与大众的对立。金融危机是这种不平衡矛盾的反映。为什么金融危机发源于美国，发端于华尔街？就是因为在这里，矛盾最严重，华尔街的极端利己主义把这种失衡推向了极端，从而触发金融危机。发源于美国，波及全球的金融危机，给世界造成了巨大损失，虽然金融危机的最困难的时候或许已经过去，但远未结束。因为导致危机的各种问题依然存在。

2008 年的金融危机动摇了美元霸权以及美国的霸权地位。2013 年 5 月 28 日，环球外汇网盛传有关美国衰落的“10 个令人难以置信的事实”，一是 1980 年美国国家债务仅为 1 万亿美元，现在快速攀升至 17 万亿美元。二是在美国总统奥巴马第一个任期内，联邦政府积累的债务量大于前 42 位美国总统任期内积累的债务量。三是如果每秒偿付 1 美元的奥巴马政府积累的债务，18. 4 万年才能付清。四是联邦政府每小时从我们后代手中“偷走”超过 1 亿美元。五是世界银行数据，美国的 GDP 占全球经济的比重，从 2001 年的 31. 8% 降至 2011 年的 21. 6%。六是据世界经济论坛数据，美国全球经济竞争力排名下降。七是自 2001 年，美国有 5. 6 万间工厂关闭等。

但是深层次矛盾仍然存在，社会基本矛盾依然存在。金融化所形成的结构性问题没有，也不可能根本解决。贫富差距、两极分化越来越严重。危机后，少数人更加富有，而广大的民众生活更加艰难。这些都表明资本主义的危机后的复苏是一种表面现象，是少数人的复苏。

各种占领、抗议活动爆发，都表现了资本主义社会基本矛盾，以及由此而产生的社会两极分化矛盾的日益尖锐。金融垄断财团与统治者——政府是一个利益联盟体，他们是危机的始作俑者。而广大劳动人民，社会上大多数的民众是危机的受害者。危机后出现一个新名词：新常态，就是指经济将长期处于低迷状态。这种状态下，资本主义社会基本矛盾以及其他的社会矛盾必将加重，而不是减弱。

可以认为，在现有的资本主义私有制度下，尽管金融垄断资本加强了其统治，但是随着资本与劳动的对立、矛盾，社会两极分化越来越严重，经济危机以至于社会危机有其发生、发展的客观必然性。美国如果不出现如20世纪80年代的信息产业革命，这样的促使生产力大的突破的新技术革命，将很难保持经济快速发展，将威胁到自身的全球霸权地位。

第五节　资本控制华盛顿——对话美国共产党经济委员会瓦迪·哈拉比和美国工人尼克

2015年1月18日和30日，就资本主义经济金融化与金融危机，美国的大金融垄断集团如何加强其统治、加强其控制等问题笔者对哈拉比两次进行访谈；1月20日在马萨斯塞州马克思教育中心就金融化与金融危机对工人生活的影响，对美国建筑工人尼克和蒂丽亚等人做访谈。以下是访谈的主要内容。

一　2008年国际金融危机后，大金融垄断财团加强其统治，是美国经济“复苏”的重要因素

笔者：据一些媒体和美国政府部门的统计数据，美国2014年经济增长是2008年国际金融危机以来复苏较好的一年，据美国商务部2014年12月23日公布第三季度最新修订的经济数据，美国第三季度GDP环比折合成年率增长5.0%，高于第二季度4.6%的增速，美国经济的表现使人们感到意外，“美国经济真的很有韧性?”请问您怎

么看待这个问题?

哈拉比：2008 年国际金融危机后，大的垄断财团加强了自身的力量，主要是对政府进行控制的力量。今天我主要就想讲一下资本如何控制华盛顿。2008 年国际金融危机后，国家作为最后贷款人出资对金融垄断集团，包括金融机构、一些大的垄断财团和大公司进行了支持。而中小公司支撑不了危机的打击，有些小公司破产或被收购、合并，这也增强了大垄断财团的力量。我认为，现在最强势的就是洛克菲勒集团，它可以控制联邦政府的政策决策，把资本的意志转变为国家、政府的意志。洛克菲勒集团加强了对国家的工业、财政、金融的控制。奥巴马是这个集团的代言人，美国国防部秘书长也是支持洛克菲勒集团上而被提上来的。金融危机后的 4 年，即 2008—2012 年，洛克菲勒集团的利润不降反升，增长达 817%，2013 年又增长 30%。而在同期，中小企业破产的却较多，在 2008—2012 年这一时期破产增长了 300%。

二　美国 2008 年后获得经济“复苏”的途径

笔者：美国是怎样实现经济复苏，通过什么途径获得经济增长?

哈拉比：美国政府主要采取以下几方面手段促进经济增长。

其一，实体经济方面。首先是通过国家的支持，大的垄断财团与国家互相支持，经济增长的主要来源就是这些大的垄断集团。加上中小企业破产后合并到大的公司，增强了大垄断集团的力量。其次是通过对外贸易出口赚取收入。最后是通过在国外投资赚取的企业利润。特别是石油，洛克菲勒控制了世界石油的生产、贸易。把石油产品卖到国外赚取利润。它控制石油价格以及世界其他能源生产，从中得到巨大利润。

其二，货币政策方面。采取宽松的货币政策刺激经济增长，包括印制钞票扩大货币供应量。美国政府从 2008 年开始实施了三轮量化宽松政策，使美国联邦储备银行的资产负债表规模成倍扩大。量化宽松政策降低了企业和消费者借贷成本，减少了利息支出，压低了长期利率，推高了股市、房市等资产价格，扩大了消费，对美国经济带来扩张趋势。量化宽松政策还包括大规模的债券购买，为美联储带来了巨额的收益。美联储将部分收益作为利润上缴美国财政部。

其三，利用美元霸权地位转嫁危机。美元是世界货币，因为美元的世界储备货币地位，其货币政策必然影响到世界其他国家，从而把美国国内的问题转嫁到世界其他国家，也就是利用美元的霸权地位，转嫁自身的危机。2008 年后，其他资本主义国家，如日本经济下降 20%，其他西欧国家经济下降 14%。

其四，利用对国际通用规则的掌控权，对发展中国家和地区进行经济掠夺。美国不仅利用美元霸权地位对发展中国家，如对中国和其他亚太国家实行不平等、不平衡的国际生产和贸易进行经济掠夺。而且对其他资本主义国家，如欧洲、日本等发达地区和国家也转嫁危机、转嫁自身的问题，通过对进出口的比例、汇率的掌控来平衡自己的经济。欧元贬值是美元造成的，是美国利用汇率工具来平衡自身的矛盾的结果。美国还通过对欧洲国家的出口，特别是能源、食品的出口保持自己的霸权。

笔者：在当前资本主义经济金融化的条件下，金融垄断统治包括对实体的控制，更包括对金融虚拟经济的控制、统治。我们感到，金融资本不仅保有对实体经济的权利和垄断，同时又运用金融工具，运用金融手段。金融资本主义作为新的统治手段，是资本主义维护其利益、转移矛盾的工具。

哈拉比：大垄断财团注重能源和食物。特别是洛克菲勒集团掌控世界石油，掌控石油价格涨落的时间表。金融与实体是金融垄断资本主义的左右手，用来保持其统治霸权。

三　金融垄断集团对国家政府部门的渗透和控制以及相互支持不断增强

笔者：资本主义制度的基础是私有制，以及私有制下的大垄断财团。在资本主义金融化的今天，金融资本主导社会政治经济，对政治与社会发展产生深刻影响。有的美国经济学家认为，2008 年金融危机的爆发暴露了很多金融资本主义的问题。对于美国来说，最值得警惕的是金融巨头控制了美国政府。历史上，摩根、洛克菲勒、花旗银行等几大财团就紧密操控美国政府。但是，今天这种相互渗透、勾结又获得了令人惊讶的发展。请问它们是怎么样进行渗透和控制的？

哈拉比：从经济方面看，巨额的资本流转对国家经济、社会具有决定性影响。金融巨头通过其巨大的资本运作对国家施以影响。大的垄断集团的资本运作对于国家机器的运行至关重要。庞大的金融机构与资本的自由流动对维护美国在全球的地位同样至关重要。

我重点讲洛克菲勒财团——当前利润增长最快的大财团。它以洛克菲勒家族的石油垄断为基础发展起来。之后，又通过不断控制金融机构，把势力范围伸向国民经济各部门。1974 年，其资产总额就达 3305 亿美元，超过了摩根财团，跃居美国十大财团的首位。洛克菲勒财团是以银行资本控制工业资本的典型。它拥有一个庞大的金融网，以大通曼哈顿银行为核心，下有纽约化学银行、大都会人寿保险公司以及公平人寿保险公司等百余家金融机构，并通过这些金融机构直接或间接控制了许多工矿企业，在冶金、化学、橡胶、汽车、食品、航空运输、电讯事业等各个经济部门以及军火工业中占有重要地位。

在政治上，对国家政权和政府的决策施以影响。洛克菲勒财团不但在经济领域里独占鳌头，而且对国家的政治生活产生很大影响，如在政府中安插一大批代理人，左右着美国政府的内政外交政策。奥巴马是洛克菲勒集团的代言人。当初基辛格访华，赠送中国的礼品就是洛克菲勒生产的。

除了洛克菲勒集团，还有高盛公司、沃尔玛公司、微软公司以及巴菲特。在银行、金融企业等方面有摩根大通银行、花旗银行、通用电气、国际商业机器公司、英特尔、美国电话电报公司等。但当前最大的财团是洛克菲勒集团。

我还认为，大财团通过相互的政治联姻扩大和巩固其地位。

在国际金融危机后的今天，巨大的金融垄断财团对国家政治、经济的控制，对金融部门、实体经济的控制更强。同时，大垄断财团对国家军事的渗透都在加强，在财力上支持武器的研发，支持国家的武装力量装备，支持增加军费开支。而国家机器与这些大垄断集团是紧密联系在一起的。金融危机后，国家支持的资金大部分都流到这些大垄断集团。危机后，洛克菲勒反而变得更大、更强了。

四 资本主义有着其致命弱点和不可克服的社会基本矛盾，且其内部面对经济危机缺乏有效的调节机制

哈拉比：虽然看起来资本主义很强大，但是垄断资本主义有着一个致命的弱点，就是为了自身的利益而不顾广大的劳动者的利益，只顾对自身利益的追求而不顾对整个社会利益的损害和对他人的破坏，对社会的破坏。为了自身的利益而过度开发自然，污染自然环境，对自然资源的破坏遍布于世界各个地方。为了追求自身利益最大化不惜损害劳动者的利益，造成了劳动人民的绝对贫困和相对贫困。对自然资源的过度索求使人类社会经济的发展不可持续。这样做，损害的是整个社会的根基。

大垄断集团不仅有对广大劳动者的损害，也兼有对中小垄断集团的生存威胁。因为在社会化大生产的条件下，存在社会分工和市场竞争。危机中大批中小企业破产也是在金融垄断资本主义生产方式的支配下产生的，这种矛盾是无法克服的，因为垄断资本对利润的追求无止境。而垄断资本得到的利益越大，受损害的人就越多，这是此消彼长的关系。

笔者：这正是经济危机产生的原因及其结果，也正是由于这一点，资本主义的生产方式是不可持续的。资本主义社会的基本矛盾揭示的正是整个社会生产的社会化与产品占有私人化的矛盾。在这种生产方式下，资本追求利润的结果必然是广大劳动者消费的有限性，从而形成整个社会市场的萎缩。这也是马克思所讲的市场对资本主义生产的限制。

大垄断财团在加强了对国家政府的控制的同时，对劳动大众的剥削压榨是随着它的强大而增强；而对中小企业的吞并造成了资本消灭资本的趋势，使大资本与小资本的矛盾日趋尖锐。它的强大正表现了它的孤立，这是1%的大资本与99%的大众的对立。

哈拉比：在垄断资本主义发展的不同阶段，资本主义危机有一定的特征和表现。对于一个社会的生产来说，全部生产过程的完成是生产、流通、分配、消费四个阶段的顺利完成。任何一个阶段的阻断都有产生危机的可能。生产与消费脱节，市场中供需平衡无法控制，就预示着经济危机的产生。产品销售的困难，是资本主义剩余价值实现的困难，是资本主义生产实现平均利润的困难。从表面看，是过度生产，出现大量的钢铁、食物等过剩产品。但是，世界上还有很多的穷困和饥饿，许多人找不到生活出路。

由于资本主义实现剩余价值和资本主义社会生产实现平均利润的困难。资本主义在实体经济找不到更好的投资场所从而获取更多利润的情况下，把剩余资本投入金融领域，把死钱变成可以获得利润的投机。资本家不是从实际生产中，而是在金融市场上，通过资本流通进行相互的投机，获得高额的回报，这就产生了金融膨胀问题，从生产的过剩转向金融资本特别是虚拟金融资本的过剩。在资本主义金融化条件下，每天有成百上千资本在账面上进行，但是与实际的生产没有直接的关联。所以，随着金融资本的集中，金融资本特别是虚拟金融资本的过剩，使社会矛盾同样越来越激烈，表现形式上呈现三个不平衡。一是表面的生产过剩，实际的生产能力不充分，产品卖不掉。二是失业率的上涨，社会福利不充分。失业在平时就已经存在，危机时更加严重。三是金融投机越来越严重。资本主义很大的利润来自银行，来自金融运作。金融投机加重了发生经济危机的危险性。

资本主义经济危机的周期性，资本的循环性是资本主义社会经济发展的规律。垄断资本主义与社会主义是两种社会经济形态不同的规律在起作用。资本主义社会基本矛盾是经济危机、金融危机的根本原因，生产力的社会化生产没有边界，而生产的组织性与控制力在少数人手里。少数人控制生产成果，控制最后的经济利益。资本主义基本经济规律就是追求剩余价值的生产，在这个规律作用下，周期性经济危机不断产生。金融化暂时缓解了生产过剩的危机，但是它自身却孕育着更大的危机。

同时，面对经济危机，资本主义国家内部缺乏有效的调节机制，而是向外转移危机。在资本主义世界内部矛盾作用下，强大的国家向外转移自身的危机、问题。世界在二战后形成从下到上的架构，因为美国在上升，处在最上边；日本下降，欧洲持平；下面还有巴西、韩国，底层是最不发达国家。这种架构在今天依然如此。作为最强大的国家，美国在危机后，依赖自身的强势向其他国家转嫁问题。因为美国的强权，其2014年经济上升了3%，日本和欧洲的经济都在下降。资本缺乏对自身体制的调节机制，而是把问题推向其他国家，利益留给自己。其中转嫁问题的一个手段就是通过资本的流动，以及控制资本流动，控制世界生产，这就是金融帝国的概念。

五　中国能够顶住国际金融危机冲击的根本原因

笔者：在垄断资本主义发展中，垄断资本实际上在两个维度拓展，资本实体与资本价值的虚拟形态同时运动。而虚拟金融资本从20世纪80年代以来上升到统治地位，所谓金融化是金融资本统治的新手段。资本投向金融领域是资本主义摆脱生产领域危机的新途径，但金融脱离实体经济爆炸性增长，其虚拟性和泡沫化同时增长，使金融危机、经济危机极易产生。这是金融经济与资本主义生产关系结合的必然结果。

金融本身的产生、发展是生产力进步的表现，资本要素作为社会生产的一个要素随着生产力的发展凸显其重要作用，成为资源配置的主要手段，金融经济就是这样一个新的经济形态。但是，它与资本主义结合，在促进生产力的同时，更是金融资本用来攫取更大利润的手段。而社会主义与金融经济结合，如同社会主义与市场经济结合，必将实现真正有信用的经济。您是否同意这个观点？

哈拉比：我同意这个观点。中国之所以没有被金融危机的冲击击垮，没有发生经济危机，根本原因就是中国政府的有效的宏观调控，其中就有运用财政、金融手段对经济的调控，是由于中国党和政府的强有力领导。苏联在20世纪30年代以及后来一段时期发展比较好，但20世纪80年代后期的衰退直到1991年最后垮台，最主要的原因是党和政府内部没有顶住，是内部的原因。我在2015年1月上旬在美国加州有个讲座，就讲到2008年国际金融危机以后中国的发展、变化，归纳为两个变化、四个原因和一个问题。

其中，两个变化的第一个变化，2008年后在资本主义世界经济下降一半的同时，中国经济仍在增长；第二个变化，中国政府实行了越来越强有力的调控措施，包括财政、金融、货币等手段，以及对国有经济和对国有金融机构、银行的调控。中国政府指导银行系统以及其他金融机构支持社会主义国有经济，用强大的国有经济顶住了金融危机冲击。

虽然马克思讲过共产主义是在物质极大丰富的条件下建成，我更相信中国通过自己的发展一定能实现共产主义的目标，这是因为有四个方面的重要原因：一是中国重视实际的生产领域，重视实体经济，并且鼓励人们通过自己的诚实劳动获得财富。中国生产力的大发展将继续持续下去。二是中国疆域广大、人口众多、劳动者的素质好，在相当时期内，人口红利仍将是中国持续发展的一个优势。三是中国坚持走社会主义道路，发挥社会主义制度的制度优势。社会主义制度已经显示出比资本主义更大的优越性。四是中国坚持马克思主义的指导地位。这些是中国战胜国际金融危机冲击，不断发展进步的原因。

我讲的一个问题，就是实现中国特色社会主义制度的胜利，彻底消灭剥削的问题。这需要在社会主义发展的整个过渡时期，思考和重视建立强有力的工人阶级组织来完成这个过渡。世界各国的共产党组织首先要联合起来。

六　金融危机对工人以及社会民众的最大影响是失业持续增加，由此带来其他社会保障无法实现

笔者：2008年，美国爆发了以次贷危机为导火索的金融危机，危机很快波及世界，波及实体经济等其他领域，危机产生了连锁反应，经济增长下降，人们的生活受到很大的影响。而据相关的资料，从2010年以后，美国经济复苏，实现增长。请问金融危机对您的生活有怎样的影响？

尼克（Nick）：金融危机对工人以及其他民众的最大影响是失业

持续增加，由此带来其他社会保障无法实现。金融危机爆发以来，我们的就业机会少了，失业以后找工作的时间也特别长，政府只能保证三四个月时间的收入保障，以后就没有收入。而对于有工作的人们来说，工时变少了，因为项目减少，工程没有保证，工作量不足。

收入多少与就业、工作时间长短、工作量多少直接相关。如我们建筑业，在2007年时就业最充分，按小时计算工时、工资，忙时还要加班加点，那时工人的收入较高。2008年金融危机以后，因为经济不景气，工程量减少，工时不满，工作越来越难找，就业无法保障，直接影响到工人的工资收入和其他社会保障。

至于其他方面的收益，金融危机后股票、基金的价值在降低，人们在这方面的收入也相应减少。我个人没买基金、股票，只有公司给员工向金融机构购买的一项养老保险。现在没有直接的收益，只是作为退休后的收入保障。此外，还有一个社会安全号SSN，按自己工资收入的比例来缴纳一定的税以获得这项保障。而如果失业了，就无法缴纳税额。工资收入少，所缴纳的保障金额就少，以后的积累就少。

蒂丽亚（Delia）：对于失业的统计，我们认为政府部门的统计不真实。从失业统计数字来看，对政府来说似乎是喜剧，因为6%左右的失业率，看起来没有很多人失业。但实际上这是骗局。因为一年内找不到工作的人，一年后就取消了他的失业资格，他也就不被计入统计范围。由于长时间失业，一般人找到工作后就勉强去上班了。至于不真实的统计数字，有三个词的意义是相同的：lies、domnedlies、statistics（谎言、该死的谎言、统计数字）。意思是谎言分三类：谎言、该死的谎言、统计数字。主要是因为老有人打着统计数据的幌子贩卖不实信息，而有数据支持的谎言尤其难以被大众所识破，所以是最高级的谎言。

笔者：我曾问所居住的波士顿家庭旅馆房东老夫妇，“金融危机对您的生活有多大影响?”回答是许多人到现在还找不到工作，但也有人生活越来越富足。并告诉我说，他们喜欢奥巴马和马萨诸塞州议员拜迪，因为他们致力于使中产阶级地位上升，复苏经济。看来，他们对奥巴马和政府部门充满信心，认为自己是中产阶级，希望保护住这个地位。你怎么看?

尼克:他们说喜欢奥巴马是为了证明自己没有种族歧视，因为奥巴马是黑人总统。我对政府不抱有信心，也不认为很多人对政府有信心。2008 年经济危机后，目前表面上看起来情况是好一些，但这个复苏是谁的复苏?是银行的复苏、金融垄断集团的复苏，是少数人的复苏。但大部分人的生活比以前更加艰难了。奥巴马的政府部门把大量的钱投入银行等金融机构，国家的钱大都流入了大垄断集团。因为政府是大垄断集团的代表，奥巴马是大财团支持的。美国的大金融垄断财团可以左右政府的决策。而实际上，民主党和共和党本质上是共同的，都代表大垄断财团的利益。2016 年，希拉里竞选总统，他们口头上可能承诺给我们一些改善，但最终还是为富人、为垄断集团谋取利益服务，国家的运行是不和谐的。

七　人们用于健康、医疗保障的投入绝大部分被私有保险公司用于金融投机来获取利润

笔者:近二三十年来，也就是资本主义经济金融化发展以来，美国停止收入政策的调节，进行社会保障私有化改革，由金融机构操控这部分职能，由金融保险机构执行对人们医疗健康等的保障，但工人购买的医疗保险费用却由保险公司等金融机构用来投入金融或其他领域以获取利润。请问，你们用于支付保险的费用能占多大的比例?

尼克:生病了或者住院，在医疗方面要获得更好的保障，就要有稳定的工作，我仍然重视就业的问题。政府有一个对工作 1000 个小时以上的人员支付的健康医疗保障，马萨诸塞州政府规定每周工作 28 小时，才能获得这个保障。但是在许多人找不到工作或者工作时间不满的情况下，人们很难获得这个保障。政府有一些医疗保障的名额给老年人、患大病的人使用，但这个名额很少。我们基本上是通过自己的工作和收入来买医疗保险，获得医疗保障;至于买什么险种、买多少取决于自己的收入，按收入比例购买。政府一般不管。

蒂丽亚:医疗保险行业都是一些公司、机构，它们首先都要保证自己得到利润。人们的个人收入用于向保险公司购买医疗保险的费

用，是金融机构获得利润的重要来源。据我了解，一般医疗保险公司用来支付保险的费用比例是39%。就是说工人和其他的人们购买的保险费用大部分被私有的保险公司用于金融市场运作或其他的生意，以获得利润。

尼克：医疗改革进行了多年，近年奥巴马也推动医疗改革，其目的之一包括使大的保险公司提供较多的医疗保险，但被参议院否决了。因为私人保险公司不愿搞医疗改革，不愿拿出更多的钱来提供医疗保障。

八　“中产阶级”有很大的分化，各种占领、抗议活动频发，社会基本矛盾更加尖锐

笔者：你们对中产阶级怎么看，金融危机对他们的冲击是不是很大？

尼克：我的家庭是工人家庭，父亲也是建筑工人，因癌症已经去世。母亲还健在，身体健康，和妹妹一起生活。我们是社会底层的工人阶级。而在美国，许多人喜欢称自己是中产阶级，它与实现美国梦有联系。在美国，划分中产阶级的标准各有不同，如以人的收入高低来划分是不是中产阶级，在银行能贷到款和还房贷就算中产阶级；以职业划分是不是中产阶级，律师、教师、医生等属于中产阶级；以拥有多少自己的土地或能够自由支配一定数量的土地为标准划分中产阶级……2008年经济危机后，美国中产阶级的人数呈减少趋势，黑人中产阶级减少得更多。现在很多人在讨论如何变成中产阶级，怎么再恢复为中产阶级，表现出他们非常关注自己经济地位、社会地位的变化，因为其社会地位在下降。

笔者：按马克思的阶级划分方法，以是不是剥削和被剥削，是不是占有剩余价值，来划分是无产阶级还是资产阶级，没有一个中间阶级。但现在美国以所谓的收入、职业等来划分阶级，是不对的，模糊了阶级界限。确切地说，中产阶级是中等收入阶层。

尼克：赞同马克思的阶级划分的理论。2008年经济危机后，政府也做了一些事情，但是更加支持银行、金融系统，支持大的垄断集

团。而为什么不创造更多的就业机会支持那些失业的人们？我不认为很多人对政府有信心，而是更多的人对政府失去信心。“占领华尔街”运动以及其他的抗议行动表现了人们对统治者的不满，对当今社会的不满，以此表达自己心中的愤怒。我可以给你看一个视频，就是这几天在波士顿市中心发生了抗议美国警员枪杀黑人事件的活动，社会不同阶层的许多人士，包括我们之中也有许多人参加了这个抗议活动。

笔者：从对工人们的拜访，我感受到你们是主要依靠劳动力为生活来源的劳动者，对资本主义社会的本质有着清醒的认识，看待金融垄断资本主义的危机问题也比较尖锐、深刻，一针见血地说出了金融垄断财团与统治者的联系，表现了鲜明的无产阶级立场。你们看到了危机后，少数人的更加富有，而广大的民众生活更加艰难，而这种矛盾也正是资本主义经济危机的原因。美国金融危机爆发后，美国社会失业问题严重，以至于其他社会保障无法实现。“中产阶级”分化，人们的经济地位、社会地位的下降，出现社会动荡，各种占领、抗议活动暴发，表现出资本主义社会基本矛盾以及由此而产生的社会两极分化矛盾的日益尖锐。金融垄断财团与统治者——政府是一个利益联盟体，他们是危机的始作俑者。而社会上大多数的民众是危机的受害者，他们承载着生活水平的下降、生存的艰难。危机后出现的“新常态”下，资本主义社会基本矛盾以及其他的社会矛盾必将加重。

主要参考文献

1. ［日］竹内宏：《日本金融败战》，彭晋璋译，中国发展出版社 1999 年版。

2. ［美］马丁等：《美国史》，范道丰等译，商务印书馆 2012 年版。

3.《马克思主义政治经济学概论》编写组：《马克思主义政治经济学概论》，人民出版社、高等教育出版社 2011 年版。

4. 杨承训：《论当代资本主义矛盾的阶段性特征——国际金融危机的深层根源及其启示》，《毛泽东邓小平理论研究》2009 年第 1 期。

5. 江涌：《金融化祸害美国等西方国家》，《国有资产管理》2015 年第 4 期。

6. 刘骏民：《经济增长、货币中性与资源配置理论的困惑》，《政治经济学评论》2011 年第 4 期。

7.《美国总统经济报告：2001 年》，中国财政经济出版社 2003 年版。

8. ［美］瓦迪・哈拉比：《当前世界金融危机的政治经济学分析》，选自 2007 年 12 月 30 日美共经济委员会委员瓦迪・哈拉比在美共网站上发表的题为《两大世界经济体制的激烈斗争》。

9. ［英］考斯达斯・拉帕维查斯：《金融化了的资本主义：危机和金融掠夺》，李安译，《政治经济学评论》2009 年第 1 期。

10. 田杰棠：《旁观美国经济的问题和前景》，《中国经济时报》2016 年 4 月 14 日第 5 版。

11. 王婕：《全球金融危机后美国经济复苏的特点、动因及启示》，《新金融》2016 年第 4 期。

12. ［法］托马斯・皮凯蒂：《21 世纪资本论》，巴曙松等译，中信出版社 2014 年版。

13. 王志平：《大转变时代：后垄断资本与世界和平》，上海社会科学院出版社 2007 年版。

14. 戴绪龙：《全球战略布局之企业并购：帝国无疆》，中国经济出版社 2014 年版。

15. ［美］托宾・J、戈卢布・S. S. ：《货币、信贷与资本》，中国人民大学出版社 2014 年版。

16. ［美］埃森格林・B. ：《资本全球化：一部国际货币体系史》，机械工业出版社 2014 年版。

17. 赵云城主编：《世界经济运行报告》，中国统计出版社 2015 年版。

18. 王洛林、张宇燕主编：《2016 年世界经济形势分析与预测》，社会科学文献出版社 2015 年版。

19. 孙杰：《美国经济的波动与挑战》，《世界经济年鉴》，中国社会科学出版社 2013 年版。

20.《世界经济年鉴》编辑部：《世界经济年鉴》，世界经济年鉴编辑委员会出版。

21. 刘诗白：《论过度金融化与美国的金融危机》，《经济学家》2010 年第 6 期。

22. 江涌：《论美国的新金融霸权与经济繁荣》，《经济评论》2002 年第 3 期。

23. 齐兰、曹剑飞：《当今垄断资本主义的新变化及其发展态势》，《政治经济学评论》2014 年第 2 期。

24. 田杰棠：《旁观美国经济的问题和前景》，《中国经济时报》2016 年 4 月 14 日第 5 版。

25. 王国兴、尹翔硕：《全球金融危机后美国经济复苏特点及原因分析》，《国际展望》2013 年第 6 期。

第七章　从国际金融危机看西方新自由主义

西方新自由主义是资本主义经济金融化的理论基础。国际金融危机爆发后，作为已经在全球流行 30 多年的所谓“最成功的意识形态”，西方新自由主义一时被置于世界舆论的风口浪尖。透过这场国际金融危机对西方新自由主义理论产生的巨大冲击，对我们深刻认识西方新自由主义理论与资本主义经济金融化，与资本主义经济、金融危机的相互关系，具有重要意义。

第一节　国际金融危机有力证明了西方新自由主义是资本主义的危机陷阱

西方新自由主义产生于20 世纪 30 年代，由古典自由主义发展而来。由于当时正值整个资本主义世界的大萧条，主张国家干预的凯恩斯主义适合需要被推向政策层面，新自由主义受到冷落。20 世纪 70 年代，以中东石油危机为导火索，资本主义在经过二战后 20 多年的“黄金时期”的发展，迎来了以经济增长停滞和通货膨胀同时并存的所谓“滞胀”为主要特征的周期性经济危机。在凯恩斯主义的国家干预“失灵”的背景下，奉行“最少的政府干预、最大程度的竞争”的新自由主义受到西方国家的青睐，并被它们作为摆脱经济危机困境的选项，新自由主义从此逐渐成为西方经济学的主流。

新自由主义学派众多，主要有伦敦学派、现代货币学派、理性预期学派、供给学派、弗莱堡学派、公共选择学派、产权经济学派等，其中以哈耶克为代表的伦敦学派和以弗里德曼为代表的现代货币学派是影响最大的学派。这些学派尽管观点各有差异，但它们在一些基本思想方面具有共同点。新自由主义的理论主张可用“三个三”概括：以“三论”——人性自私论、私有制永恒论和市场万能论为理论基石；以“三否定”——否定社会主义、否定公有制、否定国家干预为政治取向；以“三化”——自由化、私有化和市场化为政策主张。

20 世纪 70 年代末以来，在以追求效率和利润最大化为导向的新自由主义经济政策的刺激下，西方资本主义国家的经济增长动力一度重新焕发活力，并继续保持了其经济、科技国际竞争力相对较强的地位。这使得新自由主义在西方和全球一时都声名鹊起，被冠以“医治经济痼疾的万应灵丹”的“美名”。

但是，历史的发展有其自身的逻辑。不顾世界尤其西方舆论对新自由主义医治资本主义“经济痼疾”功能的赞誉，资本主义的经济危机似乎总是不合时宜且令人不快地袭来。据国际货币基金组织的一个研究报告，1980—1995 年，181 个成员国中有 131 个国家遭受了至少一次包括银行业的困境在内的经济危机。该研究报告认为，2/3 的国际基金组织成员国经历危机不能被看作巧合，而应当与国际货币基金组织提出的金融自由化思想联系起来。美国纽约大学教授威廉·塔布根据自己多年的研究也认为，在新自由主义霸权盛行的这些年代里，“经济和金融危机成为流行病”。

当前这场被称为“百年一遇”的源于美国的金融危机在世界范围内的蔓延、扩展以及它以欧洲主权债务危机为标志的深化，更是在全世界人们的面前再一次证明，所谓西方新自由主义乃“医治经济痼疾的万应灵丹”的论断不过是一个西方自己编造的神话而已，新自由主义一直标榜的市场自动调节功能更是成为一个笑柄。西方新自由主义为救市和刺激经济增长而采取的“量化宽松”的货币政策以及降低利率、减税等项经济政策，并没有收到西方国家预期的成效，相反却一步步地把西方国家乃至全球经济重新拖入“滞胀”的境地。谁又能否认增长停滞和通货膨胀不是当今世界经济的显著特征呢？忠实奉行新自由主义的英、美等国甚至被迫重新祭起凯恩斯主义“国家干预”的大旗以应对这场金融危机，则更是历史的辛辣讽刺。

随着西方新自由主义乃“医治经济痼疾的万应灵丹”这一神话的破灭，它是这场国际金融危机的“罪魁祸首”“直接诱因”之类的观点在世界范围内一再被提及并越来越被广为接受。正如日本《每日新闻》报指出的，世界上有许多人并不把这场危机归因为“次贷问题”，而认为“危机的元凶”是“20世纪80年代初里根与撒切尔推行的新自由主义的经济政策，即市场至上主义”，是“数十年的自由放任这一过度自由主义”①。的确如此。澳大利亚前总理陆克文就指出，金融危机的“始作俑者就是过去30多年以来自由市场意识形态所主导的经济政策。这一政策被称为‘新自由主义、经济自由主义、经济原教旨主义、撒切尔主义或华盛顿共识’，其主要哲学包括：反对征税、反对监管、反对政府、反对投资公共产品，推崇不受管制的金融市场、劳动力市场和自由修复的市场”②。美国马萨诸塞州立大学经济学教授大卫·科茨也认为：“这次金融危机是1980年以来新自由主义在全世界泛滥所导致的一个非常符合逻辑的结果。”他把新自由主义的资本主义归结为这次金融危机的“根本原因”。在他看来，金融危机因为新自由主义“解除对金融的管制”和导致“贫富分化日益严重”更容易发生③。法国巴黎第十大学教授杜梅尼尔也认为新自由主义是这次危机的原因。他指出，有两条路径使新自由主义美国霸权最终不可避免地走向危机。一条路径是非美国的因素，主要包括对高收入的渴求、金融化和全球化等，另一条路径则与美国的霸权有关，国际贸易的平衡与美国国内的不均衡是其中两个重要的方面④。法国学者黑弥·艾海哈则强调：“当前的危机是更大的，整个资本主义体系的危机，是整个资本主义的危机从金融的层面凸显出来，当

① ［日］西川惠：《新自由主义走上拐点——金融危机与国家的复权》，载日本《每日新闻》报，2008年10月4日。

② ［澳］陆克文：《全球金融危机》，澳大利亚《月刊》杂志2008年2月4日。

③ http://www.peri.umass.edu/fileadmin/pdf/conference_papers/d_arista/neoliberatlism_darista.PDF.

④ 转引自周思成《“世界经济危机与新自由主义”学术研讨会综述》，《国外理论动态》2010年第6期。

然，里面最大的问题就是整个资本主义体系的全面金融化。”①

在新自由主义风行全球的时期，金融、经济危机频频发生，人们把危机的原因直接归结为新自由主义或与它相联系，这是完全可以理解的。

需要指出，资本主义周期性产生经济危机的根本原因，在于生产社会化与资本主义生产资料私有制之间的矛盾这一资本主义本身无法克服的基本矛盾。这一矛盾决定了经济危机是资本主义的制度病或者说制度性危机。与凯恩斯主义一样，新自由主义作为资产阶级的意识形态与理论表达，从根本上是为维护资本主义私有制服务的，因而它不可能也绝无意愿承担解决资本主义基本矛盾的使命，最多只是在形势所迫的情况下作些有助于缓和矛盾的努力。通过所谓金融创新一时满足购买力不足的劳动人民在住房和其他消费品上的“美国梦”，同时实现从根本上有利于资产阶级的过剩商品的“惊险一跃”，可以视为新自由主义缓和资本主义基本矛盾的努力。

如果用充满诗意的天真和戴着玫瑰色的眼镜来看待新自由主义缓和资本主义基本矛盾的这种努力，就会被新自由主义的“经济人”假设和“私有化、市场化、自由化”的理论迷雾所欺骗，丝毫不能理解世界为何会一步一步迈向新自由主义亲手导演和设计的新的更大的危机陷阱。因此，不能不指出，新自由主义的“经济人”假设也好，“私有化、市场化、自由化”理论也好，无论其怎样花样翻新地鼓吹其价值和意义，但从根本上是为维护资本主义私有制服务的，这注定使其一时为缓和资本主义基本矛盾所付出的努力最终化为乌有甚至走向反面。事实也一再证明，以提高效率、解决政府失灵等诸多名义推行私有化、市场化和自由化的结果，最终不过是通过资本全球扩张的形式加强和巩固资本主义的私人占有制度，通过贫富两极分化和社会动荡等形式加深资本主义的基本矛盾，从而使“生产过剩、过度积累与市场萎缩、消费需求不足（原因是工资缩水、两极分化及公共

① ［法］黑弥·艾海哈：《不是金融危机　是资本主义的系统性危机》，http：//www.ieforex.com/huanqiucaijing/jingjiguancha/2011－12－02/70002.html。

开支的减少等）之间的矛盾”日益尖锐，并通过金融危机这种形式集中得到反映。

第二节　国际金融危机重创了西方新自由主义

最近这场导致世界经济深度衰退、失业率高企、贫困人口激增、罢工运动频发和“占领华尔街运动”① 风起云涌的国际金融危机，使其核心内容为“私有化、市场化、自由化”的西方新自由主义“光环”尽失，“它锈蚀得已经不需要再进行修补了”②，“复制今天的西方样板毫无意义”③，因而“获得永久性胜利的西方成熟的自由民主资本主义模式好像再也不是唯一的意识形态目标了”④ 之类的言论开始铺天盖地，不绝于耳。

国际金融危机重创了西方新自由主义，主要表现在新自由主义经济发展模式被普遍认为弊病缠身，需要变革与调整。西班牙学者海梅·巴克罗（Jaime Baquero）在指出新自由主义政策“造成世界不平等现象增加，社会出现严重的两极分化”，“把大多数人和穷国的收入和财富转移到上层阶层和富国”，导致“90% 的财富集中在 16% 的人手中”，“在全球范围内引发了生态危机”，以及它“导致的财富高度集中并没有给采取该政策的国家带来高投资率”的同时，认为新自由主义的增长模式带有不可持续性，因为内部消费不可能借助已经失去控制的信贷得到无休止的进一步推动，何况还存在负债率高，地产泡沫破裂，不良资产庞大等现象。金融危机的严重程度与虚拟资本的

---

① “占领华尔街运动”是美国最近 50 年以来第一个将资本主义整体作为批判核心对象的群众运动。这让数千万有类似想法的美国人看到，他们并不孤单。而这也让统治集团看到，反资本主义立场在美国也可能存在，而且受到支持。

② ［美］约瑟夫·斯蒂格利茨：《华尔街的“遗毒”》，美国《名利场》2009 年 7 月号。

③ ［俄］帕维尔·贝科夫：《危机让所有人受个够》，俄罗斯《专家》2009 年 3 月 2 日。

④ ［俄］谢尔盖·卡拉加诺夫：《全球危机：创建的时机》，《俄罗斯报》2008 年 10 月 15 日。

规模息息相关。[①] 法国学者让路易·尚邦（Louis Bond）也指出，对西方模式的过度膨胀的自豪感导致了“负债经济”的产生，导致了“赖债”时代的出现和世界经济的过度金融化。领导人道德勇气的衰退使只关心自身利益尤其是选举利益的西方国家领导人“忘记了”向公众解释西方模式“寅吃卯粮”的方式是无法持续的，它必将会损害到国家的未来，也使他们没有能力维系一个法治国家、主权国家的一些基本要素，如信守合同和保障公平等。[②] 甚至连一度宣扬“历史终结论”的美国学者福山（Fukuyama）也明确指出，“如果说这场全球金融危机让任何发展模式受到审判的话，那就是自由市场或新自由主义模式”，以“华盛顿共识”为代表的新自由主义发展模式“即使没有完全丧失信誉，最起码也不再占据主导地位”[③]。

新自由主义经济发展模式的弊病被普遍认为在于它突出面临三个主要问题。首先是政府和市场、公有和私有、有形和无形之手之间的平衡问题；其次是如何才能实现可持续、环保、低碳的经济增长，以免加剧全球变暖的问题；最后是需要再度审视自身的原则，要么相当大一部分人无法享受经济增长的成果，要么就必须改变较富裕国家中产阶层的生活方式[④]。

既然新自由主义经济发展模式弊病缠身，那么，对之进行变革与调整自然就越来越成为世界各国人们的共同心绪与舆论主题。法国学者尼古拉·巴弗雷（Nicola Bafre）就认为，以家庭过度负债为特点的美国信贷和消费模式将成为过去，新自由主义全球化的经济模式必须不断转变。新兴国家尤其是亚洲新兴国家则必须设法打造更加自主的发展基础，减少对发达国家市场的依赖[⑤]。甚至连苏共中央总书记戈

---

① ［西］海梅·巴克罗：《资本主义危机和积累：创建全面替代模式》，西班牙《起义报》2012 年 4 月 4 日。

② ［法］路易·尚邦：《西方资本主义三宗罪》，法国《费加罗报》2011 年 9 月 8 日。

③ 来永红：《西方舆论中的资本主义危机》，《当代世界》2011 年第 11 期。

④ ［美］蒂莫西·加顿·阿什：《2009 年，资本主义的未来面临艰难选择》，英国《卫报》2009 年 1 月 1 日。

⑤ ［法］尼古拉·巴弗雷：《伦敦峰会：21 世纪新秩序》，法国《费加罗报》2009 年 4 月 5 日。

尔巴乔夫（Gorbachev）也说，“西方模式不过是一个主要有利于富有阶级的幻想……被证明是不可持续的”，“需要的不是调整而是更换”①。

在新自由主义经济发展模式需要变革与调整的舆论氛围中，美国奥巴马政府认识到，虚拟经济是不可持续的，美国经济必须深刻转型，重建牢固的“新基础”。奥巴马（Obama）还曾引述《圣经》中的比喻说，建在沙上的房子会倒掉，建在岩石上的房屋依然屹立。因此，“我们不能在沙上重建我们的经济，我们必须在岩石上重建我们的房屋”。

为重建美国经济的“新基础”，为使美国经济成为“岩上之屋”，奥巴马政府启动了以加强金融监管、医疗保险改革和新能源计划为标志的改革，同时制定了经济结构的长期调整战略规划，并把重振制造业和降低失业率视为经济战略的突破口，明确提出再工业化、制造业回流、五年出口倍增以及支持创新的战略举措，以缩小贸易逆差和削减财政赤字，实现美国经济再平衡。

尤其值得一提的是，美国加强金融监管方面的举措。2009 年 6 月 17 日，奥巴马政府发布金融监管改革白皮书，拉开了美国 20 世纪 30 年代大萧条以来最大规模的金融体系改革序幕。

根据该白皮书，金融监管改革要达到以下 5 个方面的改革目标。

第一，加强对金融机构监管。为此，政府将推行以下六方面改革：一是成立金融服务监管委员会，以监视系统性风险，同时促进跨部门合作。二是强化美联储权力，监管范围扩大到所有可能对金融稳定造成威胁的企业。除银行控股公司外，对冲基金、保险公司等也将被纳入美联储的监管范围。三是对金融企业设立更严格的资本金和其他标准，大型、关联性强的企业将被设置更高标准。四是成立全国银行监管机构，以监管所有拥有联邦执照的银行。五是撤销储蓄管理局及其他可能导致监管漏洞的机构，避免部分吸储机构借此规避监管。

① ［苏］戈尔巴乔夫：《我们过去搞过改革，现在是你们改革的时候了》，美国《华盛顿邮报》网络版 2009 年 6 月 7 日。

六是对冲基金和其他私募资本机构需在证券交易委员会注册。

第二，建立对金融市场的全方位监管。为此，政府将强化对证券化市场的监管，包括增加市场透明度，强化对信用评级机构管理，创设和发行方需在相关信贷证券化产品中承担一定风险责任。将全面监管金融衍生品的场外交易。将赋予美联储监督金融市场支付、结算和清算系统的权力。

第三，保护消费者和投资者不受不当金融行为损害。为此，政府将大力促进金融市场透明、简便、公平、负责、开放。将建立消费者金融保护局，以保护消费者不受金融系统中不公平、欺诈行为损害。将对消费者和投资者金融产品及服务强化监管，促进这些产品透明、公平、合理。将提高消费者金融产品和服务提供商的行业标准，促进公平竞争。

第四，赋予政府应对金融危机所必需的政策工具，以避免政府为是否应救助困难企业或让其破产而左右为难。为此，政府将建立新机制，使政府可以自主决定如何处理发生危机、并可能带来系统风险的非银行金融机构，将规定美联储在向企业提供紧急金融救援前须获得财政部许可。

第五，建立国际监管标准，促进国际合作。为此，政府将改革企业资本框架，强化对国际金融市场监管，对跨国企业加强合作监管，并且强化国际危机应对能力。

2010 年 7 月 15 日，在奥巴马政府的推动下，美国国会通过名为《多德—弗兰克华尔街改革与消费者保护法》的最终版本金融监管改革法案。该法案被认为是“大萧条”以来最严厉的金融改革法案，其主要内容如下。

第一，成立金融稳定监管委员会，负责监测和处理威胁国家金融稳定的系统性风险。该委员会共有 10 名成员，由财政部长牵头。委员会有权认定哪些金融机构可能对市场产生系统性冲击，从而在资本金和流动性方面对这些机构提出更加严格的监管要求。

第二，在美国联邦储备委员会下设立新的消费者金融保护局，对提供信用卡、抵押贷款和其他贷款等消费者金融产品及服务的金融机构实施监管。

第三，将之前缺乏监管的场外衍生品市场纳入监管视野。大部分衍生品须在交易所内通过第三方清算进行交易。

第四，限制银行自营交易及高风险的衍生品交易。在自营交易方面，允许银行投资对冲基金和私募股权，但资金规模不得高于自身一级资本的3%。在衍生品交易方面，要求金融机构将农产品掉期、能源掉期、多数金属掉期等风险最大的衍生品交易业务拆分到附属公司，但自身可保留利率掉期、外汇掉期以及金银掉期等业务。

第五，设立新的破产清算机制，由联邦储蓄保险公司负责，责令大型金融机构提前做出自己的风险拨备，以防止金融机构倒闭再度拖累纳税人救助。

第六，美联储被赋予更大的监管职责，但其自身也将受到更严格的监督。美国国会下属政府问责局将对美联储向银行发放的紧急贷款、低息贷款以及为执行利率政策进行的公开市场交易等行为进行审计和监督。

第七，美联储将对企业高管薪酬进行监督，确保高管薪酬制度不会导致对风险的过度追求。美联储将提供纲领性指导而非制定具体规则，一旦发现薪酬制度导致企业过度追求高风险业务，美联储有权加以干预和阻止。

在被要求和期待“承担起巨大的知识、道德和政治责任，以建立一个新世界，打造一种新的全球化，创立新的增长模式、生活模式和价值体系”① 的世界舆论面前，为摆脱国际金融、经济危机，进而实现西方资本主义的自身救赎，以法国时任总统萨科奇、英国前首相布莱尔和美国首富比尔·盖茨等为代表的西方政要和来自西方各业界的精英人士开始大打“道德牌”，频频祭起“新资本主义”或所谓“创新型资本主义”的大旗。

萨科奇（Sarkozy）的“新资本主义”理想就是，通过重新设计

---

① ［法］弗朗索瓦·朗格莱：《新世界的出现不可避免》，法国《论坛报》2009年8月3日。

资本主义，“以恢复它的道德标准，以及它的良知”①。他所谓“新资本主义”的价值基础“是让金融服务于企业和民众，而不是相反”②。

英国前首相布莱尔（Blair）的“新资本主义”，用他自己的话说，“不是要回到过去”，其最核心的价值是，“必须在系统中植入真正的价值而不是利润最大化。除此之外，系统中还需要更少的投机以及聪明的买卖”③。

比尔·盖茨（Bill Gates）的创新型资本主义则是瞩目于“让利润和知名度这样的市场激励发挥作用，使企业更加倾向于为穷人服务”，因此，它有“赚钱赢利”和“让那些无法充分享受市场经济益处的人群生活得到改善”这样两个使命。比尔·盖茨相信，在这种“创新型资本主义”中，“政府、企业和非营利组织可以进行合作，让市场在更大的范围内发挥作用，从而更多的人可以从中赚取利润，或是得到认可，最终改善全球不平等的现象”。④

俄罗斯科学院欧洲研究所副所长谢尔盖·卡拉加诺夫（Sergei Karaganov）则提出了“抛弃极度的不负责任的自由主义”“由最强大和更具责任感的国家共同制定和协调政策”以及“发展的目的是为追求进步而非民主”等构建资本主义“未来体制”的若干原则⑤。

西方精英们要构建的所谓新资本主义也许与2008年遭到重创的资本主义制度有很大的不同，他们变革资本主义的努力也许将或多或少地改变市场与政府的关系（而这两者的关系正是不断演进的各种资本主义制度的特点所在），但是，这种基于道德标准提出的“新资本主义”能否最终实现资本主义的自身救赎我们是存疑的。我们有充分的理由认为，即便“新资本主义”或所谓“创新型资本主义”将来

---

① 顾乡：《萨科齐达沃斯演说　呼吁改造资本主义》，第一财经网，2010年1月28日。

② 冯武勇、尚军：《英法德联手呼吁重建国际金融秩序》，中广网，2008年10月17日。

③ 《新世界　新资本主义》，新浪网，2009年1月10日。

④ 《比尔·盖茨：21世纪的新型资本主义》，新浪网，2008年3月3日。

⑤ 李慎明：《世界在反思：国际金融危机与新自由主义全球观点扫描》，社会科学文献出版社2010年版，第102页。

也许会变得如同英国人罗伯特·佩斯顿（Robert Peston）所说的更“仁慈”、更“温和”、更“公平友善”、更少一些胜者通吃的赌博意味①，但是，只要资本主义的基本矛盾没有从根本上得到解决，那所谓“新资本主义”的这种更“仁慈”、更“温和”、更“公平友善”，注定是镜花水月和昙花一现。

需要指出，虽然这场国际金融危机重创了西方新自由主义，但奢望资本主义制度退出历史舞台之前西方新自由主义会销声匿迹的想法无疑过于天真。西方新自由主义并未如某些人士在这场国际金融危机爆发后所说的那样已经死亡，相反，它不仅仍然为西方垄断资产阶级所顽固坚持，而且它在广大发展中国家也仍然有一定的市场。这从西方国家不断推出以牺牲广大人民的利益为代价继续维护垄断资本的危机应对举措的事实，从一些发展中国家继续实施新自由主义的“民主改革”导致政局动荡的事实中可以得到证明。

即便在成功应对这场国际金融危机的我国，也不时有新自由主义的噪音、杂音传来。例如，国内外就总有那么一些人士，妄想利用我国进一步深化重点领域和关键环节的改革和我国积极推进全方位、多层次、宽领域的对外开放的“时机”，通过大肆攻击国有企业的所谓“垄断”，竭力鼓吹国有企业“低效”论和“一卖就灵”论，以及蓄意挑起“国退民进”的论争等，故意制造占主体地位的公有制经济与其他所有制经济在我国的根本对立，以实现他们“私有化”中国公有制经济的图谋；通过极力兜售“计划无效率”论和把我国强有力的宏观调控妖魔化为西方新自由主义话语体系所谓的“经济极权主义”“威权主义”等，故意制造“有形之手”和“无形之手”在我国经济发展中的对立，以实现他们“市场化”中国经济的图谋；通过攻击中国正当合法的民族产业保护政策和贩卖“对外贸易依存度越高越好”之类的论调，以期破坏中国的经济安全和实现他们“自由化”中国经济的图谋。

---

①［英］罗伯特·佩斯顿：《如同共产主义终结一样具有历史意义的崩溃》，英国《泰晤士报》2008年12月9日。

如果任由这些改头换面而万变不离其宗的新自由主义论调泛滥，如果对这些论调背后误导中国改革开放的图谋视而不见，中国的改革开放就有可能走上对广大中国人民而言意味着一场巨大灾难的“新自由主义化”的歧途。对于这种别有用心地用西方新自由主义来误导我国改革开放的图谋，我们必须始终保持清醒的头脑和高度的警惕，旗帜鲜明地加以反对和抵制。在这里，我们有必要提到德国著名社会学家乌尔利希·贝克（Ulrich Beck）的告诫：“一个国家、一个民族，可以由于新自由主义化而走向死亡。”①

第三节　国际金融危机为发展理念的创新提供了契机

新自由主义兴起之初曾被西方国家一再宣称为解决世界发展问题的“救世良方”。仿佛世界只要按照新自由主义开出的“私有化、市场化、自由化”这个“良方”行事，就会提高效率、迎来增长和“通向美好未来彼岸”。事实果真如此吗？这场新自由主义难辞其咎的国际金融危机通过全球金融市场剧烈动荡，主要股市大幅下挫，恐惧心理和信心危机笼罩整个市场，以及世界经济急转直下，进入增长“冰河期”等众多事实特别清楚地告诉世界，新自由主义根本不是什么解决世界发展问题的“救世良方”，相反却是世界发展的灾难之源。新自由主义成为世界发展灾难之源的原因就在于，它强力推行的“私有化、市场化、自由化”的社会经济政策全盘否定了公有和私有、政府干预的“有形之手”和市场机制的“无形之手”之间协调、平衡的必要性，从而不可避免地放大了新自由主义理论及其经济社会政策固有的“市场失灵”的缺陷。

国际金融危机的蔓延和深化，更使世界普遍意识到，这不只是一场金融和经济危机，也是整个世界管理体系的危机、全球发展基础理

① ［德］乌尔利希·贝克、张世鹏：《世界风险社会：失语状态下的思考》，《当代世界与社会主义》2004 年第 2 期。

论的危机、国际体制的危机。要摆脱这场体制性危机，世界既需要展开新一轮的改革，也需要出台新的世界发展哲学。正是基于此种认识，一些新的发展理念被提出并得到广泛接受。

平衡增长。针对资本主义发展模式在虚拟经济与实体经济、储蓄与消费等方面存在内部失衡，资本主义发展模式存在外部失衡，即它在世界范围内导致全球经济失衡，为克服资本主义发展模式的弊病，治愈资本主义发展模式各种内部的外部的失衡沉疴，为推动世界经济形成更加合理的产业分工结构、更加均衡的金融贸易结构、更加科学的资源配置结构、更加公平的利益共享结构，促进世界经济平衡协调发展，平衡增长的发展理念在金融危机后开始被不断提出并得到广泛接受。例如，美国哥伦比亚大学经济学教授、诺贝尔经济学奖获得者约瑟夫·斯蒂格利茨就指出，西方国家对于当前的危机“仅做出恰当的回应”是不够的，“必须进行必要的长期性改革，以便我们能创建一个更加稳定、更加繁荣并且均衡的全球经济”①。法国前总统吉斯卡尔·德斯坦（Guiscard Goldstein）也指出，世界经济正变得愈发不均衡，因而需要作出一定的调整②。马丁·沃尔夫（Martin Wolf）也认为，彻底摆脱危机要求大幅调整全球需求的平衡，还需要进一步改革③。还有观点认为，2007 年以来的全球危机是对经济全球化进程中全球经济失衡所引发的全球利益分配差异及一系列相关问题的强制性调整④。世界普遍认为，为实现经济的平衡增长，应该既努力实现不同区域、不同产业平衡增长，又努力实现不同国家内部的平衡增长，同时还应该加大投入力度，帮助广大发展中国家实现充分发展，缩小南北发展差距，希望通过推动经济的平衡增长，为经济长远发展创造

---

① ［美］约瑟夫·斯蒂格利茨：《凯恩斯的胜利回归》，《台北时报》2008 年 12 月 8 日。

② ［法］吉斯卡尔·德斯坦：《全球化加剧了世界性经济危机》，日本《读卖新闻》2009 年 1 月 4 日。

③ ［英］马丁·沃尔夫：《冷战胜利仅仅是个开端》，英国《金融时报》2009 年 11 月 10 日。

④ 中国人民大学经济学研究所、东海证券研究所：《全球经济再平衡加剧中国经济外部风险》，《中国证券报》2010 年 5 月 5 日第 7 版。

条件。

包容性发展。国际金融危机使资本主义发展模式包容性减少的问题无法回避。这种包容性的减少主要表现为不仅是低收入的工人大都被排斥在20世纪末21世纪初的经济繁荣之外，大部分中产阶级也是如此。这使得经济发展有效需求不足，资本主义发展模式的内生发展动力越来越弱。鉴于此，金融危机后，包容性增长发展理念开始被广泛提倡。包容性发展就是要使全球化、地区经济一体化带来的利益和好处，惠及所有国家，使经济增长所产生的效益和财富，惠及所有人群，特别是要惠及弱势群体和欠发达国家。

需要指出，“包容性”发展这个概念并不是金融危机后才提出来的。早在2007年，亚洲开发银行就率先提出了“包容性增长”的概念，而“包容性”本身也是联合国千年发展目标中提出的观念之一。但是，包容性发展这个理念却是在金融危机后才得到广泛接受的。

创新发展。国际金融危机后，世界各国普遍意识到创新发展对于降低资源能源消耗、改善生态环境、建设可持续发展的经济，对于进一步增强经济发展的动力和国际竞争力的重要性，纷纷提出了不同版本的创新发展战略。“智慧地球”“低碳经济”“绿色发展”“云计算”“新能源革命”等创新发展理念在各国流行开来。可以预期，坚持以自主创新支撑发展、引领未来，营造鼓励创新的环境，完善技术创新体系，加大研发投入，加强创新人才和高技能人才培养和流动，为经济发展提供强有力的人力资源和科技支撑，使全社会创新智慧竞相迸发、各方面创新人才大量涌现等，将会成为各国实践创新发展理念的重要抓手。

幸福发展。国际金融危机后，幸福发展理念不断被提出并成为一个获得越来越多认同的新颖发展理念。资本主义发展模式导致环境破坏、社会不公、南北差距加大等问题，使世界有识之士开始意识到，主宰20世纪的、以GDP增长为核心的发展模式尤其是资本主义发展模式存在潜在问题，世界需要寻找超越GDP增长的新的发展思路。他们开始重新思考物质生活与“幸福”的关系。美国斯坦福大学胡佛研究所研究员兼牛津大学教授阿什（Ashe）提出，“必须再度审视我们自身的原则，我们还需要多少财富和物质？是否够用就行？最让你幸福的是什么？"① 为了回答物质生活与"幸福"之间关系这一问题，许多有识之士开始把寻找答案的目光转向不丹的发展思路。不丹发展思路的核心是：社会发展的目标应该是提高国民幸福总值 GNH（Gross National Happiness），而不是提高国内生产总值 GDP。它之所以提出这样的另类发展思路，是因为不丹看到了追求国内生产总值的发展模式中的一个悖论结果：物质丰富了，收入提高了，人却没有感到更加幸福。伴随 GDP 高增长而来的环境污染、工作压力、犯罪增多、失业威胁、社会冲突、人际疏离……使许多 GDP 很高的国家的人民深感痛苦。不丹是如何衡量幸福的呢？它把国民幸福总值具体化为四大支柱：（1）环境和资源的保护；（2）公平和可持续的经济发展；（3）传统文化的保留；（4）优良的治理制度。不丹的发展不是追求 GDP 增长，而是追求实现这四个目标。不丹的幸福发展理念就这样逐渐为世界所关注和接受。巴西人就特别强调，他们不愿意重蹈美国的发展模式，美国的人均 GDP 在过去的 50 年增长了 3 倍，但是美国人却未必更加幸福，美国的暴力犯罪增加了 3 倍，不和邻居交往的人数增加了 4 倍，1/4 的人不幸福和抑郁。西方更是出现了一系列研究幸福的科学，出现《幸福研究杂志》，经济学家们撰书《新科学幸福观》，荷兰学者费恩霍芬创建了包括国家排名的"全球幸福数据库"，加拿大网站公布"全球幸福指数"，不少大学也公布"世界幸福地图"②。

科学发展。科学发展这一发展理念是胡锦涛同志在 2003 年率先提出来的。这一发展理念是立足社会主义初级阶段基本国情，总结我国发展实践，借鉴国外发展经验，适应新的发展要求而提出的。它凝聚了当代世界发展观念和发展经验的有益成果，体现了人类社会发展规律的必然选择，反映了我们党对发展问题的新认识。科学发展理念或者说科学发展观的基本内涵是：第一要务是发展，核心是以人为

① http：//world. people. com. cn/GB/14402901. html.

② http：//news. 163. com/11/0415/16/71MOHK2300014JB6. html.

本，基本要求是全面协调可持续发展，根本方法是统筹兼顾。科学发展理念一经提出，就受到世界瞩目。国际金融危机后，科学发展理念的价值更是为世界所接受和认同。在2011年4月14日金砖国家领导人第三次会议发表的《三亚宣言》中，科学发展的理念得到了充分的重视，该宣言明确表示21世纪应当成为“科学发展的世纪”。

除了上述发展理念外，安全发展理念、可持续发展理念、和谐发展理念、共赢发展理念和合作发展理念也是得到越来越多认同的新的发展理念。

第四节　余论

国际金融危机后国外对新自由主义的反思，对发展新理念、新方式的探讨，对我们科学认识新自由主义的实质及其对人类大多数造成危害的不可避免性，对于在全球范围内终结和超越新自由主义意识形态，对于我们毫不动摇地坚持社会主义改革开放的正确方向，挫败和消除新自由主义私有化改革路线的企图及其在我国的影响等，无疑具有十分重要的意义。但是，这种反思应该说还是不成熟的，并未形成主导理论意识形态和政策工具的代替新自由主义的新理论，不论从政策工具，还是从社会经济形态的理论基础，意识形态主导，都是如此。而且，他们的反思大多回避资本——劳动的普遍矛盾，更倾向于使用市场的概念和句子，在他们那里，社会阶级、阶级斗争、资本主义、资本的积累、剩余价值、帝国主义、国家和其他的现实都不存在，因此，他们的反思也许算得上机智，但绝不能说是深刻，更谈不上马克思主义意义的深刻。

需要指出，虽然西方新自由主义国家现在开始优先关注安全发展，注意规避风险尤其是来自金融领域的风险，重新开始注重政府干预，维持国家和市场之间的平衡；重新开始重视实体经济，并提出了“再工业化”“低碳经济”“智慧地球”等发展战略，力图在新能源、节能环保、信息网络等领域抢占国际产业科技发展制高点；虽然美国更是明确将着力点放在由债务推动型增长模式向出口推动型增长模式转变上，并希冀通过美元贬值提升美国制造业出口竞争力，通过“绿色新政”和“智慧地球”，打造新型制造业，形成出口新增长点，通过不惜动用各种贸易保护措施等举措实现这种转变，但是，经济发展模式毕竟是一定国家或地区在一定历史条件下形成的独具特色的经济发展路子，它具有深深植根于该国家或地区政治、经济和文化传统的历史惯性或延续性，再加上经济全球化使各国各地区经济发展联系已经非常紧密的因素，因此，可以预见，西方新自由主义经济发展模式的调整和转变必定充满艰难与挑战，甚至必定伴随有不以人们的意志为转移的博弈和争斗。

也需要指出，国际金融危机后，以美国为代表的西方发达国家开展的金融改革，并没有也不可能遏制经济金融化的发展趋势，同样也改变不了资本主义经济金融化的社会经济结构，即虚拟经济金融的主导地位。因为，当今时代是金融帝国主义时代，这是时代性质的主导方面。从一定意义上讲，资本帝国主义时代，就是国际金融垄断资本主导甚至统治全球的时代。尽管这一趋势在减弱，但没有质的改变，金融帝国主义时代还可能会持续一个相当长的历史阶段①。

主要参考文献

1. ［日］西川惠：《新自由主义走上拐点——金融危机与国家的复权》，载日本《每日新闻》报 2008 年 10 月 4 日。

2. ［澳］陆克文：《全球金融危机》，澳大利亚《月刊》杂志 2008 年 2 月 4 日。

3. 周思成：《“世界经济危机与新自由主义”学术研讨会综述》，《国外理论动态》2010 年第 6 期。

4. ［法］黑弥·艾海哈：《不是金融危机　是资本主义的系统性危机》，http：//www. ieforex. com/huanqiucaijing/jingjiguancha/2011 - 12 - 02/70002. html。

5. ［美］约瑟夫·斯蒂格利茨：《华尔街的“遗毒”》，美国《名利场》2009 年 7 月号。

---

① 李慎明：《高度重视对时代和时代主题的认识和研究》，《红旗文稿》2015 年第 23 期。

6. ［俄］帕维尔·贝科夫：《危机让所有人受个够》，俄罗斯《专家》2009年3月2日。

7. ［俄］谢尔盖·卡拉加诺夫：《全球危机：创建的时机》，《俄罗斯报》2008年10月15日。

8. ［西］海梅·巴克罗：《资本主义危机和积累：创建全面替代模式》，西班牙《起义报》2012年4月4日。

9. ［法］让路易·尚邦：《西方资本主义三宗罪》，法国《费加罗报》2011年9月8日。

10. 来永红：《西方舆论中的资本主义危机》，《当代世界》2011年第11期。

11. ［美］蒂莫西·加顿·阿什：《2009年，资本主义的未来面临艰难选择》，英国《卫报》2009年1月1日。

12. ［法］尼古拉·巴弗雷：《伦敦峰会：21世纪新秩序》，法国《费加罗报》2009年4月5日。

13. ［法］弗朗索瓦·朗格莱：《新世界的出现不可避免》，法国《论坛报》2009年8月3日。

14. 顾乡：《萨科齐达沃斯演说　呼吁改造资本主义》，第一财经网，2010年1月28日。

15. 冯武勇、尚军：《英法德联手呼吁重建国际金融秩序》，中广网，2008年10月17日。

16. ［美］约瑟夫·斯蒂格利茨：《凯恩斯的胜利回归》，《台北时报》2008年12月8日。

17. ［法］吉斯卡尔·德斯坦：《全球化加剧了世界性经济危机》，日本《读卖新闻》2009年1月4日。

18. ［英］马丁·沃尔夫：《冷战胜利仅仅是个开端》，英国《金融时报》2009年11月10日。

19. 中国人民大学经济学研究所、东海证券研究所：《全球经济再平衡加剧中国经济外部风险》，《中国证券报》2010年5月5日第7版。

20. 李慎明：《高度重视对时代和时代主题的认识和研究》，《红旗文稿》2015年第23期。

21. 李慎明主编：《世界在反思：国际金融危机与新自由主义全球观点扫描》，社会科学文献出版社2010年版。

22. ［美］富兰克林·艾伦、道格拉斯·盖尔：《理解金融危机》，张健康等译，中国人民大学出版社 2010 年版。

23. 周小川：《国际金融危机：观察、分析与应对》，中国金融出版社 2012 年版。

24. ［美］查尔斯·P. 金德尔伯格、罗伯特·Z. 阿利伯：《疯狂、惊恐和崩溃：金融危机史》（第六版），朱隽等译，中国金融出版社 2014 年版。

25. ［法］热拉尔迪梅尼尔、多米尼克莱维：《新自由主义的危机》，魏怡译，商务印书馆 2015 年版。

26. ［法］让·梯若尔：《金融危机、流动性与国际货币体制》，陈志俊、闻俊译，中国人民大学出版社 2015 年版。

27. ［美］蒂莫西·F. 盖特纳：《压力测试：对金融危机的反思》，益智译，中信出版社 2015 年版。

后　记

本书是中国社会科学院创新工程重大招标项目（2014—2015 年度）的最终成果。项目首席、中国社会科学院马克思主义研究院栾文莲研究员进行了项目总体框架设计论证；子项目负责人、中国社会科学院马克思主义研究院刘志明研究员、周淼副研究员进行了子项目设计论证。本书各章研究写作情况如下：栾文莲（绪论、第一章、第二章、第三章、第五章、第六章），刘志明（第七章）；周淼（第四章）。全书最后由栾文莲统稿。

在本书出版之际，要感谢邓纯东为院长、书记的马克思主义研究院的领导对我们研究工作的大力支持，感谢项目组成员所在的研究部、室领导、同事的支持。感谢科研管理、财务管理、行政办公室人员对项目进行的国内外调研、研讨会等科研工作提供的帮助。

感谢以中国社会科学院原副院长李慎明为主任的世界社会主义研究中心，这个研究交流的重要平台，特别是每年举行的世界社会主义论坛，使我们得以与来自国内外的学者、政党人士进行交流。我们取得的一些阶段性成果首先通过中心上报和出版。

本项目完成后，鉴定组专家国家发展与改革委员会宏观经济研究院黄振奇研究员，国务院发展中心世界发展研究所丁一凡研究员，中国银行国际金融研究所王元龙研究员，中国社会科学院金融研究所胡滨研究员，中国社会科学院世界经济与政治研究所袁正清研究员，对本项目最终成果进行了审定，做出评价，并提出修改意见，使本成果更加完善。

项目组成员中国社会科学院马克思主义研究院发展部的刘志昌、

任丽梅副研究员在项目协调、联络等方面给予了大力协助。中国社会科学出版社刘艳对本书出版给予了热情相助。

本项目完成告一段落，但是这一问题的研究还在继续。我们期待着广大读者的意见建议，以利于我们更好地进行研究。

栾文莲

2017 年 5 月 10 日